»Der panische Ausdruck in den Augen der Mutter – auf der Flucht beim Überqueren der gefrorenen Weichsel – wird das Eis halten? Ihre Augen sagten mir: ›Sei still, frag nicht!‹ Und die Angst machte mich stumm«, erinnert sich Inge S., die der Generation der im Nationalsozialismus geborenen Töchter angehört. Ihnen wurde die Überwindung von Ängsten fast antrainiert – und sie entwickelten durch die Erfahrung der Greuel des Krieges oft eine sehr frühe Autonomie, um psychisch zu überleben. Nie ist die Geschlechtertrennung und geschlechtsspezifische Arbeitsteilung größer als im Krieg. Die veränderte Rollenverteilung in den Familien machte die Mütter für die Kinder zur Vermittlerin zwischen den beiden Bereichen: dem intimen inneren Raum in der Familie und der fremden Welt draußen. Während die fernen Väter in der Phantasie der Töchter oft noch einen Platz behielten, ließ ihr tatsächlicher Einfluß nach.

Frauen der Jahrgänge 1933–1943 erinnern sich an ihre Kindheitserlebnisse in den Kriegs- und Nachkriegsjahren: an Flucht und Trennung und an den Bruch, den es in der Kontinuität der Familiengeschichte, der deutschen Geschichte überhaupt gegeben hat. Ulla Roberts setzt die überlebensgroßen Erschütterungen der Generation der Mütter und Väter in Beziehung zu den noch immer unbeantworteten Fragen der Töchter, die mit dem heutigen zeitlichen Abstand erkennen, daß anfangs für Trauer und Schuldeingeständnis kein psychischer Raum war, die jedoch eine Aufarbeitung des Vergangenen schmerzlich vermissen.

Die Leiden der Kinder im Krieg und die seelischen und körperlichen Nachwirkungen sind ein Thema des Buches, das gerade heute wieder traurige Aktualität gewinnt.

Ulla Roberts, Jahrgang 1937, lebt in der Nähe von Frankfurt/M. Sprachstudium in London, Arbeit als Übersetzerin. 1967 Rückkehr nach Deutschland. Studium der Erziehungswissenschaften, Psychologie, Soziologie. Ausbildung als Psychologische Beraterin, psychologische Beratungsarbeit und Lehrtätigkeit an der Fachhochschule Frankfurt/M.

Ulla Roberts

Starke Mütter – ferne Väter

Töchter reflektieren ihre Kindheit
im Nationalsozialismus
und in der Nachkriegszeit

Fischer Taschenbuch Verlag

Die Frau in der Gesellschaft
Herausgegeben von Ingeborg Mues

Originalausgabe
Veröffentlicht im Fischer Taschenbuch Verlag GmbH,
Frankfurt am Main, März 1994

Umschlaggestaltung: Ingrid Hensinger, Hamburg
Gesamtherstellung: Clausen & Bosse, Leck
Printed in Germany
ISBN 3-596-11075-0

Gedruckt auf chlor- und säurefreiem Papier

Für meine Schwestern Hanne und Ingrid
und meine Nichten und Neffen

Inhalt

I
Einleitung

»Ja, ich sagte zu den Frauen, keiner ist mehr am Staate interessiert als ihr, denn keiner trägt schwerer als ihr das Gewicht des allgemeinen Unglücks.«
(Jules Michelet, 1854)

Die Töchtergeneration – repräsentiert durch Frauen der Jahrgänge 1933 bis 1943 – steht im Mittelpunkt dieser Untersuchung, mit der besonderen Konzentrierung auf das Erleben und die Langzeitwirkung der Kriegs- und Nachkriegsgeschehnisse im Kontext der frühen Mutter-Tochter-Beziehung und der Bedeutung der fernen Väter.

Wir werden sehen, daß die Frauen, die hier zu Worte kommen, die Rekonstruktion der eigenen Geschichte streckenweise als eine Gratwanderung empfinden zwischen Loyalität – vor allem gegenüber ihren Müttern – und der Suche nach der Wahrheit über die Rolle der Frauen im Nationalsozialismus. Beim Erinnern an die Kindheit wird aber klar, daß damals viel mehr die psychischen und sozialen als die politischen Momente dafür entscheidend waren, wie die Mütter und andere Frauen von den Töchtern erlebt wurden. Während heute die erwachsenen Töchter die Haltung der Frauen zum NS-Staat beschäftigt, zählten damals für die Kinder emotionale Nähe in der Beziehung zur Mutter, ihre Fähigkeit, zu schützen und zu ermutigen, oder die Sehnsucht danach, wenn dies dem Kind vorenthalten wurde.

In meiner Arbeit mit Frauengruppen in den letzten zehn Jahren, auch in meiner psychologischen Beratungsarbeit, begegneten mir immer wieder in den Biographien der Frauen meiner Generation die Kriegserinnerungen aus der Kindheit. Einige hatten diese Zeit in ihr Leben integriert und bezogen sich darauf, wenn eine Beziehung bestand zu heutigen Entscheidungen oder Stellungnahmen. Andere konnten kaum über diese Erlebnisse sprechen, drückten in Körperhaltung und Stimme aber aus, wie schwer es war und noch ist, daran zu rühren. Über die Auseinandersetzung mit den normativen Vorstellungen vom Frausein, die sich versteckt oder offen in manchen Verhaltensweisen der Mütter spiegelten, entstand das Interesse und Bedürfnis, mehr über die Rolle der Frau im Nationalsozialismus zu erfahren. Fast parallel zur Diskussion hierüber in Frauengruppen wurden in der Frauenforschung wichtige Studien und wissenschaftliche Analysen über die Rolle der Frau im Nazideutschland und über den Frauenalltag in Kriegs- und Nachkriegszeit erarbeitet und öffentlich zugänglich gemacht (Szepansky, 1986; Ruhl, 1985; Thalmann, 1987; Ebbinghaus, 1987; und andere).

So wuchs bei mir immer mehr die Motivation, eine umfassende Arbeit über Kriegs- und Nachkriegserfahrungen der Mütter- und Töchtergeneration zu schreiben. Mein anfänglich auf die Geschichte unserer Mütter konzentriertes Interesse verlagerte sich im Laufe der ersten Recherchen und Vorgespräche mit potentiellen Teilnehmerinnen an der Untersuchung immer mehr auf die Töchter und ihre frühkindlichen Erfahrungen in der Beziehung zu den Müttern und an zweiter Stelle zu den Vätern in der Zeit »überlebensgroßer« Erschütterungen (Stierlin, 1988). Zum einen waren Erfahrungen der im Nationalsozialismus geborenen Töchter noch nicht umfassend aufgearbeitet und analysiert worden, und zum anderen hatte ich zu den Frauen meiner Generation einen besseren Zugang als zur Generation der Mütter: Wir würden an einem Teil selbst erlebter Geschichte arbeiten.

Danach rückten Frauen der Jahrgänge 1933 bis 1943 in den Mittelpunkt der Untersuchung. Einige Hauptmerkmale, die aus Gesprächen und einer Fragebogenuntersuchung schon bald als prägend erkennbar wurden, lassen sich wie folgt zusammenfassen: *Die Generation der im Nationalsozialismus geborenen Töchter, denen die Überwindung von Ängsten und manche Abschiede fast antrainiert wurden, hat durch viele Kriegserschütterungen damals oft eine frühreife Autonomie entwickeln müssen, um psychisch zu überleben.*

Ich habe also nicht die Mütter und nicht die Väter befragt, sondern die Töchter. Wir folgen den Erinnerungsspuren früher Kindheitsschicksale der Töchter mit ihren besonders engen, häufig symbiotischen Beziehungen zur Mutter und den meist distanzierteren Beziehungen zum fernen, oft sehnsüchtig vermißten, doch auch fremden Vater.

Da in meiner Arbeit Grundlagen der Biographieforschung und der Erwachsenenbildung sowie der psychologischen Beratung ineinanderfließen, beziehe ich mich bei der Bewertung sozialpolitischer Geschehnisse in ihrer bewußtseinsbildenden und psychologischen Wirkung vorwiegend auf die *Individualpsychologie* (Begründer: Alfred Adler) und *Psychoanalyse* (Begründer: Sigmund Freud).

Am »Gemeinschaftsgefühl als Gefühl der Zusammengehörigkeit«, das ein Grundpfeiler im menschlichen Leben sein sollte, mangelt es so fatal gerade in Zeiten großer gesellschaftlicher Erschütterungen. Alfred Adler ist in seiner tiefenpsychologisch und sozialpsychologisch orientierten Lehre von der Entfaltung des Gemeinschaftsgefühls als Grundlage eines kooperativen Miteinander der verschiedenen Gruppen in einer Gesellschaft ausgegangen. Er hatte schon im Ersten Weltkrieg das fatale Auseinanderbrechen mitmenschlicher, gemeinschaftlicher Verantwortung der verfeindeten Staaten und ihrer Menschen beklagt (Adler, 1966d, 65, 1927a), ein Phänomen, das durch die Naziherrschaft im Zweiten Weltkrieg in noch verheerenderer Weise zu einem furchtbaren Desaster führte.

Zur politischen Motivation

Seit der Wiedervereinigung sollte sich Deutschland, um besser und angemessener mit seinen gestiegenen Einflußmöglichkeiten und Verpflichtungen in der Welt und den wachsenden Spannungen im Inneren umgehen zu lernen, mehr damit auseinandersetzen, was zur Teilung des Landes und zur Gründung zweier deutscher Staaten geführt hatte. Damals, am Anfang von zwölf Jahren nationalsozialistischer Herrschaft, standen überhöhender Nationalismus, Judenhaß und Ausgrenzung, während heute destruktive gesellschaftliche Kräfte mit Fremdenhaß und Terroranschlägen ein tolerantes, gewährendes Miteinander einer multikulturellen Gesellschaft verhindern wollen. Die fast völlige Vernichtung der europäischen Juden, die Millionen von Opfer und das zerstörte und geteilte Deutschland standen am Ende der Nazidiktatur. Dafür muß das öffentliche Bewußtsein wieder geschärft werden, um sich der in beiden deutschen Staaten nie wirklich aufgearbeiteten Nazivergangenheit noch einmal zu stellen.

Das Schweigen über das, was da geschehen war, und die Unfähigkeit zum vermittelnden Dialog zwischen den Generationen waren für die Frauen der Töchtergeneration in ihrer Beziehung zu ihren Eltern belastend und für die Akzeptanz ihrer nationalen Identität problematisch. Deshalb ist es zu begrüßen, daß nach den verschiedenen Phasen der Aufarbeitung der NS-Vergangenheit in jüngster Zeit Forschungsergebnisse aus dem Gebiet der Alltagsgeschichte im Nationalsozialismus einer interessierten Öffentlichkeit in Dokumentationen, Filmbeiträgen, Diskussionsveranstaltungen zugänglich gemacht werden. Zu diesem erkennbaren Bemühen um einen neuen Zugang gehört auch die Anregung des Psychoanalytikers Tilman Moser zu einer öffentlichen Diskussion (1992), wobei er an die Untersuchung Alexander und Margarete Mitscherlichs von 1967 über die Unfähigkeit der Deutschen zu trauern anknüpft. Er fordert dazu auf, aus heutiger Sicht eine weniger nur von inquisitorischen Fragen und moralischem Vorwurf getragene psychoanalytische und gesellschaftskritische Annäherung an die Generation der im Nazideutschland schuldig verstrickten Deutschen zu versuchen. Wenn wir uns Mosers Versuch einer nicht nur anklagenden Haltung zu eigen machen, da, wo es uns ohne Verdrängung der Schuldfrage möglich ist, sehe ich auch eine Chance, das Gespräch über die Familiengeschichte zwischen den Generationen noch einmal in Gang zu bringen – wobei heute den Töchtern und Söhnen diese Aufgabe und Verantwortung zukommt, motiviert durch bewußtes Erinnern ihrer als Kriegskinder erlebten Geschichte. Mein Beitrag zur Diskussion der NS-Vergangenheit besteht in der Aufarbeitung von Erinnerungen durch die Töchtergeneration und in der ableitbaren Analyse von psychischen und praktischen Lebenshaltungen, die in der Nazizeit und den ersten Nachkriegsjahren – primär vor allem von ihren Müttern und sekundär von ihren Vätern und anderen Bezugspersonen in ihrer Umgebung – vermittelt wurden.

Ein großer Teil der geschichtlichen und biographischen Veröffentlichungen, die sich mit verschiedenen Problemen der Aufarbeitung und Rezeption des Nationalsozialismus befassen, ist aus der männlichen Perspektive geschrieben. Darin geht es um die Väter und um die Söhne – so auch die hier vorgestellte Generation betreffend, wenn etwa von den Söhnen gesprochen wird, die durch die um 1968 in Bewegung geratenen Verhältnisse nun die Väter mit ihrer NS-Vergangenheit konfrontierten. In vielen wissenschaftlichen Beiträgen der Psychoanalyse und anderer tiefenpsychologischer Schulen werden »die psychischen Probleme der Nazizeit nahezu ausschließlich unter der Väterthematik ab(ge)handelt... Die Funktion der Frauen und Mütter bei der Massenbegeisterung (für Hitler) wird nicht erwähnt« (Moser, 1992, 399, 400). Neben dieser Vernachlässigung werden aber auch die schon vorhandenen Ergebnisse wissenschaftlicher Frauenforschung über Frauen im Nationalsozialismus bisher leider nicht hinreichend rezipiert. Gleichzeitig zeigt sich, daß es noch Aufarbeitungsdefizite über die Bedeutung der Frauen im NS-Regime in ihrer Funktion als Vermittlerinnen und Trägerinnen von psychisch verinnerlichten zwischenmenschlichen und politischen Wertorientierungen gibt. *Denn es ist die nicht hinreichend aufgeklärte und darum zur Mystifizierung oder absoluten Verurteilung verleitende Haltung der Generation unserer Mütter zum Nationalsozialismus, ihre häufiger wohl eher zustimmende als ablehnende Gesinnung, vielleicht sogar Mittäterinnenschaft, die vielen von uns aus der Generation der Töchter noch heute zu schaffen macht – trotz ihrer anerkannt großen Leistungen bei der Sicherung des Überlebens.*

Die Töchtererinnerungen gehen einher mit Töchterfragen, denn sie fragen heute anscheinend nachdrücklicher als die Söhne nach der politischen Familiengeschichte »deutscher Wenden« zwischen NS-Diktatur und konservativer Restauration und, die es betrifft, jetzt auch nach realsozialistischer Anpassung. Dieser Eindruck entsteht durch die Thematisierung der NS-Geschichte und NS-Frauenpolitik in vielen Frauenfortbildungsangeboten öffentlicher Bildungsträger und in nicht institutionalisierten Frauengesprächskreisen sowie aufgrund einer deutlichen Konzentrierung wissenschaftlicher Arbeiten in der Frauenforschung auf diesen Themenschwerpunkt. Des weiteren greift besonders der von den Sozialwissenschaftlerinnen Lerke Gravenhorst und Carmen Tatschmurat 1990 herausgegebene Band »TöchterFragen« die Position der Töchter auf.

Zum biographischen Hintergrund

Motiviert durch die Frauenbewegung seit Anfang der siebziger Jahre, später selbst in der Leitung von Frauenprojekten tätig, war auch für mich wie für viele Frauen die Suche nach verschütteten und vergessenen Spuren von Frauengeschichte eine wichtige Erkenntnisquelle weiblicher Identität. Zur Befassung mit der kollektiven Frauengeschichte kam mit zeitlicher Verzögerung, weil wohl auch schwieriger, die Einsicht in die individuelle Identitätsfindung als Mädchen und später als Frau, in der die Mutter-Tochter-Beziehung eine zentrale Rolle spielt. Mir wurde dabei bewußt, daß ich meine Mutter, spätestens seit mein Vater 1943 in den Krieg eingezogen wurde – ich war fast sechs Jahre alt –, als eine starke, schützende, lebenstüchtige Frau wahrgenommen hatte. Auch schön fand ich sie, so wie manches kleine Mädchen in der Mutter ein späteres Ebenbild von sich imaginiert. Wohl hatte ich in manchen Situationen bei schwierigen Anforderungen ihre Angespanntheit gespürt, aber das Vertrauen in ihre Fähigkeit, uns in Not und Gefahr zu schützen, war das Gefühl, das bei mir und meiner zweiten Schwester damals überwog – und das über die lange Zeit existentieller Erschütterungen während der Bombenangriffe, zweimaliger Vertreibung und Flucht bis in die Nachkriegsjahre 1946/47. Das habe ich natürlich mehr in einem Gefühl kindlicher Intuition empfunden, mit einem Vertrauen, das ich wohl auch nicht verlieren wollte. Die jahrelangen strapaziösen Anforderungen waren jedoch so groß, daß für meine Mutter die Quellen für ihren Mut und ihre Energie versiegten. Auch als nach den Aufbaujahren das Leben für meine Mutter wieder etwas leichter wurde, habe ich sie in der Bewältigung der Lebensaufgaben nicht mehr als stark empfunden, wohl aber als der Familie sehr zugewandt und gleichzeitig sehr engagiert bei der Arbeit in ihrem Beruf. Diese frauentypische Doppelbelastung brachte manche Spannungen für sie und für die ganze Familie. Als die älteste von drei Schwestern kurz vor dem Krieg geboren, hatte ich am längsten die starke Mutter schon »bewußt« erlebt, während meine Schwestern, die erst im Krieg zur Welt kamen, eine in wesentlichen Teilen ihrer Persönlichkeit andere Mutter in Erinnerung haben: weniger stark, weniger mutig, aber einfühlsam und anteilnehmend an den Erlebnissen und Sorgen von uns Kindern.

1946 kam die ersehnte Rückkehr meines Vaters zur Familie. Er war ein liebevoller und engagierter Vater, und durch die ersten sechs Lebensjahre, die ich mit ihm erlebt hatte, war er mir auch nach drei Jahren Kriegsdienst und Gefangenschaft, mit ein, zwei Fronturlauben dazwischen, nicht fern und nicht fremd. Er hat zweieinhalb Kriegsjahre am Schwarzen Meer (im Süden der damaligen UdSSR) und in Italien miterlebt. Er war Sozialist, ein sehr politischer Mensch, nicht in der NSDAP und verabscheute den Krieg zutiefst. Zu ukrainischen und italienischen Familien hatte er freundschaftliche Kontakte entwickelt, half manchen heimlich bei zusätzlicher Lebensmittel- und Brennstoffbeschaffung.

Mein Vater lehnte Nationalismus ab, da er Familien und Völker einander entfremdet oder sie sogar verfeindet. Er erzählte gern die Geschichte, wie er ohne sein Zutun in seinem Leben drei Nationalitäten hatte: In Böhmen geboren, war er Österreicher. Als das Österreich-Ungarische Reich untergegangen und die Tschechoslowakische Republik gegründet worden war, wurde er 1918 ungefragt tschechischer Staatsbürger und 1938 Deutscher, als das Sudetenland dem Dritten Reich eingegliedert wurde.

Kriegserlebnisse und auch Diskussionen über die politischen Verhältnisse, die zum Nationalsozialismus und zum Zweiten Weltkrieg geführt hatten, waren in unserer Familie kein Tabu. Unser Vater hat sich später oft mit Spott über das arische Rassenbild und das deutsche Soldatentum ausgelassen; unsere Mutter hat Ereignisse aus den Jahren, als sie mit uns drei Mädchen allein war, in Gesprächen mit uns in der Erinnerung wachgehalten. So erinnere ich mich, wie sie mit mir über das Verschwinden jüdischer Nachbarskinder sprach – ich war fünf oder sechs Jahre – oder wie sie mich mitnahm zu einem nahe bei unserem Haus gelegenen Lager, wo wir Gefangenen oft Lebensmittel durch den Zaun reichten.

Man dachte in den Nachkriegsjahren selbstverständlich an die

Weihnachten 1946: Die Autorin mit ihren Eltern und Schwestern (Privatfoto).

sehr entbehrungsreichen und gefahrvollen Jahre der jüngsten Vergangenheit zurück, an die Auswirkungen und Folgen der nationalsozialistischen Eroberung und Vernichtung. Wenn unsere Eltern der besseren Jahre, der Friedenszeit gedachten, bevor das Sudetenland »heim ins Reich« geholt worden war, so doch ohne Nostalgie, denn sie waren keine Menschen, die sich durch ein Verhaftetbleiben in vergangenen Zeiten den Aufgaben des schwierigen Wiederaufbaus innerlich entzogen hätten. Darauf hätten wir Kinder uns, auch später als Jugendliche, gar nicht eingelassen, denn natürlich lebten wir mit unserem ganzen Wesen, mit Haut und Haaren in der Gegenwart, mit einigen erwartungsvollen Träumen und großer Neugier auf unsere Zukunft im Kopf. Auch heute fühlen meine zwei Schwestern und ich uns lebhaft miteinander und mit unserer Kindheit verbunden, das fließt oft assoziativ in unsere Gespräche ein.

Zum Kapitel »Väter« hatte ich zuerst keinen rechten Zugang, keine Beziehung – die stärkere Konzentrierung lag bei den Müttern. Dann hatte ich, kurz bevor ich das Kapitel »Väter« zu schreiben beginnen wollte, zwei Nächte hintereinander interessante Träume, aus denen mir klarwurde, daß mir das Thema näherstand, mich mehr anging, als ich wahrhaben wollte. Eigentlich hatte ich es etwas leichtgewichtiger angehen wollen als die Mütterthematik.

Erster Traum: In einem Gartenrestaurant saß ich mit meinen Schwestern, kurz danach kam unser Vater und setzte sich zu uns. Er war in heiterer Stimmung, die sich auf uns übertrug. Das lebhafte Gespräch, in das wir gleich miteinander gerieten, zusammen mit dem uns umgebenden wohltuenden Grün, verdichteten sich zu einem inspirierten Miteinander. Das war ganz typisch für die lebhaften Gespräche, wie ich sie oft mit ihm erlebt und immer so sehr geliebt hatte. An die große positive Bedeutung des Vaters erinnerte mich also dieser Traum!

Zweiter Traum: In einem großen Raum fand ein Treffen mit Kollegen und Kolleginnen aus der psychologischen Arbeit statt, bei dem ich alte Bekannte traf. Ich war interessiert, wie die Diskussion sich entwickeln würde. Ein Kollege, der mir aus gemeinsamer Arbeit gut bekannt war, hatte im Gesicht und an den Armen

Schnittwunden, vom Rasieren, wie er meinte. Als die Diskussionsrunde schon eine Weile im Gang war, bemerkte ich, daß die Schnittwunden bei dem Kollegen nunmehr offen lagen und mit Blut gefüllt waren. Ich ging zu ihm hin und meinte, daß er jetzt wohl doch einen Arzt aufsuchen sollte, mußte ihm aber gleichzeitig bedauernd sagen, keinen Arzt in der Nähe zu kennen. Er stimmte zu und meinte, irgend jemand würde wohl einen Arzt holen. Aus diesem Traum wachte ich ganz erschrocken auf, und mein erster Gedanke war: Das sind ja die Wunden, die sich die Männer im Krieg zuziehen. Dann stellte sich ein ganz schlechtes Gewissen ein, weil ich in meinen vorbereitenden Überlegungen zum Kapitel über die Väter zu wenig daran gedacht hatte oder vielmehr nicht daran denken mochte, in welche Kriegshandlungen sie einbezogen waren und welch großen Strapazen und welcher Lebensgefahr sie dabei ausgesetzt waren. Mir wurde klar, es konnte bei der gesellschaftspolitischen Auseinandersetzung mit der Generation der Väter nicht nur um ihre politische Haltung zum Nationalsozialismus gehen, wo viele schuldig wurden, sondern auch um psychische Probleme, gesundheitliche Einbußen, die sie erlitten hatten.

So geriet die Arbeit an diesem Kapitel zu einer spannenden Auseinandersetzung mit der Position der Väter, ihrer Bedeutung für das NS-Regime im Krieg und den Folgen ihrer Abwesenheit von der Familie. In ihrer Rolle als Funktionsträger im Kampf an den verschiedenen Fronten im Krieg waren die Väter den Töchtern unbegreiflich und unheimlich. Und so blieben die Beziehungen vieler Töchter zu den Vätern nach deren Heimkehr distanzierter, wenn auch begleitet von einer Sehnsucht nach mehr Nähe.

Die Leiden der Kinder im Krieg und die Nachwirkungen und Folgen sind auch ein Thema des Buches, das durch jüngste Bürgerkriege, in denen Kinder die besonders leidvoll Betroffenen sind, traurige Aktualität gewonnen hat.

Zur Arbeitsweise

Gemeinsam ist den Teilnehmerinnen an dieser Untersuchung, trotz zum Teil mehrerer Jahre Altersunterschied, daß sie in den Kriegsjahren als Mädchen in der fast ausschließlichen Obhut ihrer

Mutter und anderer Frauen aufwuchsen. Sie sind deshalb ein Beispiel für diese besonders weiblich geprägte Sozialisation, über die mehr herauszufinden eines meiner Anliegen war.

An Stellen, wo es für das Verstehen wichtig ist, gehe ich bei der Analyse von Erlebnissen auf die Unterschiede bei den Jahrgängen ein und differenziere zwischen den etwa um 1933–1938 und 1939–1943 geborenen Teilnehmerinnen. Die Älteren haben die NS-Zeit und vor allem die Kriegs- und Nachkriegsjahre schon »bewußter« erlebt, konnten mit Hilfe der Interpretation Erwachsener schon »verstehen«. Für die Jüngeren haben sich die Kriegsereignisse (Bombenangriffe, Flucht) noch nicht in deutlichen Bildern, in der Abfolge von Eindrücken eingeprägt, sondern vielmehr in optischen und akustischen Fragmenten, undeutlichen Gefühlen, Ängsten, die für sie oft schlimmere Folgen hatten als für die schon älteren Kinder.

Ein weiterer wichtiger Grund für die Motivation zu dieser Arbeit ist das Erkenntnisinteresse, etwas über *den Zusammenhang herauszufinden zwischen frühen Erfahrungen mit den starken Müttern und fernen Vätern und der Durchsetzungsfähigkeit der Töchter in den letzten zwei Jahrzehnten bei der Gestaltung von privaten und öffentlich-politischen Räumen mit einem neuen weiblichen Selbstverständnis.* (Siehe Kapitel IV über die Töchtergeneration.) Mit der Eingrenzung meiner Fragestellung auf die weibliche Sozialisation hoffe ich, den Einflüssen der damals, im Vergleich zu Zeiten liberalerer Beziehungsformen, besonders rigiden Geschlechtsrollenteilung unbehelligter auf die Spur zu kommen. Denn nie ist die geschlechtsspezifische Arbeitsteilung größer als im Krieg. Es stellt sich die Frage, was verstärkend oder verändernd wirkte in den Beziehungen zwischen Müttern und Töchtern unter den ungewöhnlichen Herausforderungen im Zweiten Weltkrieg. Die fernen Väter repräsentierten für die Töchter und Söhne die weite, feindliche Welt draußen, auch Krieg und Schrecken, aber auch Helden. Ihr tatsächlicher Einfluß auf die Erziehung ließ eher nach.

Als ich Anfang 1990 konkret mit den empirischen Untersuchungen begann, hatte ich noch wenig Kontakte zu Frauen in der früheren DDR. In der Kindheit, in den Kriegsjahren bis 1945, hatten wir – Frauen der Töchtergeneration – noch eine gemeinsame Geschichte. Einige Teilnehmerinnen an dieser Untersuchung lebten 1945 noch in der Sowjetischen Besatzungszone, der späteren DDR, von wo sie meistens in den frühen fünfziger Jahren »in den Westen« flohen. Aus drei Biographien wird in verschiedenen Abschnitten darüber erzählt. Der lange Prozeß der empirischen Untersuchungen – die Zeit vieler Seminare und Interviews – war ein sehr erlebnisintensiver Teil dieser Arbeit, in dem ich mich durch die von den Frauen vorgetragenen Kindheitserinnerungen mit ihnen und mit meiner eigenen Kindheit lebhaft verbunden fühlte. Das wird an einigen Stellen in den Text einfließen.

Die Teilnehmerinnen an den Seminaren, Intensivinterviews und psychologischen Beratungen sind sowohl Forschende ihrer Geschichte als auch Gegenstand der Forschung. Dazu im folgenden einige Informationen zum besseren Verstehen meines Vorgehens bei der Arbeit.

Mit den Mitteln der Biographieforschung und der sozialpsychologischen Interpretation sollen die Erfahrungen der Töchtergeneration aus den Kriegs- und Nachkriegsjahren zugänglich gemacht werden.

Für den sozialpolitisch-historischen Rahmen beziehe ich mich auf Methoden der »Oral History« = Alltagsgeschichte (die seit den achtziger Jahren, vor allem auch in der Frauenforschung, an Bedeutung gewonnen hat) sowie auf die Biographieforschung.

Drei Ebenen der Arbeit fließen in der Darstellung und Analyse in den verschiedenen Kapiteln ineinander: a) das subjektive Erleben (die Frauen selbst sprechen lassen), b) psychologische, sozialpolitische Aufarbeitung und Analyse, c) geschichtliche Inhalte, historischer Rahmen.

Die psychologischen Deutungen und Interpretationen orientieren sich an der Psychoanalyse und der Individualpsychologie.

Arbeitsformen: Mehrere Seminare und Gesprächskreise; 30 detaillierte Fragebögen wurden ausgefüllt; mehrere Intensivinterviews, psychologische Beratungen.

Der Arbeit in allen Gruppen und den Interviews gemeinsam war das Heranführen an die »Gestaltung der Biographie mit der Methode selektiver Hervorhebung eines Abschnitts« – hier von

Kindheitserfahrungen im Zweiten Weltkrieg und in der Nachkriegszeit. Das geschieht in einem »Prozeß themenzentrierter Selbsterfahrung«.

Informationen über die Teilnehmerinnen

Teilnehmerinnen an der Untersuchung waren 40 Frauen der Jahrgänge 1933–1943. Sie lebten während der Kriegsjahre in Deutschland und den damaligen deutschen Ostgebieten. Heute leben die meisten in den alten Bundesländern der BRD, zwei in den neuen Bundesländern, zwei in der Schweiz.

Familienstand der 40 Teilnehmerinnen: 23 verheiratet, 10 geschieden, 2 getrennt lebend, 3 verwitwet, 2 ledig

Zahl der Kinder: 5 Teilnehmerinnen (TN) = 4 Kinder, 7 TN = 3 Kinder, 11 TN = 2 Kinder, 4 TN = 1 Kind, 9 TN = keine Kinder

Berufstätigkeit: Von 40 Befragten sind 32 berufstätig, 5 nicht berufstätig, 3 Frührentnerin

Berufe: 10 kaufmännische Berufe: Büro- u. Bankkauffrau, Sekretärinnen, ungelernte Büroangestellte. 8 sozialpädagogische Berufe: Erzieherinnen, Sozialpädagoginnen. 2 Pflegeberufe: Krankenschwestern. 16 Akademikerinnen: Psychologinnen und Psychotherapeutinnen, Lehrerinnen, Soziologin, Professorin, Dipl.-Ingenieurinnen und Architektinnen, Diplompädagogin, Musikwissenschaftlerin, 4 ohne Angaben über den Beruf.

Gruppenarbeit: Mit drei verschiedenen Gruppen arbeitete ich über Kindheitserinnerungen an die Nazizeit und Nachkriegsjahre. Davon kamen 8 Frauen über ein Jahr lang zu regelmäßigen Treffen zusammen, eine Gruppe mit 8 Frauen leitete ich mehrere Tage bei einer psychologischen Fachtagung, und die größte Gruppe mit 25 Frauen traf sich an zwei Wochenenden zweimal drei Tage lang. Einzelne Teilnehmerinnen waren bei mir ein bis zwei Jahre lang in psychologischer Beratung. Eine weitere wichtige Informationsquelle für empirisches und biographisches Material waren die (erwähnten) 30 detaillierten Fragebögen.

Die meisten Vornamen und der Anfangsbuchstabe des Familiennamens sind mit dem tatsächlichen Namen der Teilnehmerinnen identisch, nur da, wo eine Anonymisierung gewünscht war, habe ich die Namen verändert. Mit voller Namensnennung wären nur ganz wenige einverstanden gewesen; so habe ich ganz darauf verzichtet.

Über die Biographien der häufig in allen Kapiteln zu Wort kommenden Frauen habe ich im Verlauf ihrer Redebeiträge einige Informationen eingestreut, und zusätzlich finden sich im Anhang biographische Daten zu allen mehrmals zitierten Teilnehmerinnen.

Ich möchte viele Frauen und viele Männer, die zu der hier vorgestellten Generation gehören, ermutigen, ihre Erinnerungen aus den Jahren der NS-Herrschaft und den Nachkriegsjahren noch einmal aufzugreifen und zu reflektieren. Mit den vorgestellten Beispielen über Kindheit im Nationalsozialismus möchte ich Anregungen geben, das Gespräch zwischen den Generationen über die Bedeutung der Nazizeit für die Familiengeschichte aufzunehmen, solange es noch nicht zu spät ist. Heute haben wir aufgrund des zeitlichen Abstands die Chance zu mehr Toleranz und gegenseitigem Verstehen. Besonders am Herzen liegt es mir, die junge Generation, die Enkel, als Leserinnen und Leser zu gewinnen, die in diesem Buch etwas über die Geschichte ihrer Mütter und, durch diese vermittelt, etwas über die Großeltern im nationalsozialistischen Regime erfahren können und über die Einwirkung von totalitären politischen Systemen auf das Leben einzelner Menschen und Familien.

Mit Studentinnen und Studenten des Faches Sozialpädagogik führe ich seit mehreren Semestern an der Fachhochschule Frankfurt/Main Lehrveranstaltungen durch mit dem Titel »Generationengespräch über den Nationalsozialismus«. Die Hinführung zur Frage »Was sind meine Ursprünge, meine Wurzeln? Was formte meine heutige Identität?« (Stierlin, 1988) rückt auch die Bedeutung der Jahre der NS-Herrschaft und ihre Folgen für die Familiengeschichte bis in die Generation der Enkel ins Blickfeld. Die Studentinnen und Studenten sind hochmotiviert, dieses Thema unter dem Aspekt der Relevanz für sie selbst und für die Gegenwart zu diskutieren, wie zwei Aussagen zeigen:

»Ich suche den Zusammenhang zwischen der Erziehung meiner Eltern, die im NS-Staat aufgewachsen sind, und den Auswirkungen auf mich in der dritten Generation. Ich suche nach der Antwort darauf, wie es dazu kam, daß Hitler so viel Unterstützung in seiner Machtausübung und bei der Judenvernichtung in weiten Kreisen der Bevölkerung gewinnen konnte.«

»Es ist mir unverständlich, daß es nach den katastrophalen Jahren der Naziherrschaft in Deutschland nach zwei Generationen schon wieder Fremdenhaß und Neofaschismus gibt. Die Auseinandersetzung mit diesem Thema ist mir sehr wichtig.«

Mehrere Studenten und Studentinnen erzählten mir, wie sie in den Lehrveranstaltungen durch die Konzentrierung auf Alltagserfahrung und psychologische Wirkungen zu dem für sie noch belastenden und unaufgeklärten Kapitel der NS-Geschichte einen neuen Zugang bekommen. Dadurch fühlen sie sich fähiger, anders als früher auf ihre Eltern und ihre Großeltern zuzugehen und mit ihnen über deren Erlebnisse zu sprechen, wobei sie diese auf einmal auch aufgeschlossener erleben. Dabei kommt oftmals eher ein Dialog zwischen den Enkeln und Großeltern in Gang als mit den Eltern, die den Krieg als Kinder oder Jugendliche erlebten. Petra M. hört ihrer Großmutter oft zu, wenn sie über ihr Leben als junge Frau erzählt, als sie Hitler und die Nazis zutiefst ablehnte, nie den Arm zum Hitlergruß erhoben hatte und dadurch vielen Repressalien ausgesetzt war. Ihr Mann war ein überzeugter Nationalsozialist, darüber gab es oft Streit zwischen ihnen. Er ist kurz vor Kriegsende gefallen. Sie beschönigt nichts, auch nicht, wie die Parteizugehörigkeit oder Nazigegnerschaft die Familienmitglieder auseinanderriß. Und auf das Verschwinden ehemaliger jüdischer Nachbarn, mit denen sie in gutem Kontakt standen, und deren spätere Ermordung reagiert sie heute noch mit tiefer Trauer und Tränen. Petra M. ist froh, von der Großmutter etwas über die Familiengeschichte in der Nazizeit zu erfahren, über die ihr Vater schweigt. Hier zeigt sich, wie der Dialog zwischen den Generationen fortgesetzt werden könnte.

Einige Enkel übernehmen stellvertretend für die Generation der Großeltern den Auftrag, Versöhnungsarbeit zu tun. Eine Studentin und ein Student zum Beispiel haben engen Kontakt mit jungen

Leuten in Israel und suchen vorsichtig Gespräche über die Folgen des Holocaust in diesen Familien.

Das Generationengespräch über die jüngste deutsche Geschichte, in das die NS-Vergangenheit einbezogen wird, kann gerade in den wieder unruhigen Zeiten, in denen das wiedervereinte Deutschland und seine Menschen zusammenfinden müssen, einen Beitrag leisten zum Erkennen und Verstehen – gegen Intoleranz und Radikalisierung.

Mein besonderer Dank gilt den Teilnehmerinnen an dieser Untersuchung, die streckenweise eigentlich Mitarbeiterinnen waren und von denen ich viel gelernt habe. Trotz einiger sehr erschütternder Erinnerungen aus der Kriegszeit, über die gesprochen wurde, gab es auch die Freude des Sich-Wiedererkennens in den fast unglaublichen Kindheiten der vielen Frauen aus der eigenen Generation.

Unschätzbar war die Unterstützung, die ich bei der Arbeit an diesem Buch durch meinen Mann bekommen habe. Mit ihm war ich in den letzten zwei Jahren kontinuierlich im Gespräch über politische und alltagsgeschichtliche Hintergründe der Geschehnisse in der Nazizeit, und bei vielen inhaltlichen Fragen hat er mich mit seinem historischen Fachwissen beraten. Aber fast ebensowichtig war es, wie er mir wochenlang den Rücken frei hielt von sozialen und häuslichen Verpflichtungen.

Meinen ganz besonderen Dank möchte ich ausdrücklich der Hessischen Landeszentrale für politische Bildung HLZ, Wiesbaden, dafür aussprechen, daß sie zwei Wochenendseminare zum Schwerpunktthema mit 25 Teilnehmerinnen getragen hat. Die Seminare habe ich mit Renate Knigge-Tesche durchgeführt, Leiterin des Referats III der HLZ (damals »Frauen«, heute »Gedenkstätten für die Opfer des Nationalsozialismus«). Unsere lange erprobte Zusammenarbeit hat uns dabei inspiriert, Intuition und Planung in ein harmonisches Maß zu bringen. Für dieses Stück gute Frauenarbeit und die Unterstützung bei der Planung meines Buches danke ich Renate Knigge-Tesche sehr herzlich.

Sehr produktive Gespräche über meine Arbeit hatte ich mit meiner Freundin Dr. Ilka Riemann, in denen wir von unserer Geschichte über die kollektive Bedeutung der Nazizeit zu kühnen Gedanken und Assoziationen über Frauenmacht und Frauenohnmacht in der Geschichte kamen.

Wally Lukes, Dipl.-Sozialpädagogin, die einen großen Teil meiner Manuskripte getippt und mich mit Terminarbeiten nie im Stich gelassen hat, danke ich für ihre engagierte Arbeit.

II
Starke Mütter, ferne Väter im NS-Staat und in der Nachkriegszeit – im Spiegel der Töchtergeneration

Stationen der Mutter-Tochter-Beziehung

Unterschiedliche Kriegswahrnehmung bei Kindern, Frauen und Männern

Die Komplexität und Vielschichtigkeit der Beziehung zwischen Mutter und Tochter ist nicht einfach zu deuten und läßt uns manchmal mehr fühlen und ahnen als wissen, welchen Anteil die Mütter daran hatten, wie wir als Töchter zu dem wurden, was wir heute sind.

Ursula S., Aussig/Elbe, damals Sudetenland, im Juni 1945 acht Jahre alt: »Ich erinnere mich, meine Schwester Hanne und ich spielten gerade im Wohnzimmer, als unsere Mutter sagte: ›So, jetzt vertreiben uns die Tschechen aus unserer Wohnung! Wir dürfen nur einige Sachen mitnehmen, und in 48 Stunden müssen wir von hier fort.‹ Diese Nachricht der besorgten Mutter verkehrte sich dann in meinem Kopf zur Vorstellung von einer Reise. ›Hurra, wir verreisen! Komm, Hanne, gehen wir erst mal in den Garten schaukeln!‹ Schaukeln tat ich für mein Leben gern, besonders wenn mich innerlich etwas heftig bewegte. Auf der Schaukel nahm ich schon das Auf und Ab vorweg, das uns auf dem langen Flüchtlingstreck bevorstand. Das Traurige dieser Reise bekam ich bald zu spüren: plötzliche Heimatlosigkeit unter freiem Himmel, unsere Mutter, meine zwei jungen Schwestern und ich endlos unterwegs. Auf offenen Eisenbahnwaggons ging's vom Sudetenland über das zerbombte Berlin, an das ich mich noch gut erinnern kann, ins weite, ländliche Mecklenburg. Dann ein Jahr später,

1946, nochmals eine Flucht vom Osten in den Westen, wo wir nach Jahren den Vater wiedertrafen.«

Die großen Fluchtbewegungen hatten seit Ende 1944 bis weit in die Jahre 1945/1946 auch große Teile der deutschen Zivilbevölkerung in den ehemaligen deutschen Ostgebieten Pommern, Ostpreußen, Schlesien, Tschechoslowakei, Sudetenland erfaßt. Millionen mußten aus ihrer Heimat fliehen, sie zogen gen Westen, wo sie sich in den Zonen der westlichen Alliierten ihres Lebens sicherer glaubten als in den von der Roten Armee besetzten Gebieten. Unter ihnen waren auch jene kleinen Mädchen, die als Frauen Jahrzehnte später in Gesprächskreisen zusammenkamen, um miteinander über ihre Erinnerungen an die Jahre der Bomben und Luftschutzkeller, der Flucht und der Not, der Suche nach neuen Kinderfreundschaften zu sprechen. Die Bedeutung der Mutter in der Zeit der »überlebensgroßen« Erschütterungen war ihnen aus der Kindheit besonders stark im Gedächtnis geblieben. Die kritische Annäherung an ihre Mütter in deren Rolle im NS-Staat ist ihnen zum Teil erst heute möglich, wie wir aus diesem und nachfolgenden Kapiteln ersehen werden.

Die Erfahrung sollte uns lehren, daß wir unsere Geschichte nicht losgelöst von dem sehen können, was Generationen vor uns an Fakten geschaffen haben, die im kollektiven und individuellen Gedächtnis, häufig in Form von Mythen, fortleben, auch wenn das öffentliche Bewußtsein das meistens verdrängt.

In dieser Arbeit sollen die Erkenntnisse über die individuelle und kollektive Verbindung der Töchtergeneration mit der Frauengeschichte im Nationalsozialismus vertieft und um einige aufgearbeitete Erinnerungen erweitert werden.

Es gehört zur Geschichte unserer Mütter, daß ein wesentlicher Teil ihrer Lebenszeit von der Politik und Ideologie des NS-Regimes und den Erschütterungen des Zweiten Weltkrieges geprägt wurde, mit unterschiedlichen Auswirkungen auf die weibliche und männliche Bevölkerung.

Nie ist die Geschlechtertrennung und geschlechtsspezifische Arbeitsteilung größer als im Krieg. Besonderes Gebot für die Frauen ist es dann, zu bewahren, zu schützen, für die unmittelbare Existenzsicherung ihrer Kinder und anderer Angehörigen Verantwortung zu tragen und Rehabilitationsarbeit zu leisten an Menschen und Lebensräumen. Einsatz der Männer an der Kriegsfront heißt dann, zu kämpfen, die Feinde zu schlagen, Feindesland zu erobern, eigenes Land zu verteidigen und dabei immer Lebensräume und Menschenleben zu vernichten, wenn erst einmal die Eigendynamik des Krieges das Gesetz des Handelns bestimmt. Das sind martialische Grundregeln der patriarchalischen Gesellschaften in Kriegszeiten mit jeweils anderer Rollen- und Aufgabenzuweisung an Männer und Frauen. Jede Seite der kriegführenden Parteien nimmt dann für sich in Anspruch, den »gerechten Krieg« zu führen. Bei den Nazis kam noch die Behauptung vom Recht auf Schaffung von neuem Lebensraum für das deutsche Volk hinzu. Kriegserklärungen und propagandistisch manipulierte Legitimationen und Informationspolitik verschleiern die Tatsache, daß sich dahinter jahrhundertealte Machtkämpfe verschieden mächtiger oder ohnmächtiger gesellschaftlicher Schichten, Ethnien, Länder und auch der Geschlechter gegeneinander verbergen. Unterschiedliche Erfahrungen der Frauen im Zweiten Weltkrieg beim Kampf ums Überleben in der Heimat (an der »Heimatfront«, wie die Nazis das ja auch nannten), später auf der Flucht und der Männer an der Front haben zu unterschiedlichen Lernprozessen, veränderten Verhaltensweisen und Erkenntnissen geführt, die zur Entfremdung der Ehepartner voneinander und der Geschlechter an und für sich beitragen konnten. Die Abwesenheit der Männer hatte häufig auch ein Gefühl der Fremdheit zwischen Vätern und Kindern zur Folge.

Es ist ein Grundgedanke dieser Untersuchung, daß die identifikatorische Bedeutung der zuerst vom nationalsozialistischen Frauenbild beeinflußten und später die Überlebensaufgaben der Kriegs- und Nachkriegsjahre tragenden Generation der Mütter für die weibliche Identitätsentwicklung der Töchter sehr hoch einzuschätzen ist. So ist zu fragen, ob die Umstände ungewöhnlicher Herausforderungen im Zweiten Weltkrieg verstärkend oder verändernd in den Beziehungen zwischen Müttern und Töchtern wirkten. Ganz wesentlich war sicher die *andere Rollenverteilung in der Familie. Die Mütter* mußten fortan für die Kinder die *tragende Vermittlerin der beiden Sozialisationswelten sein: des inti-*

men inneren Raumes in der Familie und der Position in der Welt draußen, die bis dahin zu den tradierten Aufgaben der Väter gehörte.

Stellvertretend für viele Töchter mögen Erinnerungsbilder zweier Teilnehmerinnen von der aktiv handelnden, anscheinend starken Mutter stehen:

Frau T.: »Ich erlebte meine Mutter immer im Einsatz für ihre Familie, aber auch für Flüchtlingsfamilien und Kriegsgefangene, für die sie durch ihre Arbeit beim Roten Kreuz Kleidung und ein wenig Lebensmittel organisieren konnte. Auch in den schweren Nachkriegsjahren hatte ich von ihr den Eindruck, daß sie stark ist und mit ihrer Fröhlichkeit den Kampf ums Überleben nicht aufgibt.«

Ingrid S.: »Sie ist richtig aufgedreht, aufgelebt, obwohl das zu dieser Zeit gar nicht paßte. Aber als Vater in den Krieg zog, hatte sie plötzlich Verantwortung bekommen, die ihr immer abgenommen worden war. Sie war plötzlich eine ganz andere Mutter, so befreit! Auf einmal konnte sie nach ihren Vorstellungen entscheiden und handeln – und wie sie das konnte! Ich war die Älteste, mein Bruder drei Jahre jünger und die kleine Schwester noch ein Baby, und ich durfte ihr dann viel helfen. Wir sind richtig eng zusammengewachsen, und sie hat viel mehr für mich getan als vorher, als Vater noch da war. Sie hat sich auch sehr für andere eingesetzt, für andere Frauen in der Nachbarschaft und ältere Leute. Daran kann ich mich gut erinnern.«

Das Bild von der starken Mutter, das viele Töchter in den Kriegs- und Nachkriegsjahren verinnerlicht hatten, wurde von Zweifeln verdunkelt, als sie später in der Schule und in dem politisch konfrontativen Klima der sechziger Jahre mehr über die verbrecherischen Ziele und Taten im NS-Staat erfuhren.

Die Müttergeneration in ihrer Zeit

Wollen wir ein klareres Bild von der Generation unserer Mütter bekommen, müssen wir sie vor dem Hintergrund großer gesellschaftlicher Erschütterungen zweier Weltkriege sehen. Die meisten Mütter der hier vorgestellten Frauen sind zwischen 1905 und 1915 geboren, sie haben schon den Ersten Weltkrieg als Kinder erlebt. Auch sie haben in ihrer Kindheit kriegsbedingt enorme Entbehrungen und Entsagungen erfahren müssen. Hunger und Not, lange Abwesenheit der Väter, von denen viele als Verwundete oder gar nicht aus dem Krieg zurückkehrten, Zusammenbruch des Kaiserreiches und ganzer ökonomischer Existenzen, Massenarbeitslosigkeit, das alles wirkte sich auf ihre Kindheit aus. Und damals schon mußte der tatkräftige Einsatz der Frauen die Not mildern helfen; eine Aufgabe, die die nächste Frauengeneration – zu der unsere Mütter gehörten – während des nur zwanzig Jahre später ausbrechenden Zweiten Weltkrieges wieder leisten mußte. Diese Erschütterungen, die zwei aufeinander folgende Generationen unmittelbar erlebt hatten, wirkten auch auf die Töchtergeneration am Beginn ihres Lebens. Einige Teilnehmerinnen der Untersuchungsgruppe erinnerten sich, wie ihre Mütter bei den Gefahren und Strapazen im Zweiten Weltkrieg sich selbst Mut zusprachen, indem sie an die in der Kindheit schon einmal überstandenen schweren Zeiten im Ersten Weltkrieg dachten. Mit der Angst verband sich für sie die Hoffnung, mit Hilfe dieser früheren Erfahrungen auch diesmal aus verzweifelten Situationen einen Ausweg zu finden.

Obwohl die Zeit des Ersten Weltkrieges einen Teil des biographischen Hintergrunds der Müttergeneration darstellt, konzentrieren wir uns auf den biographischen Abschnitt der NS-Zeit und ersten Nachkriegsjahre, der den Erinnerungen der Töchter eher zugänglich ist. In eineinhalb Jahrzehnten erlebte diese Frauengeneration viele Wandlungen: Zu Beginn der Nazizeit wurden sie als junge Frauen die besondere Zielgruppe der nationalsozialistisch-arischen Bevölkerungs- und Frauenpolitik, die sie als deutsche Mütter hochschätzte, avancierten dann zu gesuchten Arbeitskräften in der Kriegsproduktion und wurden durch die Trennung von den Männern zu Alleinerziehenden und Alleinernährerinnen, zuletzt Verwalterinnen des Notstandes.

Das nationalsozialistische Programm der totalen Veränderung und Durchdringung aller gesellschaftlichen Gruppen und Institutionen sah auch die frühe »erzieherische Erfassung« der Kinder und Jugendlichen vor und stellte somit die Mütter in den Dienst des deutschen Volkes.

Zu den widersprüchlichen Anteilen weiblichen Verhaltens damals gehörte zum einen, daß viele Frauen von der NS-Frauenpolitik eine subjektive und kollektive Aufwertung als Hausfrau und deutsche Mutter erfahren hatten, gleichzeitig die Eingrenzung auf diese Rolle und die Funktionalisierung der Mutterrolle aber nicht als eine Herabsetzung ihrer Persönlichkeit auf ihre Gebärfähigkeit sahen. Die nicht nur patriarchalisch zu nennende nationalsozialistische Konstruktion des Geschlechterverhältnisses »...entstammte keineswegs nur *Männerphantasien* (Theweleit, 1977), sondern es gab ein aktives Gegenstück auf seiten der Frauen, eine muttermächtige Logik, die sich mit der patriarchalen zu einer Einheit verband. Im Kult um die ›arische‹ Mutter liegen auch ›matriarchale‹ Machtansprüche auf der Hand«, schreibt Windaus-Walser (1990, 69) und verweist in ihren weiteren Ausführungen darauf, daß das keineswegs im Widerspruch zur Frauenfeindlichkeit des Nationalsozialismus steht, weil Machtansprüche von Müttern »sich ebenso wie gegen das andere auch gegen das eigene Geschlecht richten« können. Frauen, die mit dem Nationalsozialismus übereinstimmten, assoziierten mit der Hervorhebung ihrer Gebärfähigkeit und Mutterschaft »...keineswegs Unterdrückung und Ohnmacht..., sondern das genaue Gegenteil davon«. (Windaus-Walser, 1990, 69)

Die Geschlechtertrennung hat den Nationalsozialisten besonders in ihr Herrschaftsbild gepaßt, dem sich die NS-Frauenschaft unterordnete. So hob diese in ihrem Programm die Verschiedenartigkeit der Geschlechter hervor und akzeptierte die Teilung der Welt in eine aktive männliche und – als deren Ergänzung – eine passive weibliche Hälfte. Die NS-Frauenschaft erkannte die Politik als männliche Domäne an und beurteilte die politischen Aktivitäten der alten Frauenbewegung aus der Zeit vor dem Ersten Weltkrieg und der Weimarer Republik als Fehlschlag. Um die »Gefahr des Intellektualismus für die weibliche Seele« (Dammer, 1981, 216) abzuwenden, bekämpfte sie alle Frauen, die sich für die Gleichberechtigung einsetzten. Die Nazis haben zudem ihre Propaganda ganz gezielt eingesetzt, um die Frauen als ein Instrument der Gleichschaltung zu nutzen, und von ihnen gefordert, ihre Kenntnisse nachbarschaftlicher und verwandtschaftlicher Verhältnisse zur Denunziation von Andersdenkenden zu verwenden.

Mit der Machtübernahme der Nationalsozialisten wurden die Frauen aus qualifizierten Berufen herausgedrängt; die berufstätige Frau paßte nicht in das Bild der NS-Ideologie. Die Frau als Mutter stand im Mittelpunkt politischer Idealisierung. (Das Ausscheiden von Frauen aus dem Berufsleben führte im übrigen zu einer scheinbaren Verbesserung der Arbeitslosenstatistik und wurde vom NS-Regime als Erfolg beim Abbau der Arbeitslosigkeit verkauft.)

Da Mutterschaft im NS-Staat in den Jahren vor Kriegsbeginn höher bewertet wurde als außerhäusliche Arbeit, zogen es viele Frauen vor, sich ihrer Familie zu widmen. Unterstützt wurde dies durch den Familienunterhalt, der an Frauen, deren Männer zum Kriegsdienst einberufen worden waren, ausgezahlt wurde. Zu Beginn der NS-Herrschaft wurden die Frauen so auf ihre Zuständigkeit für Gefühlsarbeit, Kindererziehung, Reproduktionsarbeit im weitesten Sinne und die hierin ausgebildeten sozialen Fähigkeiten eingegrenzt. »Eine Eingrenzung ergibt sich auf der Grundlage einer quasi dialektischen Beziehung zwischen den durch die Individuation, Sozialisation erworbenen Fähigkeiten frauenspezifischen Leistungsvermögens einerseits und dem einschränkenden Charakter der Erwartungen an diese ›weiblichen‹ Fähigkeiten und ihren Einsatz in der Gesellschaft.« (Roberts, 1988, 108) Der NS-Staat konnte sich aber auf Dauer eine Eingrenzung der Frauenproduktivität auf ihre Generativität und frauentypische soziale Fähigkeiten ökonomisch und sozialpolitisch gar nicht leisten und griff später auf die Frauen als Reserve im kriegsbedingten Einsatz zurück: als Arbeitskräfte auf Männerarbeitsplätzen.

So mußten die Leistungen der Frauen in den letzten Kriegs- und ersten Nachkriegsjahren weit über die traditionelle Frauenarbeit hinausgehen und schlossen Arbeiten in Produktion und Dienstleistung sowie den direkten Einsatz im Kriegsdienst ein, unter anderem als Nachrichten- und Flakhelferinnen oder Lazaretthelferinnen. Diese Erweiterung der Tätigkeitsbereiche zusätzlich zu den Familienaufgaben hat sicherlich für die betroffenen Frauen zu einem Zuwachs an Erfahrung und Selbständigkeit geführt. Die größere Teilhabe an gesellschaftlichen Aufgaben hatten sich die Frauen im NS-Staat aber nicht erkämpft, auch nicht gewünscht oder gefordert; ganz anders als in der Weimarer Republik, wo Frauen unter anderem um das Recht auf gleiche Chancen wie Männer bei der Berufsqualifizierung kämpften und um die Anerkennung weiblicher Arbeitsleistung im Beruf. So konnte der NS-Staat die auch im bürgerlichen Staat vorhandene, immer mit nachteiligen Auswirkungen für Frauen verbundene Trennung von Öffentlichkeit und Privatheit, geschickt ideologisch präsentiert, für seine Zwecke nutzen. Es war eine Doppelstrategie der nationalsozialistischen Frauenarbeits- und Familienpolitik, über die Frauen zu verfügen und sie einzusetzen, je »nach den Erfordernissen der Industrie, insbesondere der Rüstungsindustrie«, ohne »die Aufrechterhaltung der sozialen Reproduktionsbedingungen der Gesellschaft durch die reproduktiven Frauenarbeiten als Hausfrau, Mutter, Ehefrau und im ehrenamtlichen Bereich der ›organisierten Mütterlichkeit‹« verringern zu wollen. (Kuhn, 1988, 817) Diese doppelte Einflußnahme der NSDAP durch ihre zielorientierte Frauenarbeits- und Familienpolitik hat die inneren Konflikte und Belastungen der Frauen durch die von ihnen jetzt alleinverantwortlich zu tragende Arbeitsteilung zwischen Kinderbetreuung und Beruf verstärkt.

Frauen waren aber nicht nur und überwiegend passive Empfängerinnen oder Opfer der NS-Frauenpolitik und der (versuchten, aber nicht ganz gelungenen) Durchstrukturierung aller öffentlichen und privaten Lebensbereiche durch die NSDAP und ihre Organisationen. Vielmehr können wir nach dem Stand heutiger kritischer Frauenforschung annehmen, daß viele Frauen die anfänglichen Veränderungen der Lebensumstände in Deutschland seit der Machtübernahme durch Hitler und die NSDAP begrüßten. Auch bei der schon ab 1933 einsetzenden Verfolgung von Kommunisten, Sozialisten, Juden und Widerstandskämpfern hat die Mehrheit der Frauen geschwiegen, und nicht wenige haben »nur« ihre Pflicht getan, indem sie jüdische und politisch andersdenkende Nachbarn bei der Gestapo meldeten. Daraus können wir auf eine Bejahung von mindestens autoritären, in vielen Fällen sogar gewalttätigen Lösungen gesellschaftlicher Konflikte schließen.

Daneben gab es aber auch viele Frauen, die aktiven oder passiven Widerstand gegen die Naziherrschaft geleistet haben, viele, die in der Sozialdemokratischen oder Kommunistischen Partei organisiert waren, als Christen der Bekennenden Kirche angehörten oder in mutigen individuellen Aktionen tätig waren. Als Teil der Frauengeschichte im Nationalsozialismus können die Frauen, die sich dem Regime widersetzten, den Töchtern bei der Aneignung der eigenen Geschichte eine positive Identifizierung ermöglichen, wenn diese nicht die Augen vor der Wahrheit am anderen Ende der Skala des Frauenverhaltens im NS-Staat verschließen. Denn in manchen Bereichen haben Frauen in ihrer beruflichen oder ihrer Parteifunktion auch an der Verfolgung und Vernichtung von Menschen teilgenommen und wurden Täterinnen. Und ein großer Teil der Frauen hat das System der NS-Diktatur lange Zeit durch Anpassung und Schweigen stabilisiert. Erst als der Krieg, der sicher von den meisten nicht gewollt war, in mörderischer Weise große Teile der Zivilbevölkerung erfaßte, wurden sie zu Opfern.

Es ist die Haltung unserer Mütter zum Nationalsozialismus, ihre eventuelle Mittäterinnenschaft, die uns als Töchter heute noch zu schaffen macht – trotz ihrer anerkannt großen Leistungen bei der Sicherung des Überlebens. In Kapitel III gehe ich ausführlicher darauf ein, wie problematisch und für die Beziehungen belastend das Schweigen der Mütter und Väter zur NS-Vergangenheit von den befragten Frauen der Töchtergeneration empfunden wurde.

Wenn die längst erwachsenen Töchter jetzt ihre eigene Geschichte im Spiegel ihrer Mütter in der Zeit des Nationalsozialismus rekonstruieren, empfinden sie dies oft als eine Gratwanderung zwischen der Loyalität gegenüber den Müttern und der

Suche nach der Wahrheit. Für die individuelle Beziehung zur Mutter waren jedoch emotionale Nähe, ihre Fähigkeit, uns zu schützen und zu ermutigen, viel entscheidender als unsere heutigen Überlegungen über ihre Haltung gegenüber dem Nationalsozialismus.

Voraussetzungen für die psychosoziale Entwicklung der Töchter

Es ist wichtig zu untersuchen, was sich in den Beziehungen der Mütter und Töchter zueinander unter ungewöhnlichen Erschütterungen wie denen im Zweiten Weltkrieg verändert. Zunächst betrachten wir einige wichtige psychologische und soziale Entwicklungsstadien in der Mutter-Tochter-Beziehung, wie sie für die abendländisch-westlichen Gesellschaften typisch sind. Dabei wollen wir, um einige grundsätzliche entwicklungspsychologische Annahmen herauszuarbeiten, anfangs die Kriegsfaktoren unberücksichtigt lassen.

Die Mutter hat natürlicherweise bei der weiblichen Identitätsbildung eine zentrale Stellung. Aber ebensowichtig ist, daß Mädchen bei der emotionalen und kognitiven Entwicklung und Herausbildung von Moral- und Verhaltensmaßstäben tatsächlich die Mutter und den Vater brauchen. Häufig »erleben sich Mädchen, indem sie sich als weiblich identifizieren, als ihren Müttern gleichend und verschmelzen somit das Erlebnis der Bindung mit dem Prozeß der Identitätsbildung«. (Gilligan, 1982, 16) Aber diese Identifizierung basiert auf dem Geschehen der frühen Wahrnehmung der Geschlechtsunterschiede und der eigenen Geschlechtszugehörigkeit beim Kind. Wir können annehmen, daß das Mädchen sich in dieser Phase, meistens schon vor dem fünften Lebensjahr, mit dem Vater identifizieren will und dabei seine Anerkennung sucht. Zur engen Bindung an die Mutter sucht das Kind eine Erweiterung der Beziehungskonstellation, eine Triangulierung durch Hinwendung zum Vater. »In ihrer Angst bei der Ablösung von der Mutter suchen die Mädchen, genau wie die Jungen, nach einer Figur, an die sie sich anlehnen können, die für sie den Schritt aus frühkindlicher Abhängigkeit in die große Außenwelt repräsentiert. Diese Figur ist der Vater.« (Benjamin, 1990, 107) »Ich bin der Ansicht, daß Mädchen und Jungen im Kleinkindalter bemüht sind, die Identifikationen mit beiden Geschlechtern gleichermaßen beizubehalten«, sie suchen bei beiden Eltern Anlehnung und Anerkennung. »Im günstigsten Fall macht die Identifikation mit beiden Eltern es dem Kind möglich, manches von dem zu übernehmen, was dem anderen Geschlecht zugeordnet wird.« (Benjamin, 1990, 111)

Die jeweils weibliche und männliche Identifizierung wird verstärkt durch die in jeder Zeit, in jeder Gesellschaft vorhandenen unterschiedlichen geschlechtsspezifischen Erziehungsformen, orientiert an unterschiedlichen Sozialisationszielen für Mädchen und Jungen in Vorbereitung auf ihre spätere Erwachsenenrolle. Die weitgehende Zuständigkeit der Mutter für die Kindererziehung erfordert von ihr die Bezogenheit auf das Kind/die Kinder, eine Fähigkeit, die, psychisch verinnerlicht, sich häufig fortsetzt in eine allgemeine soziale Bezogenheit und zur Voraussetzung wird dafür, »daß sich die weibliche Persönlichkeit... mehr im Hinblick auf und in Verbindung mit anderen Menschen definiert als die männliche«. (Gilligan, 1982, 16) Die amerikanische Psychoanalytikerin Nancy Chodorow analysiert das Besondere an der Mutter-Tochter-Beziehung so: »Weil sie dasselbe Geschlecht wie ihre Töchter haben..., neigen Mütter von Töchtern dazu, diese nicht in gleicher Weise als verschieden von sich selbst zu betrachten wie Mütter von Söhnen... Die primäre Identifikation und Symbiose mit den Töchtern ist im allgemeinen stärker, und die Besetzung der Töchter behält eher narzißtische Elemente bei, d. h. sie basiert auf dem Erleben der Tochter als Erweiterung und Verdoppelung der Mutter.« (Chodorow, 1985, 143)

Als Teil weiblicher Identitätsbildung, die im Kontext einer bestehenden Beziehung stattfindet und früh angelegt wird, wirkt die geringere psychische Abgrenzung der Tochter von der Mutter (mit eben geringerer Abgrenzungsnotwendigkeit und -möglichkeit) auch in der größeren Bindung an andere Menschen fort. In der jüngeren psychologischen feministischen Diskussion spricht man auch von »Bindungsidentität«. Die männliche Identität hingegen definiert sich mehr durch Abgrenzung. Beides basiert auf der Auseinandersetzung und partiellen Identifizierung und Differenzierung mit der Mutter und dem Vater und ihren Rollen und Funktionen sowie ihrer Verinnerlichung, analog zu den vorherrschenden Geschlechts- und Familienrollen.

Soweit können wir davon ausgehen, daß es sich hier um das psychologische Phänomen enger Mutter-Kind-Beziehungen handelt, wie sie in so engem Bezogensein überwiegend in patriarchalischen Gesellschaften mit der Eingeneration-Kleinfamilie als vorherrschender Lebensform verlaufen. Von einigen Psychoanalytikerinnen und Frauenforscherinnen, wie zum Beispiel Jessica Benjamin, Nancy Chodorow und Carol Gilligan, wurde die Mutter-Tochter-Beziehung besonders analysiert.

Den Ursprung des intimen Charakters der Mutter-Kind-Beziehung, auch mit Zügen von Ausschließlichkeit, finden wir in der Entwicklung der Industriegesellschaft, hier bildete sie die typische Trennung von Familien- und Berufsleben heraus. Als Folge davon wurden die Frauen viel mehr als vor der Industrialisierung auf die Arbeit in der Familie verwiesen. Die Familie geriet in eine neue, sie überfordernde Situation, sie »wurde zu einem auf das Berufsleben komplementär bezogenen Ort, der sich emotional durch die Intimität der Beziehungen der Familienmitglieder untereinander von den Verhältnissen in der Öffentlichkeit unterscheiden sollte«. Diese gegensätzlichen Anforderungen waren in besonderem Maße an die Frauen adressiert, »die mit den Fähigkeiten, die sie für die Familie ausbilden sollten, berufstätig werden und sich die Welt aneignen wollten, in eine widersprüchliche Situation« gerieten. (Riemann, 1985, 53)

Nicht nur die Beziehungen zu Mutter und Vater als Repräsentanten des weiblichen beziehungsweise männlichen Geschlechts wirken auf die psychosexuelle Identitätsentwicklung, sondern sehr wesentlich auch die geschlechtsspezifische Rollen- und Arbeitsteilung, die Funktionen, die Aufgaben, die jeweils von Frauen und Männern in der Familie und im gesellschaftlichen Leben erfüllt werden.

Sowohl für die psychologische wie für die soziale Entwicklung der Töchter und Söhne fehlte in den Kriegs- und Nachkriegsjahren der Vater. Die Gewichtung hatte sich dadurch stark auf die

Beziehung zur Mutter, auf ihre Rolle als Vermittlerin der familiären und außerfamiliären Sozialisationswelten verschoben. Dies wurde von den Töchtern zum Teil durch Idealisierungen sowohl der Mütter als auch der fernen Väter kompensiert. Dadurch konnte es zwischen Töchtern und Müttern zu schwer zu entknüpfenden und die Autonomieentwicklung belastenden symbiotischen Beziehungen kommen. Als Korrektiv mögen oft die ungeschützten Lebensverhältnisse gewirkt haben (was ich nicht zynisch meine), weil die Mütter für Überbehütung ihrer Kinder gar keine Zeit hatten. Darauf wird in Kapitel IV ausführlicher eingegangen.

Die Trennung von Familien- und Berufsleben, Privatheit und Öffentlichkeit, Reproduktions- und Produktionsbereich hat sich besonders dominant in modernen Industriegesellschaften herausgebildet (in der Gegenwart von den Frauen heftig angefochten). Aber noch nie wurde in einem Industriestaat die Trennung der Geschlechter in ihren Funktionen und Aufgaben für das Volk ideologisch und praktisch so weit vorangetrieben wie im Deutschen Reich der Nationalsozialisten.

Die Alltagsbewältigung der Mütter beeindruckt die Töchter

Bei der Vorstellung vom Frausein, die den Mädchen in den Kriegs- und Nachkriegsjahren von ihren Müttern und anderen Frauen in ihrer unmittelbaren Umgebung vermittelt wurde, wird das aktive Handeln der anscheinend starken Mütter besonders einflußreich gewesen sein. Aussagen der befragten Frauen bestätigen die Tendenz des Vorbildcharakters.

Aufschlußreich hierzu ist die Auswertung von 30 Fragebögen (siehe Anhang), aus denen ich einige besonders aussagekräftige Antworten zu den nachfolgenden zwei Fragen auswählte:
Welchen Eindruck hatten Sie davon, wie Ihre Mutter diese schweren Anforderungen der Kriegs- und Nachkriegszeit verkraftete?
- »Mutter blühte auf, als sie gefordert wurde. Sie hat für 20 Leute einen großen Garten bewirtschaftet und für sie gekocht. Später Schlangestehen, Hamsterngehen und Kohlenklauen.«

- »Meine Mutter schaffte die Anforderungen sehr gut, sie war in ihrem Element und war nach Kriegsende nicht bereit, alles wieder an meinen Vater abzugeben.«
- »Meine Mutter hat das gut verkraftet, da alle zusammenhielten.«
- »Meine Mutter wurde berufstätig und war sehr tüchtig und erfolgreich, machte Karriere.«
- »Alltägliche Aufgaben wurden ohne großes Aufheben erledigt. Es war für sie selbstverständlich, weil wir Wohnraum brauchten, daß sie als Laie mit Hilfe anderer Frauen ein Haus baute. Mutter litt aber unter der Trennung von meinem Vater, weil sie sich sehr gut verstanden.«
- »Im Krieg war Mutter diejenige, die alle Fäden in der Hand hatte. Später von mir befragt, hat sie mir ein Bild von ihren tatsächlichen Sorgen und Ängsten damals vermittelt.«

- »Wenn ich mir meine Mutter damals vorstelle, sehe ich sie nur arbeiten. Im Krieg sah ich meine Mutter häufig weinen, besonders als mein ältester Bruder schon mit 17 Jahren zum Arbeitsdienst eingezogen war.«
- »Ich kenne meine Mutter nur krank – aus Erzählungen weiß ich, daß sie vor und während des Krieges eine lebenstüchtige Frau war.«

- »Meine Mutter hatte die Anforderungen wohl nicht gut verkraftet, hatte schwere Krankheiten. Später identifizierte sie sich über die Kinder.«
- »Meine Mutter verkraftete die Anforderungen schlecht. Nach dem Krieg wollte sie die Kindererziehung auf den Vater übertragen, ›um noch was vom Leben zu haben‹. Sie sprach oft vor uns Kindern darüber und ging ab 1947 tatsächlich arbeiten und ließ uns Kinder allein. 1952 starb sie an einer Gallenoperation.«
- »Sie gab ihre letzte Kraft, das habe ich als Kind gespürt, und das hat mich sehr belastet.«

Die Zusammenfassung der Antworten aus 30 Fragebögen zeigt: Von den befragten Frauen berichteten 13, daß ihre Mutter den Kriegs- und Nachkriegsanforderungen gut bis sehr gut gewachsen war. Die übrigen Antworten zeugen davon, daß 17 Mütter die Kriegsanforderungen nur leidlich bis schlecht verkrafteten.

Was hat Ihnen Ihre Mutter, evtl. auch andere Frauen, aus dieser Zeit vom »Frausein« vermittelt?

- »Sich miteinander verbunden fühlen – helfende Unterstützung ohne Vorbedingungen.«
- »Sehr polar. Frauen können es schon, wenn sie wollen und müssen! Frauen zeigen sich bequem, wenn ER da ist.«
- »Hart sein, nicht nachgeben. Was ist deine Pflicht?«
- »Selbständiges Handeln und Wunsch nach Berufstätigkeit. Nie wurde danach von mir und meiner Schwester das eigene Schicksal in die Hände von Männern gelegt oder von ihnen das einzigartige Glück erhofft.«
- »Du sollst es leichter haben als ich. Männer stehen einer berufstätigen Frau im Weg.«
- »Frausein: Ich erinnere nur ein diffuses Gefühl von: so will ich nicht werden.«
- »Ich wurde an mancher Stelle der Ersatzehemann, deshalb suchte und fand ich mich als Frau erst in den letzten 10 bis 20 Jahren und auf diesem Weg die Emanzipation.«
- »Selbständig vom Mann sein. Aktiv sein, von draußen kommt die Anerkennung.«
- »Diese Jahre haben meine Mutter sehr geprägt, und sie hat mir viel bewußt und unbewußt vermittelt. Sie hat mich rechtzeitig losgelassen und stets ihr eigenes Leben geführt. Ihr Motto: Wenn ich mich mag, kann ich auch andere lieben. Das versuchte ich auch zu beherzigen.«

Es hatte sicherlich eine Bedeutung für die Entwicklung der Töchter und Söhne, daß sie in der außergewöhnlichen Situation der Kriegs- und Nachkriegsjahre fast in einem Matriarchat aufwuchsen. Denn neben den Müttern hatten auch Großmütter zum Teil sehr wichtige Betreuungsfunktionen, und selbstorganisierte verwandtschaftliche und nachbarschaftliche Netzwerke der Frauen halfen bei der Bewältigung der Not. Zu dem Frauenbild, das den Töchtern vermittelt wurde, gehörte eine Palette von Fähigkeiten und Tugenden, mit denen sich Frauen über die Grenzen der bis dahin gültigen Normen der Frauenrolle hinwegsetzen mußten: Jetzt waren Selbständigkeit, Verantwortlichkeit für die erzieherischen, beruflichen und ökonomischen Aufgaben existentiell wichtig, ohne Rückhalt durch die Männer in der Position der Ernährer wie vor dem Krieg. Tatsächlich waren viele Mütter meistens in verschiedenen Funktionen zwischen Familie und Arbeitsplatz tätig. Ihr Einsatz bezog sich auf NS-Frauenschaft, Lazarettdienst und andere Stellen des öffentlichen Dienstes, auf die Aufrechterhaltung der zivilen Ordnung sowie der späteren Notordnung und auf die Einplanung und Einstimmung der Bevölkerung in das Kriegsgeschehen, das immer mehr deutsche Gebiete erfaßte. Die Belastungen und Anforderungen wurden später durch den Kriegsverlauf für die meisten Frauen noch größer, durch die zunehmend massive Bombardierung der Städte, den Verlust von Angehörigen, die Zerstörung von Wohnraum, zuletzt auch noch die Flucht mit Kindern und älteren Verwandten. Danach, selbst oft in halb zertrümmerten Häusern nur notdürftig eingerichtet, gingen sie an das Wegräumen der Trümmer.

Das war die aktive, die starke Mutter.

»Mutter hat sowohl die Gefahren, die das leibliche Leben gefährdeten (Bombenangriffe, Flucht), als auch die ideologisch-diktatorischen NS-Überwachungen der Zivilbevölkerung negiert. Sie war gläubig und fühlte sich stark. War sie naiv? Dieser Gedanke kam mir damals als Zehnjährige schon manchmal. Ich entsinne mich, sie hat sich gerne für andere eingesetzt«, sagte eine Teilnehmerin.

Oft mögen die Töchter die Widersprüchlichkeit in der Haltung der Mütter gespürt haben.

Frauen haben die aktiven und aggressiven Anteile ihrer Persönlichkeit in den letzten Kriegs- und ersten Nachkriegsjahren durch die weit über das übliche Pensum hinausgehende Aufgabenbewältigung viel mehr leben und gebrauchen lernen müssen. Darin zeigt sich, in welchem kontradiktorischen Verhältnis das

NS-Frauenbild von Passivität und Ergebenheit und die Frauenwirklichkeit der Kriegsjahre, die Aktivität, auch Aggressivität im Handeln forderten, zueinander standen. Welch Maß an Improvisationsfähigkeit, Strategie, List, zäher Ausdauer mußten die Frauen in dem brüchig werdenden Rahmen der zivilen Ordnung in der NS-Diktatur aufbringen, da die Rationierung von Lebensmitteln und anderen wichtigen Gebrauchsgütern sowie die Auflösung der Haushalte durch Flucht oder Bombardierung immer mehr zum deutschen Alltag gehörten. Sie lernten mit Geschick und List zu verhandeln, um offizielle Genehmigungen und extra Begünstigungen, zum Beispiel bei Wohnungsämtern oder bei den Mutter-Kind-Stellen, zu erhalten. Auch die aktive, aggressive Durchsetzung ihrer Interessen haben sie praktizieren müssen, wenn es darum ging, an verbotene Geheiminformationen der Wehrmacht über die Lage in ihrem Gebiet heranzukommen. Das war wichtig, um die Flucht noch rechtzeitig anzutreten, Transportmöglichkeiten zu organisieren, Unterstützung mit anderen Frauen zu koordinieren.

Die Kommunikation mit anderen, häufig fremden Menschen und die Einflußnahme auf diese *verlangten von den Frauen Grenzüberschreitungen von weiblichen geschlechtskonformen Verhaltensweisen* und Aufgabenbereichen, was zu einem Erfahrungs- und Selbstwertzuwachs führte. Elisabeth B.: »Ich habe Mutter damals als Mittelpunkt erlebt, um sie gruppierte sich alles. Vor und während der Flucht hat sie vieles in die Hand genommen. Als die Frauen in unserem Stadtteil, der an der Ost-West-Hauptstraße lag, an den bereits durchziehenden Flüchtlingsströmen die Zuspitzung der Lage sahen, wurde ihnen klar, daß die Russen auch in immer mehr Gebiete von Schlesien einrückten. Da hat meine Mutter den ganzen Flüchtlingstreck organisiert: Pferde, Wagen, Lebensmittelvorräte und die Aufteilung der Familien, und hat den Treck bei strömendem Regen aus Breslau herausgeleitet. Da fand ich sie sehr stark und war stolz auf sie.« Ingeborg S. erinnert sich, damals gespürt zu haben: »In dieser Zeit hat meine Mutter eine große Veränderung ihres eigenen Wesens erfahren.«

Frauen (auch Kinder und alte Menschen) *müssen in Kriegszeiten viele Situationen der Ohnmacht erleben, die sie nicht – wie bei den*

Soldaten zumindest möglich und erwünscht – *durch die Umwandlung in Aggression und die Möglichkeit, sich in kriegerischen Kampfhandlungen zu wehren, kompensieren können.*

Doch in diesen Notzeiten *haben Frauen starke Aktivitäten des Überlebens entwickelt, womit sie sich dem ohnmächtigen Ausgeliefertsein widersetzten.* Wenn Kinder das miterlebten, konnte ihnen durch die Mütter der Eindruck und das Gefühl vermittelt werden, es gebe auch in aussichtslos erscheinenden Situationen Handlungsmöglichkeiten.

Eleonore S. erinnert sich: »Wie ich die Frauen damals als Kind erlebte, wie sie Anteil aneinander nahmen und sich unterstützten, das hat mein Selbstverständnis über Fähigkeiten und Zusammenhalt von Frauen sehr beeinflußt. So habe ich gelernt, daß es auch Hoffnung in schier ausweglos erscheinenden Situationen geben kann. Denn, wir lebten nach dem Kriegsende weiter! Das hatte die nationalsozialistische Propaganda ja bestritten (beim Vorrücken der Roten Armee, d. V.) und damit unwahrscheinliche Ängste erzeugt.«

Kinder: Vertraute der Mutter, auf dem Platz des Vaters

Wir wollen uns die magische Vorstellungswelt der Kinder vergegenwärtigen, um uns bewußtzumachen, daß nicht nur die Tätigkeiten der Bezugspersonen von den Kindern lebhaft beobachtet und zu Vorstellungen verarbeitet werden, sondern auch die innere Haltung, die Dynamik, Lebhaftigkeit, ambivalente oder resignative Stimmungen sensibel gespürt werden. *Kinder wünschen und phantasieren sich eine starke, beschützende Mutter, einen starken, mutigen Vater.* Im Hinblick auf diese kindliche Phantasiefähigkeit und die lebhaften Wunschvorstellungen kommt den identifikatorischen und psychologischen Aspekten der besonderen psychischen und lebenspraktischen Leistungen der Mütter und der leiblichen Abwesenheit der Väter für die Kinder, hier besonders für die Töchter, wesentliche Bedeutung zu.

Die Lebensbedingungen *im Zweiten Weltkrieg* erforderten eine *andere Rollenverteilung in der Familie. Die Mutter* wurde für die

Kinder die *tragende Vermittlerin der beiden Sozialisationswelten: des intimen inneren Raums in der Familie und der Position in der Welt draußen.* Als die Kriegsauswirkungen für die Familien immer spürbarer wurden, konnte das bürgerliche Familienbild der Trennung von familiärer Intimität und Privatheit drinnen und Öffentlichkeit draußen nicht mehr aufrechterhalten werden, was sich auch auf die tradierten, zwischen Mutter und Vater aufgeteilten Zuständigkeitsbereiche der Erziehung auswirkte. Die Mütter machten die Kinder nicht selten zu ihren Vertrauten, zu ihren intimsten Gesprächspartnern und Gefährten bei der Bewältigung der immensen Alltagsanforderungen, zu denen die Einsamkeit eines Lebens ohne Partner, die Sorge um ihn hinzukamen. Als Ersatz für den abwesenden Ehemann, für den Mangel an Intimität und Kommunikation mit dem Partner nahmen häufig die Kinder diesen Platz ein. Als Partnersubstitut des fernen Vaters für die Mutter zu fungieren hatte für die Entwicklung der Töchter andere Auswirkungen als für die Söhne. Die weibliche Geschlechtsidentität brauchte durch die Bindung an die Mutter keine Verunsicherung zu erfahren, während die männliche Geschlechtsidentität des Sohnes unter dem Mangel des männlichen Identifikationsangebotes durch den Vater litt. Gleichwohl war die Substitutenrolle für Mädchen wie Jungen lästig. In noch einer anderen Rolle wurden die Kinder von den Müttern gebraucht und einbezogen: bei der Verantwortung für die Alltagsbewältigung und den gegenseitigen Zusammenhalt. Bei all der Unsicherheit der Lebensumstände waren die Kinder sicher für ihre Mütter zeitweise eine Belastung, gaben ihnen aber auch gleichzeitig wieder Kraft und Mut.

Viele Kriegskinder, besonders die in den späten Kriegsjahren geborenen, werden zumindest keine Wunschkinder gewesen sein. Einigen Frauen aus dem Gesprächskreis ist der Gedanke, vielleicht ein unerwünschtes, ungewolltes Kind gewesen zu sein, erst gekommen, als sie selbst schon Kinder hatten. Sie erklärten sich so im nachhinein, warum sie in der Beziehung zur Mutter sich häufig ihrer vollen Akzeptanz und Zuneigung nicht sicher gefühlt hatten. Irene B.: »Ich glaube gar nicht, daß ich ein besonders geliebtes Kind gewesen bin. 1942, im Krieg, hat meine Mutter meinen Bruder bekommen, der war schon ein Urlaubskind nach einem Fronturlaub von meinem Vater. Und nur 14 Monate später, 1943, war ich die nächste Urlaubsschwangerschaft. Ich glaube, daß ich einfach restlos unerwünscht war zu diesem Zeitpunkt. Ich habe das als Kind gespürt, und es war sehr schwer für mich, mit diesem Gefühl zu leben. Ich habe es bis heute nicht richtig verkraftet.«

Andere Frauen berichteten, wie bei ihnen schon als Kinder ihr Vertrauen in ihre Leistung und ihr Selbstwertgefühl bestärkt wurden, ebenso das Gefühl, gebraucht zu werden und dazuzugehören, dadurch, daß ihre Mütter auf sie bei der Alltagsbewältigung angewiesen waren. Ihren Müttern fühlten sich damals viele sehr nah, identifizierten sich mit ihnen. Sie empfanden diesen Kindheitsabschnitt als eine herausfordernde Zeit, sich selbst als aktive Kinder, was sie auch heute noch positiv bewerten. Analog dazu erinnern sie sich aber auch, wie sie häufig die Unruhe, die Unsicherheit, den Mangel an Geborgenheit spürten und wenig Zeit für selbstvergessenes Spiel hatten. Es wurde auch von Beispielen altersunangemessener Aufträge gesprochen, die sie damals überforderten. »Um psychologisch überleben zu können, mußten Kinder eine frühreife Autonomie auf sich nehmen.« (Stierlin, 1988, 201)

Als Kinder innerlich an ihre Mütter gebunden, blieb für viele Töchter die Beziehung ein Leben lang vertraut, von gegenseitiger Unterstützung getragen; in einigen Fällen, auch wenn das schwierig war, mit innerer Selbständigkeit. In anderen Fällen spürten die Töchter die Gebundenheit an die Mutter mit Ambivalenz und das Leben in den sozialen Netzen der Frauen als Einengung. »Wenn es keine wahre Anerkennung für die Rolle der Mutter gibt, muß eine unbestimmte Furcht vor Abhängigkeit bestehen bleiben (...) immer verbunden mit der Furcht vor dem Beherrschtwerden.« (Winnicott, 1969)

Eine Steigerung dieser Verbundenheit, bis zu dem Gefühl, für die Mutter unersetzlich wichtig zu sein, konnte auf der Basis entstehen, daß die Mutter zu viele eigene Erwartungen und unerfüllte Wünsche delegierte, mit nachfolgenden Ambivalenzen und sehr schwierigen, konflikthaften Ablösungsversuchen durch die Töchter.

So kann der Preis der ausschließlichen Liebe zur Mutter auch in der Hemmung der Autonomie liegen. Eine Problematik, die in der weiblichen Sozialisation ja nicht selten ist. Wir werden in Kapitel V an Beispielen sehen, in welcher Weise die Teilnehmerinnen an dieser Untersuchung ihre Autonomiestrebungen in konkretes Handeln umsetzen konnten.

In normalen, nicht von Kriegserschütterungen belasteten Zeiten kann nach der für die psychische Entwicklung des Mädchens so wichtigen Identifikation mit der Mutter ab dem vierten bis sechsten Lebensjahr die Phase der Liebesbeziehung zum Vater folgen, die eigentlich eine »Liebesaffäre mit der Welt« ist. Der Vater repräsentiert die Welt draußen und kann der Tochter in einer aktiven Gestaltung der Beziehung den Weg in die Welt zeigen, ergänzend und erweiternd zu den von der Mutter vermittelten Bereichen. Entwickelt und differenziert sich bei dem kleinen Mädchen (natürlich auch bei dem kleinen Jungen) der Erfahrungs-, Bewegungs- und Erlebnisradius, so wird es in der tradierten Familienform die Welt draußen weitgehend über den Vater vermittelt erleben. In einem sehr *entscheidenden Identifikations- und Entwicklungsstadium haben die Kinder* jedoch unter den exzeptionellen Bedingungen der Kriegs- und Nachkriegsjahre *die Mutter als Repräsentantin sowohl der Welt drinnen als auch der erfahrbaren Welt draußen erlebt und mußten auf eine aktive Beziehung zum Vater verzichten.*

Idealisierung oder Ablehnung der fernen Väter und Bindung an die Mütter

Die fernere, weniger erfahrbare Welt draußen, zu der damals auch die Schlachtfelder mit ihren Gefahren und das Bild von den tapferen Soldaten gehörten, wurde faktisch und in der Vorstellungswelt der Kinder natürlich von den Vätern repräsentiert. Die fernen Väter spielten in den Vorstellungen, den Wünschen, Sehnsüchten der Kinder schon eine erhebliche Rolle, wenn auch für die Töchter und die Söhne eine jeweils andere, entsprechend ihrer geschlechtsspezifischen Identifizierung. Aber diese Vorstellungen mußten aufgrund der Abwesenheit der Väter viel mehr aus Fiktionen bestehen als aus einem kontinuierlichen Prozeß lebhafter, sinnlich-geistiger Begegnungen und Interaktionen bei Alltagsaufgaben, die mehr Möglichkeiten der Identifikation geboten hätten. »In der Kindheit kann ein Leben ohne väterliches Vorbild ebensowenig wie eines ohne Nähe der Mutter folgenlos ertragen werden.« (Mitscherlich, 1992, 343) Die Erinnerung der Kinder an den Vater, der nur manchmal während des Fronturlaubs zu Hause war, hielten viele Mütter durch das Erzählen von ihm aufrecht, unterstützt durch Fotos, um den Kindern ein Bild von ihm zu vermitteln und eine Beziehung zu ihm aufzubauen. Dabei waren Idealisierungen des Vaters durch Hervorhebung seiner positiven, starken Wesenszüge nicht selten.

Die Ferne und Fremdheit machten die Väter vielleicht um so mehr für die Kinder zum Objekt ihrer Sehnsucht, zum Gegenstand der Suche nach Ergänzung ihrer Erfahrungen, der seelischen Strebungen und Vorstellungen von einem Leben, in dem die Väter auch einen konkreten Platz hätten. »Haben wir den Vater sinnfällig in der Beziehung zur ›Welt‹ draußen wie zu Mutter und Geschwistern erlebt, so begleitet er uns als inneres Objekt im Leben, wenn wir längst seinem unmittelbaren Einfluß entwachsen sind.« (Mitscherlich, 1992, 344) Die Väter, die, wie schon erwähnt, auch eine Erweiterung des Beziehungserlebens möglich machen und eine emotionale Entlastung der Bindung an die Mutter sein können, standen für mehrere wichtige Entwicklungsjahre den Töchtern und Söhnen nicht zur Verfügung. In mancher Vater-Tochter-Beziehung konnte die in den Jahren der Trennung versäumte Vertrautheit später nachgeholt werden. In vielen Beziehungen ließ sich jedoch keine Nähe mehr herstellen, mit schmerzlichen Auswirkungen für beide Seiten, die für die Töchter manchmal zu späteren Vertrauens- und Kontaktproblemen mit Männern führen konnten.

Die für die psychische, intellektuelle und soziale Entwicklung des Kindes so notwendige Erfahrung der Geschlechterdifferenz in der frühen Identifizierung mit der Mutter und der etwas späteren Annäherung an den Vater war in den Kriegs- und ersten Nachkriegsjahren den meisten Töchtern und Söhnen von Soldaten nur in begrenztem Maße möglich. Das blieb nicht ohne spätere Folgen. Es entwickelten sich bei den Kindern innere Polarisierungen von entweder totaler Ablehnung des Vaters nach seiner Heimkehr nach Kriegsende oder seiner Idealisierung mit dem dann folgenden Werben um seine Anerkennung und Gunst. Die seelische Entwicklung der Kinder litt dadurch in vielen Fällen Schaden, wobei die Töchter durch den ungeübten Umgang mit den weniger vertrauten Vätern, die zu dem fremden männlichen Geschlecht gehörten, zusätzlich verunsichert wurden.

Millionen Männer, Väter, sind im Krieg ums Leben gekommen oder waren noch lange vermißt. Für viele Kinder bedeutete das, auch nach dem Krieg ohne Vater aufzuwachsen, und das machte die Bürde für die Frauen noch größer, denn zur Trauer kam die Gewißheit, jetzt tatsächlich Alleinerziehende und Ernährerin ihrer Kinder zu sein.

Es war im übrigen eine zynische, unmenschliche Anmaßung, daß der NS-Staat, einhergehend mit der Propaganda vom »Endsieg«, den Frauen und Angehörigen der gefallenen Soldaten in den letzten Kriegsjahren ein kollektives Verbot der Trauer auferlegt hatte. »In stolzer Trauer« lauteten die immer zahlreicheren Todesanzeigen in den Zeitungen.

Kriegsende: Kampf um Positionen zwischen Frau und Mann

Die Familien, die eine Wiedervereinigung erleben konnten, denen der Schicksalsschlag, den Mann und Vater im Krieg verloren zu haben, erspart geblieben war, hatten zwar die Chance eines neuen Anfangs, aber die dazwischenliegenden Jahre schlimmer Erfahrungen belasteten sehr. Die Heimkehr der Väter, der Männer aus Kriegsdienst und Gefangenschaft befremdete viele Kinder und verunsicherte viele Frauen in ihrem Selbstverständnis, denn dadurch gab es einen Bruch in der durch die Kriegsanforderungen entwickelten Selbständigkeit. Tatsache war, daß die Frauen den Alltag in den Kriegswirren auch ohne die Männer bewältigt hatten, wenn auch manchmal bis an die Grenze der Erschöpfung. Sosehr sie sich in den schwierigen Zeiten des Wiederaufbaus auch eine Rückkehr zur »Normalität«, etwas Ruhe und Stabilität in ihrem Leben und die Teilung der Verantwortung für die Kinder wünschten, eine Rückkehr zu früheren bürgerlichen Verhaltens- und Lebensnormen, die bald wieder die Teilung der gesellschaftlichen Arbeit in *Männerarbeit=Produktion* und *Frauenarbeit=Reproduktion* zurückbrachte, hatten die meisten Frauen wohl nicht gewünscht.

Die Biographien der Mütter der interviewten Frauen zeigen viele Diskontinuitäten, so auch nach den *Jahren der Aktivität* (selbständig alle Verantwortung für die Kinder und die ökonomische Existenzsicherung tragen zu müssen, oft natürlich bis zur Erschöpfung) die *Phase der Rückkehr* zur traditionellen Rolle. Das brachte für die große Mehrheit der Frauen wieder weitgehende Begrenzung auf Haushalt, Kinder und das Zusammenleben mit dem heimgekehrten Mann. Durch diese erneute Einengung gerieten die Frauen nicht selten in eine *Phase der Depressionen*.

Frau U.: »Ich kenne meine Mutter nur krank. Aus Erzählungen weiß ich, daß sie vor und während des Krieges eine aktive, lebenstüchtige Frau war.« In vielen biographischen Aussagen der zurückblickenden Töchter ist von Depressionen der Mütter in der Nachkriegszeit die Rede. Zu der eher als problematisch empfundenen Rückkehr zur alten Rollenaufteilung in den Familien und zu den schwierigen Lebensverhältnissen in der Nachkriegszeit kam noch hinzu, daß viele Frauen auch teilweise unter der Schuld oder der Belastung durch die unbewältigten Geschehnisse der Nazizeit litten, meistens wohl nicht bewußt. Tilman Moser verweist auf Beispiele von Familien mit NS-Vergangenheit, wo »die Frauen sich für den Schutz, den das Vergessen oder die Nicht-Erwähnung der Vergangenheit bot, opferten. Viele von ihnen gerieten in Depression, Krankheit oder brachten sich um.« (Moser, 1992, 401)

Unter den späteren literarischen und filmischen Verarbeitungen dieser Thematik beeindruckte mich besonders der 1979 von Helma Sanders-Brahms gedrehte Film »Deutschland, bleiche Mutter«, in dem sie einfühlsam die Geschichte ihrer Mutter, ihres Vaters und ihre eigene Entwicklung in den Kriegs- und Nachkriegsjahren darstellt.

Durch die lange Trennungszeit der Ehepartner während des Krieges und der Gefangenschaft, die sehr eingeschränkten Verständigungsmöglichkeiten während dieser Zeit und die sehr unterschiedlichen Lebensumstände, Erfahrungen und Lernprozesse ergab sich oft eine große Entfremdung zwischen den Partnern. Auch hatten viele sehr idealistische Erwartungen aneinander, »die meisten Männer erhofften sich eine Frau, die sie versorgte, Ruhe, Geborgenheit und Unterstützung zur Gesundung von ihren überstandenen Strapazen bieten könnte«, die Frauen dagegen, »daß ihre Männer sie bei ihrer Rückkehr entlasten und tatkräftig mit anpakken würden«. (Meyer, Schulze, 1986, 188)

Vielleicht besteht ein Zusammenhang zwischen dem ambivalenten Frauenbild von den starken Kriegs- und Nachkriegsmüttern, die danach wieder aus dem öffentlichen Leben verschwanden, und dem beharrlichen Ringen der Töchter um ihr Recht auf Teilhabe und Mitgestaltung der öffentlichen und politischen Räume seit Anfang der siebziger Jahre, dem Beginn der neuen Frauenbewegung?

Zur äußeren und inneren Dynamik von Zusammenbruch und Wiederaufbau

Wiederaufbau und Geschichtsinterpretation umgehen die Schuldfrage

Es stellt sich die Frage, ob die Frauen in den Kriegs- und Nachkriegsjahren aufgrund der besonders geforderten Beziehungsarbeit in reproduktiven Aufgaben – wie Schutz des Lebens der Kinder, Bewahrung der Nachkommen, Inganghaltung des zivilen Lebens und aller Bereiche, in denen die Qualität zwischenmenschlicher Beziehungen zentral ist – auf andere Weise als die Männer Kriegserlebnisse und Nazivergangenheit verarbeitet haben. Auf erfahrenes Leid durch Zerstörung, Verlust von Angehörigen, Haus und Heimat reagierten viele Frauen mit innerer Distanzierung, damit ihnen die Fähigkeit zur Bewältigung der allernächsten, oft sehr kurzzeitigen Überlebensaufgaben nicht am Ende noch abhanden kam.

Flüchtlingsfrau auf dem Weg nach Westen
(Foto: dpa).

Die äußere Dynamik der Nachkriegssituation drängte nach Überwindung; die Trümmer wurden aufgeräumt, Neues wuchs aus den Ruinen, Fabriken wurden wieder aufgebaut. Die ausgehungerte Bevölkerung kompensierte die erlittenen Entbehrungen vor allem erst einmal durch materielle Güter. In einer großen, über ein Jahrzehnt bis in die späten fünfziger und frühen sechziger Jahre anhaltenden Anstrengung wurden lang entbehrte Produkte – zuerst zur Beseitigung des Mangels und dann zur Befriedigung von Konsumbedürfnissen – in immer üppigerer Fülle hergestellt. Alle bald wieder mobilisierte Energie floß in das Vergessen, Überwinden, den Wiederaufbau, kurz, in die Restauration und weniger in die Besinnung.

Die innere psychische Dynamik der Menschen war im Kontrast zur äußeren aktiven Geschäftigkeit aufgrund der gerade erst erlebten existentiellen Erschütterungen eher träge. Viele Deutsche mögen wohl geahnt haben, daß es nach diesem katastrophalen Krieg – mitverantwortet durch ihr Schweigen im verbrecherischen Naziregime, das sie durch Pflichterfüllung am Arbeits- oder Kriegsschauplatz stabilisiert hatten – notwendig gewesen wäre, ihre eigene schuldige Verstrickung anzuerkennen. Mit dem heutigen zeitlichen Abstand können wir jedoch verstehen, daß »auch für Reue und Scham... bei sehr vielen unter Verzweiflung und Verbitterung Überlebenden der seelische Raum erschöpft« war. (Moser, 1992, 396)

Vergleichbar der Restaurierung der kaputten Städte durch Überbauen der Ruinen mit neuen Häusern, in denen neues Leben die Zerstörung vergessen machen sollte, bestand der Wunsch nach einer ebensolchen Heilung der erschütterten Seelen, der geraubten Lebensideale und untergegangenen Lebenswelten durch Vergessen.

Kinder sind schrecklichen Erlebnissen, besonders im Krieg, oft ungeschützter ausgesetzt und sprechen Ängste, Phantasien, Wahrheiten aus, die die Erwachsenen bei sich nicht wahrnehmen möchten. Das drei Jahre alte Kind Nora S., das die Zerstörung des Wohnhauses durch Bombeneinschlag miterlebt hatte, phantasierte und wird danach von dem Gedanken jahrelang verfolgt, daß unter den Trümmern Leichen liegen, der Vater beim Trümmeraufräumen Leichen finden könnte.

Wir Kriegskinder haben gespürt, als wir in diesem Nachkriegsdeutschland aufwuchsen, älter wurden und fragen lernten, daß die Erwachsenen uns vieles verschwiegen, was sie im Dritten Reich erlebt, was sie getan hatten und was sie erschüttert hatte. Für die eigene Geschichte von uns Töchtern und Söhnen, für unser politisch-ethisches Bewußtsein war es aber nicht unerheblich und sehr belastend, daß es schon im Nachkriegsdeutschland kein Klima für Trauer und Reue gegeben hat und es auch in den fünfziger und sechziger Jahren so schwer war, dieses Schweigen, diese Verdrängung zu durchbrechen.

Eine Schlüsselfunktion in der Diskussion der psychologischen Hintergründe über die vom deutschen Volk nicht aufgearbeitete nationalsozialistische Vergangenheit hatte die wichtige Analyse der Psychoanalytiker Alexander und Margarete Mitscherlich, in der sie »Die Unfähigkeit zu trauern« beklagten, ein Buch, das 1967 erschien und damit einer aufgeklärten Öffentlichkeit zugänglich wurde. Aus heutiger Sicht enthält die Anklage der Mitscherlichs gegen die Deutschen, die auch in den zwei Jahrzehnten nach dem Zusammenbruch unfähig gewesen sind für Empfindungen von Schuld, Reue und Trauer, vielleicht einen zu stark einfordernden Impetus, auch wenn der Inhalt ihrer Analyse in der Beschreibung der Ichschwäche und der Schuldverdrängung als Seelenzustand vieler Deutscher, die sich vorher mit dem Naziregime identifiziert hatten, sicher den Kern des Problems trifft. Aber moralisches Anklagen und Einfordern von Schuldgeständnissen führen ja bekanntlich eher zu einer Verhärtung bei den so Angeklagten. Der Psychoanalytiker Tilman Moser setzt in der Gegenwart die Diskussion fort und gibt aufgrund der seit dem Erscheinen des Buches veränderten Einstellungen und Möglichkeiten in der psychotherapeutischen Behandlung zu bedenken, »...daß die menschliche Kapazität für Trauer und Scham bei den allermeisten Deutschen durch Trauer um Angehörige, Gefallene, Vermißte, Gefangene, Verstümmelte... um Heimat... weitgehend erschöpft war«. Er nennt es ein »tragisches Paradox, vor dem auch ich selbst hadernd und ohnmächtig stehe: Auch der ins Verbrechen Verstrickte braucht Einfühlung, wenn er den Weg zur Umkehr finden soll.« (Moser, 1992, 396 und 389)

Die Historiker Ulrich Herbert und Hans Mommsen verweisen auf Parallelen auch in der wissenschaftlichen Geschichtsrezeption der nationalsozialistischen Vergangenheit und des Holocaust. So zeigte sich in der Geschichtswissenschaft in der Bundesrepublik Deutschland in den vierziger und fünfziger Jahren eine Tendenz, die Allmacht der SS als Erklärung für den mangelnden Widerstand der deutschen Bevölkerung heranzuziehen. Danach war für die deutsche Geschichtsforschung eine Akzentuierung auf die Eliten um Hitler kennzeichnend. Erst in der achtundsechziger Bewegung werden eingeschliffene, stereotype Erklärungs- und Verdrängungsrituale durchbrochen, als die Töchter und Söhne die Elterngeneration mit der Nazivergangenheit konfrontierten. Seit den achtziger Jahren, mit steigender Tendenz in der Gegenwart, gibt es eine Entwicklung, mehr von der Oral History und der Alltagsgeschichte auszugehen.

Durch die Wiedervereinigung Deutschlands bietet sich auch eine Chance, noch einmal einen neuen Zugang zur deutschen Vergangenheit im Nationalsozialismus zu suchen, mit der Besinnung darauf, daß das im Desaster endende Dritte Reich die Teilung Deutschlands zur Folge hatte. (Zum historischen Hintergrund meiner Ausführungen über die psychosozialen Auswirkungen dieser Zeit können an dieser Stelle nur die generellen Tendenzen angedeutet werden. In Kapitel III über die Eltern in der NS-Zeit gehe ich ausführlicher hierauf ein.)

Zeichen unterschiedlichen Umgangs mit der Nachkriegssituation bei Frauen und Männern

Durch Sozialisation und Lebenserfahrung entwickeln sich bei Frauen und Männern jeweils andere Prioritätensetzungen bei der Erfüllung der Lebensaufgaben. Die Erfahrung der besonders krassen Geschlechtertrennung der Kriegsjahre mit der Erfüllung der reproduktiven Überlebensaufgabe durch die Frauen (die ein ausgeprägtes emotionales, soziales Bezogensein auf andere voraussetzt) und der sogenannten gesellschaftserneuernden patrigenen Überlebensaufgabe der Verantwortung für Volk und Land durch die Männer (die einen hohen Abstraktionsgrad von sozial-adressierten Gefühlen fordert) hatte auch zur anderen Prioritätensetzung bei der Restauration des eigenen und des gesellschaftlichen Lebens geführt. Die für Männer identitätsstiftende Bedeutung der Berufsarbeit korrespondiert mit der schwierigeren Aufgabe der Frauen, zwischen Familien- und Berufsaufgaben zu pendeln und die Balance zu finden. So hatten Männer nach Kriegsende mehr Schwierigkeiten bei der Alltagsbewältigung, während die Kompetenz der Frauen in diesem Bereich gegenüber den Männern zu einem Machtfaktor wurde, der kommende Konflikte in sich barg. Bei dem Wunsch, rasch wieder in den Beruf zurückzukehren, erhielten viele Männer so manchen Rückschlag, da viele nicht sofort oder langfristig Arbeit fanden.

Die bei Frauen und Männern jeweils anders gewichteten Lebensprioritäten finden auch in praktischen und psychischen Überlebensstrategien Ausdruck. Die größere Zuständigkeit der Frauen für die unmittelbaren Bedürfnisse und Nöte der Kinder sowie anderer Angehöriger müßte sie doch eigentlich vor dem Sog kollektiver Verdrängung des Leids eher bewahrt haben. Die hektische Beseitigung der Ruinen und die Konzentrierung auf den materiellen Wiederaufbau müßten doch von ambivalenten Gefühlen begleitet worden sein. Da sich aber auch ein nicht unerheblicher Teil der weiblichen Bevölkerung mit Hitler und dem NS-Staat identifiziert hatte, mußten diese Frauen den Verlust eines das Ich erhöhenden Ideals, einer Vision vom auserkorenen deutschen Volk überwinden. Daß auf dem Weg des Wiederaufbaus das bewußte Erinnern ausgespart blieb, darauf verweist auch Karin Windaus-Walser in ihrem Beitrag zur NS-Frauengeschichte. Das Funktionieren der Frauen inmitten der Barbarei wurde von feministischen Autorinnen ausschließlich positiv bewertet, die Trümmerfrauen und die Frauennotgemeinschaften wurden nur gelobt und bewundert, »statt zu fragen, warum sie die Spuren des Desasters so schnell und lautlos wegschafften, warum sie rasch wieder aufbauten, wo ein Innehalten angebrachter gewesen wäre«. (Windaus-Walser, 1990, 62) Da nur der kleinere Teil der Frauen aus den Erfahrungen des Faschismus Konsequenzen gezogen hatte, stellten sich Frauenorganisationen die Aufgabe, »die Frauen, die durch ihre Abstinenz von der Politik das Aufkommen des Faschismus mit ermöglicht hatten, zu politischem Handeln zu motivieren«. Die zu diesem Zweck schon 1945 in fast allen größeren Städten gegründeten parteilich und konfessionell nicht gebundenen Frauenausschüsse setzten »sich auf der Basis der Gleichberechtigung für die Bewältigung der sozialen Notstände und für die politische Aufklärung von Frauen« ein. (Eiken, 1985, 80) Gespräche in den Nachkriegsjahren im privaten Raum, in den Familien, an die einige Teilnehmerinnen sich erinnern, offenbarten oft die Widersprüchlichkeit in Gesinnung und Verhalten ihrer Mütter und anderer Frauen, die gegenüber den von den Nazis aus der Gesellschaft ausgegrenzten Gruppen durchaus Mitmenschlichkeit und Hilfsbereitschaft zeigen konnten – bei gleichzeitiger Führer-Verehrung und Führer-Ergebenheit.

Nora S.: »Meine Mutter hat dem Vater nach Kriegsende Vorwürfe gemacht, daß diese ganze Verstiegenheit, von wegen Eliteschulen für uns Kinder und das ewige deutsche Reich gründen, total übersteigert war und nicht gut enden konnte. Und daß er ihr all das großartig prophezeit und versprochen hatte, wie es den Frauen von überzeugten Nationalsozialisten versprochen wurde, die all diese großartigen Versprechungen dann ja nicht halten konnten! Da setzte bei meiner Mutter ein Emanzipationsprozeß ein, denn vor dem Krieg hätte sie sich sicher nicht erlaubt, politisch mitzureden.«

»Meine Mutter war eine Hitler-Verehrerin, überzeugt, er würde den Krieg für uns Deutsche zu einem guten Ende führen«, erzählt Gerda F. »Mit demselben inneren Engagement setzte sie sich während und nach dem Krieg sehr für andere ein.« Heute denkt Gerda F. über ihre Mutter: »Sie war unklar in ihrer Haltung und konnte und wollte nicht sehen, wie ihre Hilfe für andere im Widerspruch stand zu ihrer Identifizierung mit einem so verbrecherischen System, das sie ja nicht als verbrecherisches System ansah, sondern von dem sie sich ein Ideal gebildet hatte. Sie war fatalistisch und naiv, versuchte aber durch hartes Arbeiten gegenzusteuern. Mit der ihr eigenen Arbeitshaltung und selbstempfundenen Stärke erlernte sie in der Nachkriegszeit einen Beruf in einem Betrieb und war stets darauf bedacht, als gute Kraft zu gelten, unentbehrlich zu sein und Geld zu verdienen.«

Helga H. erinnert sich gut daran, wie auf dem elterlichen Bauernhof die Fremdarbeiter, die ab 1943 bei ihnen waren, immer mit am großen Familientisch in der Küche aßen. Das wollte die Mutter so, obwohl es von der NSDAP verboten war. »Auch wenn zeitweise Gefangene in unserer Scheune untergebracht wurden, hat sie immer einige mit an unserem Familientisch essen lassen, und alle bekamen dasselbe Essen. Für die Flüchtlinge, die nach Kriegsende Räume bei uns zugewiesen bekamen, hat sie sich auch sehr eingesetzt, sie großzügig mit Essen, notwendigen Haushaltsgegenständen etc. versorgt. Da habe ich auch nie so etwas wie Geringschätzung oder Distanzierung gegenüber diesen Leuten bei meiner Mutter gespürt. Diese Seite an ihr mochte ich sehr gern, sie war eine sehr warme, hilfsbereite Frau. In der Pubertät habe ich meine Eltern sehr dazu herausgefordert, mit ihnen ein Gespräch über die NS-Zeit zu führen, da sind wir uns sehr in die Wolle geraten. Dann hat meine Mutter immer meinem Vater hinterhergebetet und hat gesagt, daß die Buren die Konzentrationslager erfunden und die Engländer und Franzosen auch schlimme Sachen gemacht hätten. ›Nur auf uns Deutschen hackt man rum!‹ Das kam dann von ihr immer in einem richtig beleidigten Ton. Ich fand es schrecklich, daß meine Mutter, die ja sonst ganz warmherzig war und anderen Leuten viel gab, diesen Rassismus, diese NS-Ideologie so internalisiert hat.

Meinen Vater habe ich zwar auch mit der Nazizeit sehr konfrontiert, doch mit ihm konnte ich ja auch nicht über andere Sachen reden, da wußte ich schon, da erreich' ich nichts.

Aber mit meiner Mutter empfand ich das anders, sie hatte sich doch persönlich immer so anders verhalten in den Kriegs- und Nachkriegsjahren! Ja, und da hab ich dann auch oft geheult, weil es nicht zu einem Gespräch kam. Das ist auch heute noch ein wunder Punkt für mich, denn meine Mutter mag ich sehr gern, ich habe von ihr viel Wärme und Zuwendung bekommen.

Ich weiß auch, daß sie in den Nachkriegsjahren, Anfang der fünfziger Jahre muß das gewesen sein, sehr schlimme Depressionen bekam und zu einer Kur weggeschickt wurde, wo sie auch eine psychotherapeutische Behandlung bekam. Die Depressionen wurden durch irgendeine Kriegserinnerung ausgelöst, das erinnere ich noch undeutlich. Meine Schwester, die sich genauer erinnern konnte, bestätigte das später. Durch diese Kriegserinnerung waren Schuldgefühle und Depressionen bei Mutter aufgekommen. Nach der Kur war sie ziemlich verändert, übte sich im positiven Denken, das sie dort wohl sehr aufgebaut hatte, und wollte danach über die Kriegszeit gar nicht mehr sprechen.«

Helga H. ist eine erfahrene, reflektierte und für ihre Schülerinnen und Schüler sich sehr engagierende Lehrerin. Zu ihrer zweiundzwanzigjährigen Tochter hat sie eine sehr gute Beziehung, die sie als Kleinkind, beeinflußt vom linken Geist der siebziger Jahre, antiautoritär und später unautoritär erzogen hat. Das war ihr wichtig vor dem Hintergrund ihres eigenen autoritären Elternhauses. Da sie sich nie einfach in den Verhältnissen bequem einrichten konnte, sondern die politischen Strömungen und ihre Auswirkungen auf die zwischenmenschlichen Verhältnisse sehr sensibel wahrnimmt, hat sie diesen Anspruch auch an Menschen, mit denen sie befreundet ist. Sie engagiert sich in Frauengruppen und in einer Bürgerinitiative.

Helga H. hat sich seit langer Zeit, auch in psychologischen Beratungsgesprächen mit mir, mit der Beziehung zu ihren Eltern auseinandergesetzt. Sie hat dabei akzeptieren gelernt, daß bei der Mutter neben ihren warmen, schützenden, bewahrenden Fähigkeiten auch Anteile von Autoritätsgläubigkeit zur Persönlichkeitsstruktur gehören und daß ihr Vater ein unbeweglicher Mensch ist, der weder früher noch heute als alter Mann von seinen autoritären, tendenziell noch nationalsozialistischen Positionen abrücken wird. Die Mutter wagte zum Beispiel nicht, ihrem Mann zu widersprechen; und so war sie auch dem fernen, autoritär herrschenden Führer gefolgt und hatte sich mit der das Selbstwertgefühl steigernden Erhöhung des deutschen Volkes identifiziert. Die Mutter war aber doch fähig, die Tochter in der Beziehung so zu tragen, daß Helga H. sich in ihrer Kindheit und Jugend durch die Wärme (die sie oft erwähnt) angenommen fühlen konnte. Die Mutter war ein positiver Pol gegen den autoritären Vater, zu dem die Beziehung in der Kindheit und Jugend sehr problematisch war und bis heute ist.

Nach dem Zusammenbruch – konfliktreiche Rückkehr zur alten Familienhierarchie

Die Frauen, die ja nicht nur für das physische, sondern für das ebenso schwierige psychische Überleben ihrer Kinder, Angehörigen und von sich selbst Sorge tragen mußten, spürten wohl, wie unsicher die Beziehungen der Familienmitglieder zueinander waren. Als die Männer heimkehrten, die Väter der Kinder, die durch die Trennung einander entfremdet waren, waren diese Störungen ungleich schwieriger zu beseitigen, als auf den Ruinen der zerstörten Häuser neue Häuser zu erbauen. Auf häufige Konflikte und Spannungen in der Familie, zum Beispiel auf die Schwierigkeiten der Kinder in den beengten Wohnverhältnissen, in denen sie alle Probleme und Intimitäten der Erwachsenen ganz ungefiltert mitbekamen, reagierten viele Mütter mit Schuldgefühlen. Als so wenig äußerer und innerer Raum zur für die Selbstfindung notwendigen zeitweisen Distanzierung blieb, stellten sich bei vielen Müttern nach dieser langen Strecke des aktiven Durchhaltens Depressionen ein. Die Reaktion vieler Frauen auf diese Konflikte war die *Rückkehr* zu dann eher wieder *passiven Bewältigungsstrategien.*

Die mangelnde aktive Haltung wurde bestärkt durch den teilweisen Verlust des in den Jahren weitgehender Selbstverantwortlichkeit während des Krieges entstandenen Zuwachses an Selbstvertrauen. Dafür geben die Erinnerungen der Frauen aus den Gesprächsgruppen, also der Töchter, die damals zwischen drei und zehn Jahre alt waren, ein Zeugnis ab – aber auch von einer möglichen anderen Haltung der Mütter, die ihre Kompetenz bei Entscheidungen zu Erziehungs- und Haushaltsfinanzfragen, zum Teil auch zur außerfamiliären Berufsorientierung in der Nachkriegszeit nicht wieder ganz an die Männer abgaben.

Im Rückblick auf diese schwierige, brüchige bis unzugängliche Dekade Frauengeschichte stellten Frauen der Töchtergeneration mit Bedauern fest, daß die Mehrheit der Frauen aus der Generation unserer Mütter in den schrecklich biedermännischen, auf Restauration setzenden Gründerjahren der Bundesrepublik und auch danach im öffentlichen Leben und in so vielen von ihnen in den Kriegsjahren besetzten Berufsbereichen wieder unsichtbar wurden. Jedoch gibt es gleichzeitig Beispiele der uneingeschränkt aktiv bleibenden Mütter, deren qualitatives, Identifikation inspirierendes Handeln für ein noch nachwirkendes verändertes Selbstverständnis wichtig war, das sie ihren Töchtern und anderen jüngeren Frauen weitergaben.

Die eingeengte Vorstellung von der Frauengeneration der Kriegsjahre als den »Trümmerfrauen«, die sich nach den fleißigen Aufräumarbeiten größtenteils wieder gern in die Intimsphäre Familie zurückzogen, wird durch die Erinnerung mancher Töchter differenziert und korrigiert.

»Warum (wird) nicht der Antisemitismus von Frauen bedauert und beklagt, sondern ein ›Zurück an den Herd‹ nach dem Zusammenbruch des Nationalsozialismus?« fragt Windaus-Walser (1990, 62), bezogen auf die sehr häufig in der Töchtergeneration diskutierte Frage nach der Rückkehr der Mütter zur alten Rollenverteilung in der Familie.

Nach Kriegsende wurde infolge der gesellschaftlichen konservativen Restaurierung des westlichen Deutschland auch *wieder die hierarchisch strukturierte Familie*, mit dem *Mann als Familienoberhaupt*, als *Rückkehr zur alten bürgerlichen Ordnung* angestrebt. Von der Bevölkerung wurde das gelassen mitgetragen, auch von sehr vielen Frauen; sie blieben in der Öffentlichkeit ruhig, die Konflikte spielten sich vielmehr in den Familien ab. Viele Töchter nahmen in diesen Jahren aber auch die Sehnsucht und die Anstrengungen ihrer Mütter nach Selbstverwirklichung durch einen Beruf wahr und ihre Verweigerung, mit der alten Rollenverteilung konform zu gehen.

Waren unsere Mütter vielleicht doch nicht mehr die stillen Dulderinnen, die klaglos, selbstlos die Rolle der Ehefrau und Mutter übernahmen? Diesen Eindruck erhält man, verfolgt man die von den Töchtern damals mit besonderer Aufmerksamkeit aufgenommenen Äußerungen der Mütter zur Relevanz ihrer Berufsausübung oder ihre ambivalente Einstellung zu Kinderbetreuung und Eheleben, wiedergegeben in den biographischen Berichten mehrerer Teilnehmerinnen, die in den verschiedenen Kapiteln anklingen.

Wie Töchter Kriegsgeschehnisse erlebten, und welchen Einfluß Mütter und Angehörige darauf hatten

Kinder im Luftschutzkeller: »Eingeschlossen, tagelang, ohne den Himmel zu sehen«

Aus der Fragebogenerhebung (siehe Anhang) und ausführlicher aus den Gesprächen mit den Teilnehmerinnen an den Seminaren zeigt sich, wie sehr sie als Kinder von den Kriegsereignissen betroffen waren und welche manchmal beängstigenden, manchmal auch ermutigenden Erinnerungen noch heute in Bildern und starken Gefühlen in ihnen lebendig sind. Sie alle hatten Schreckliches gesehen, was Kinder eigentlich nie sehen dürften.
Haben Sie Bombardierungen, Evakuierung, Flucht und andere in das Leben eingreifende Maßnahmen erlebt? Woran erinnern Sie sich? (Fragebogenauszüge)

– Ja, wegen Bombardierungen ab April 1944 meist im Luftschutzkeller: eingeschlossen. Tagelang, ohne den Himmel zu sehen. Angst vor Erstickungstod.
– Ja, Bombenangriff auf Leipzig, Dezember 1943. Wir wurden ausgebombt, danach verschüttete Straßen.
– Ab 1943 viele nächtliche Störungen durch Fliegeralarm und Bombenangriffe: Eltern und fünf Kinder im Luftschutzkeller des Hauses, wir hatten unsere Betten im Keller. Ich habe sehr unter den Bombardierungen gelitten. Meine 16 Monate jüngeren Zwillingsbrüder hatten Spaß an dem Krach.
– Stukas, Sirenen – viel Lärm – zerstörte Städte.
– Flucht Januar 1945. Angriff auf den Zug durch Tiefflieger, danach viel Schmutz, Geschrei, Verletzte, einige schwere Kopfverletzungen…
– An die Bombardierungen unserer kleinen Stadt 1945 erinnere ich mich. Wir Kinder standen mit unseren Müttern an einem Berghang (dort wohnten wir) und schauten auf die im Tal gelegene Stadt. Ich war begeistert von dem großen Feuer und habe

erst am nächsten Tag das Entsetzen der Erwachsenen begriffen, als unsere Mutter mit uns die zerstörte Stadt besichtigte. Außerdem erinnere ich mich an meine Angst während des Aufenthaltes im Luftschutzkeller in der Schule oder nachts zu Hause.

– Nächtliches Aufstehen, kleinen Rucksack nehmen und in den Luftschutzkeller auf der anderen Straßenseite gehen. Hinterher immer irgendwo zerstörte Häuser, Bombenschäden.
– Fliegeralarm: mit Gasmaske im Keller. Bombardierung eines Zirkus, in dem ich gerade zur Vorstellung war. Schreckliches Chaos erlebt.
– Die Angst vor dem Sirenenlärm. Daran, daß Bomben fielen – aus einem strahlend blauen Himmel an einem sonnigen Frühlingstag im März 1945. Das Entsetzen über die Rauchfahnen, das verbrannte Papier, die Ruinen, ist geblieben.
– Bombardierung zeitweise jede Nacht. Einmal kamen wir aus dem Luftschutzkeller, und das Haus gegenüber war nur noch Schutt und Asche. Das hat mich sehr verunsichert. Steine wanken doch nicht. Wenn es Alarm gab, soll ich immer gesagt haben: »Sirene geht, in Keller gehen« und mein Köfferchen mit Spielsachen geschnappt haben. Noch heute geht mir Sirenenalarm durch Mark und Bein.
– 1944/45 wurde unsere Stadt Oralsberg/Ostpreußen von russischen Fliegern mit Bordwaffen beschossen; ich war auf der Straße, die Kugeln schlugen neben mir ein. Im Januar 1945 fuhren wir mit dem letzten Zug aus Ostpreußen heraus, auch er wurde beschossen.

Das Eingeschlossensein in Luftschutzkellern, »tagelang, ohne den Himmel zu sehen«, von Trümmern und Flammen durch Bombentreffer bedroht, verursachte bei Kindern besonders tiefe Verunsicherungen, Verstörtheiten, das spricht aus den Berichten der Frauen. Wie sehr Angst von der NS-Führung verpönt war und auf welche zackige, wehrhafte Haltung es ihnen bei der durch den Luftkrieg zermürbten Bevölkerung ankam – vor allem bei den Jungen, aber auch bei den Alten –, zeigt eine Meldung aus der »Rhein-Mainischen-Zeitung« vom 29. 1. 1945, des amtlichen Parteiorgans der NSDAP:

Kleiner Mann im Bunker

In das gedämpfte Volksgemurmel der Bunkergemeinschaft tönt eine helle Knabenstimme. Das Reden verstummt.

Es geschieht zum ersten Mal, daß in der »Trutzburg« ein Junge das Wort ergreift. Es ist ein Pimpf, ... der ohne Spuren von Verlegenheit seine »Jungfernrede« hält: »Achtung, Achtung! Feindliche Jäger überfliegen zur Zeit den Raum von X. Mehrere Kampfverbände nähern sich ... dem Gaugebiet. Luftschutzmäßiges Verhalten ist geboten.«

Der Junge verkündet die Meldung, die er vom Drahtfunk zugesprochen erhält. ... »Fixer Junge!« denken die Männer. Die Frauen streichen in Gedanken über den hellen Schopf des Knaben. »So ein Kind«, sagt eine von ihnen, »und doch schon reifer als sonst ein Neun- oder Zehnjähriger.«

»Kriegsjahre zählen doppelt«, bemerkt ein Alter, als wolle er damit die rednerische Reife des jugendlichen Ansagers rechtfertigen...

Wie ein Fanfarenstoß durchdringt die Stimme des Knaben den Raum: »Die letzten feindlichen Flugzeuge haben das Gaugebiet verlassen. Entwarnung!«

Er hat seine Pflicht getan – der kleine Mann im Bunker.

Gertrud A., 1933 im Münsterland geboren, erinnert sich erst einige Wochen, nachdem sie schon den Fragebogen für diese Untersuchung ausgefüllt hatte, an ihr schlimmstes Kriegserlebnis. Das war wohl so erschütternd, daß es ihrer Erinnerung schwerer zugänglich war als andere Erlebnisse dieser Zeit, meint sie. So schreibt sie das noch nachträglich auf: »Am 13. März 1945 bin ich bei diesem einen schrecklichen Bombenangriff auf unseren Ort um Haaresbreite dem Tod entgangen. Ich kam mit dem Fahrrad aus dem fünf Kilometer entfernten Dorf. Ich warf mein Rad an die Hauswand, machte die Haustür auf, drei Stufen hoch – die Haustür wurde mir schon vom Luftdruck aus der Hand gerissen! Wir – meine Mutter, eine Nachbarin und ich – zum Keller runter. Als wir mitten auf der Treppe waren, flogen sämtliche Fensterscheiben raus. Wir erreichten den Luftschutzraum, es war nur ein Dröhnen, Klirren, Schwanken, dicke Staubwolken stiegen auf. Ich hab laut gebetet, geschrien: ›Lieber Gott, beschütze uns!‹ Langsam verebbte der Lärm. Wir stürzten in Panik aus dem Keller, aus dem Haus, liefen übers freie Feld. Leute schrien! Über uns immer noch Flugzeuge – wie gefährlich! Beim Anblick eines ganz blauen Himmels und grünender Bäume dachte ich: ›Wie schön könnte die Welt sein, wenn nicht Krieg wäre!‹

Dann sehe ich noch meine Mutter nach diesem furchtbaren Bombenangriff – nachdem mein Vater und mein Bruder nach unserem stundenlangen, qualvollen Warten auf sie gesund nach Hause gekommen waren –, wie sie uns alle umarmte. Wir standen auf den Schuttbergen unseres fast unbewohnbaren Hauses. Sie sagte weinend: ›Ein Glück, daß wir noch alle leben! Und nun laßt uns an die Arbeit gehen.‹

Kein Dach auf dem Haus, keine Fenster, keine Türen, kein Putz an den Wänden. Wir fingen an, Wolldecken in die Türöffnungen zu hängen, Fenster zu vernageln. Am Sonntag danach wurde mein Bruder konfirmiert. Morgens um 7 Uhr, wegen der dauernden Luftangriffe. Es kam sogar Verwandtenbesuch.

Nach und nach haben wir das Haus wieder aufgebaut, auch wir Kinder haben mit angepackt.«

Bei den Seminaren haben Frauen erzählt, wie sie sich als Kinder auch in beängstigenden, bedrohlichen Situationen bei der Mutter und in der Nähe anderer Menschen geborgen fühlen konnten. Da muß ein so tiefes Urvertrauen und Gemeinschaftsgefühl vorhanden gewesen sein, daß es auch tiefen Verunsicherungen und Erschütterungen standhielt. In solchen Situationen konnte das Gefühl der Zusammengehörigkeit für das kleine Kind – in Resonanz auf das, was die engsten Bezugspersonen vermitteln können –, auch wenn es noch rudimentär und nicht so differenziert ist wie bei älteren Kindern, die seelischen Folgen mildern. Andere Kinder konnten auch die Nähe der Angehörigen nicht als Schutz und Trost empfinden.

»Ob es einer Mutter gelingt, ihre Mutterrolle zu erfüllen, hängt natürlich auch davon ab, wieviel Liebe und Fürsorge ihre eigenen Eltern ihr schenkten, und von der Unterstützung, die sie von anderen Erwachsenen ihrer Umgebung erfährt.« (Benjamin, 1990, 16)

Ilse H., die 1933 in Hamburg geboren wurde und dort die schlimmsten Bombenangriffe miterlebt hat, bevor sie sich in die Lüneburger Heide retteten, berichtet: »Während der Bombenangriffe habe ich eine besonders enge Beziehung zu meiner Mutter bekommen. Sie war immer sehr mutig und gut organisiert, so daß jeder sein Köfferchen oder seinen Rucksack hatte, den man beim nächsten Fliegeralarm nur zu schnappen brauchte. Auch wir Kinder trugen unseren Rucksack, und ein Teil darin durfte unser Lieblingsspielzeug oder ein Buch sein. Die Mutter hat mir dann viel erzählt, viel erklärt, wir wurden sehr vertraut miteinander. Was wir Kinder doch alles lernten und konnten! Und wir spürten, wir wurden gebraucht, und mußten auch schon Aufgaben übernehmen.« Manchmal spürte sie wohl auch die Angst und Sorgen der Mutter, aber die sprach mit der Tochter darüber, auch mit der Großmutter, die oft bei ihnen war. So brauchte die Zehnjährige die Angst nicht zu verdrängen. »Ich fühlte mich integriert in die Schicksalsgemeinschaft mit Mutter, Großmutter und Nachbarn.«

Kerstin V., eine Holländerin, die heute in Deutschland lebt, wurde 1935 in Rotterdam geboren. Sie erinnert sich an die gespenstischen Augenblicke, wenn abends und nachts die Waffen-SS im Sturmschritt durch die ausgestorbenen, verdunkelten Straßen patrouillierte und sie hinter den verschlossenen Fensterläden inbrünstig hofften, der Terror möge an ihnen vorbeiziehen. Einmal wurde der Vater von der Waffen-SS geholt, aber wieder entlassen. Danach wurde er von Freunden gewarnt, wenn wieder diese Gefahr drohte. »Seitdem kann ich keine Uniform mehr sehen.« Frau V. erinnert sich an die Gefaßtheit beider Eltern, an die Hoffnung ausstrahlende Mutter und den großen Zusammenhalt in der Familie und Nachbarschaft. Ihre Stadt, ihr Land waren von den Nazis besetzt, und es gab in ihrer Umgebung eine klare Widerstandshaltung und Unterstützung jüdischer Freunde. Sie hat dann als Acht- bis Zehnjährige die schlimmen Bombenangriffe auf ihre Stadt miterlebt, als sie tagelang Unterschlupf in Kellern suchten. »Bei der Angst vor den Bombenangriffen konnte der Keller ein Hort für Schutz und Geborgenheit in der Notgemeinschaft sein. ›Wenn wir schon sterben sollten, dann sterben wir in der Gemeinschaft, das ist doch dann nicht so schlimm‹, war mein Gefühl, und das spürte ich auch bei meinen Angehörigen.«

Edith C. ist 1933 in Berlin geboren und aufgewachsen, ihre Mutter war Christin, ihr Vater Jude, von Beruf Arzt. »Privilegierte Juden brauchten keinen Stern zu tragen, mein Vater war auch in den Kriegsjahren zu Hause, aber in seiner Bewegungsfreiheit sehr eingeschränkt. Das waren für meine Eltern äußerst harte Jahre. Sie haben miteinander viel über ihre schwierige Lage gesprochen, mir aber nichts erzählt. Ich fühlte mich deshalb auch nicht in die Gemeinschaft einbezogen.« Die Mutter wollte wohl zu ihrem Mann stehen, war aber durch das Ausgeschlossensein in der nachbarschaftlichen Umgebung und den Druck, der auf sie ausgeübt wurde, weil sie die von den Nazis gewünschte Norm der arischen deutschen Familie nicht erfüllte, eine entmutigte, von den Kontrollen und Befragungen durch Gestapo-Leute geschwächte Frau geworden. Das hat die Tochter gespürt: »Trotz der Nähe der Mutter im Luftschutzkeller habe ich mich nicht geborgen gefühlt, hat die Angst nicht nachgelassen.«

Aus Protest gegen die Eltern, besonders gegen die Mutter, von der sie enttäuscht war, weil sie »enorme Anforderungen an mich als Kind gestellt hat, unsere Lage zu verstehen, und ich mich dementsprechend vorsichtig außerhalb unserer vier Wände verhalten sollte«, hat sie in psychologischer Verkehrung ihrer Lage den Verfolger der Juden, den Feind ihrer Familie positiv besetzt. »Ich habe Hitler geliebt! Neun oder zehn Jahre muß ich da gewesen sein, und das habe ich meiner Mutter gesagt. Sie hat gar nicht gewußt, wie sie darauf reagieren sollte. Oft hatte ich auch das Gefühl, nicht integriert zu sein, anders zu sein als die anderen Kinder. Die deutschen Kinder in der Nachbarschaft durften nicht mit mir spielen.« Vielleicht hat sie sich mit ihrem kindlichen Streben nach Zugehörigkeit ausgemalt, wenn sie »deren« Hitler liebe, werde sie auch von den Kindern integriert. Gleichzeitig mag sich dahinter der Wunsch und die Vorstellung verborgen haben: So ausgegrenzt wie ihre Eltern will ich nicht sein! Wenn ich den Führer liebe, werde ich zu den rein deutschen Kindern dazugehören.

»Das Schönste nach Kriegsende war für mich, daß ich dann wieder mit Kindern spielen konnte, die Kinder wieder mit mir spielten.« Nicht integriert gewesen zu sein, nicht dazugehört zu haben und vor allem von der Mutter nicht den ersehnten psychischen Halt bekommen zu haben (wie sie immer wieder betonte), diese Erfahrungen aus der Kriegskindheit sitzen noch tief. In einer Selbsterfahrungsgruppe und Seminaren mit mir hat Frau C. sich dieser emotional noch stark empfundenen Problematik erneut ausgesetzt und durch die verläßliche Anteilnahme der anderen Teilnehmerinnen das erste Mal das Integriertsein auch bewußt wahrnehmen und spüren können.

Es kann sehr problematisch sein und für die Betroffenen schmerzlich, wenn als Folge von Kindheitserlebnissen das Apperzeptionsschema, die Wahrnehmungsfähigkeit, so eingeengt wirkt, daß sich das Gefühl, nicht integriert zu sein, fortsetzt, wie bei Frau C. – auch wenn sie heute im Beruf, im Kreis ihrer Lehrerkolleginnen und Kollegen objektiv integriert ist, wie sie selbst sagt.

Angst der Kinder:
»Bis sich über den Körper die Katastrophe gemeldet hat«

Beispiele machen hier deutlich, in welcher Weise Kinder etwas Schreckliches sehen, etwas Angsteinflößendes erleben können und wie Schrecken und Angst die Erwachsenen selbst so lähmen, daß sie unfähig sind, das Kind zu trösten.

»›Überlebensgroße‹ geschichtliche Ereignisse greifen nun in den Lebenszyklus der Familien, in die Erziehungs- und Behütungsaufgaben der Eltern sowie in die Sinnsuche der Kinder ein.« Es zeigen sich »die möglichen Entgleisungen« des dann besonders dringenden Dialogs zwischen den »deutschen Eltern, die das Nazi-Reich miterlebten und mitgestalteten, oft sogar aktive Nationalsozialisten waren, und ihren Kindern«. (Stierlin, 1988, 198)

Inge S., geboren 1943, erinnert sich in der Gesprächsgruppe noch einmal eines Ereignisses, das sie erst Jahrzehnte später in Worte fassen konnte: Anfang 1945 in einem Treck von Bessarabien unterwegs gen Westen, gehören die Eltern zu dem auf Hunderttausende angeschwollenen Flüchtlingsstrom der aus osteuropäischen Gebieten fliehenden Deutschen. Für die Gruppe, in der die Eltern sich befinden, gilt es, mit den Packwagen die zugefrorene Weichsel zu überqueren. »Die Angst, ›hält das Eis, hält es nicht‹?, muß eine traumatische Situation gewesen sein, vermute ich aufgrund späterer Erzählungen meiner Eltern. Meiner Mutter kommen bei der Erinnerung an das Geschehen heute noch Tränen. Die nackte

Angst muß den Menschen in den Augen gestanden haben. Und ich hab das als Kind wohl gespürt – diese Angst, dieses Schweigen, und die Augen der Eltern sagen dir: ›Frag nicht, sei still!‹ Mir ist heute klar, daß es einen Zusammenhang gibt zwischen dieser Angst in den Blicken meiner Eltern, als sie über das Eis fuhren, und meiner Jahre währenden Unfähigkeit, Menschen in die Augen zu blicken, wenn ich mit ihnen geredet habe! Ich konnte das vor kurzem in einer Therapiestunde deutlich empfinden.

Es war der panische Ausdruck in den Augen der Mutter, der mich veranlaßte, mich nicht zu bewegen. So habe ich damals intuitiv reagiert, denke ich heute. Und ich stelle mir vor, das war etwas Unvermeidbares. Vermutlich ist ein solch traumatisierendes Verhalten bei den fürsorglichsten Müttern möglich.«

Die Erfahrungen von Inge S. zeigen Eindrücke aus ganz früher Kindheit, geprägt durch Flucht und Trennung, Eindrücke, die sie damals sehr erschüttert haben müssen. Sie ist ihrer frühen Geschichte nachgegangen, und ihre Beiträge lassen etwas davon ahnen, mit welcher Intensität und Reflektiertheit sie das tut.

»In der Therapie kürzlich konnte ich wirklich in Gedanken und Gefühlen erleben, wo der Ursprung meiner jahrelangen Regungslosigkeit liegt, wie schlimm es für ein Kind ist, die Angst bei den Erwachsenen zu spüren, wie man sich dann ohne Halt und verloren fühlt. – Wir haben als Menschen ja enorme Fähigkeiten, in Gefahrensituationen viel auszuschalten.«

Kriegsgeschehnisse produzieren Gewalt, Zerstörung, Verlust und Diskontinuität als traumatische Sozialfaktoren, die durch traumatische Erlebnisse Spuren in den Kindern hinterlassen.

Inge S. hat nach einem langen therapeutischen Prozeß diesen Moment, in dem sie sich damals als zweijähriges Kind durch die panische Angst in den Augen der Eltern physisch nicht mehr regen konnte, wie sie sagt, nachempfinden können.

Störungen im vorsprachlichen oder frühen sprachlichen Stadium sind besonders problematisch und später sehr schwer zu greifen, sie können zu psychosomatischen Erkrankungen führen und die allgemeine Entwicklung beeinträchtigen.

Für den schwierigen therapeutischen Zugang in der Behandlung früher psychischer Störungen konnten im letzten Jahrzehnt durch neue Methoden und Erkenntnisse gute Fortschritte erzielt werden. »Zu dem Repertoire zentraler psychodynamischer Fokusse bei frühen Störungen gehört... das Wiedererleben des erlittenen Mangels.« Siehe dazu den informativen Beitrag von Kruttke-Rüping (1992, 143). Auch bei größeren Kindern (hier die Jahrgänge 1933–1937), die die Kriegsereignisse dank helfender Interpretation durch die Erwachsenen schon eher »verstehen« konnten, haben die traumatischen Sozialfaktoren mindestens zu Beeinträchtigungen und manchmal zu nachhaltigen Entwicklungsbelastungen geführt: Die daraus entstandenen Probleme und Ängste blieben aber eher an bestimmte Situationen und Erlebnisse aus dieser Zeit gebunden.

Im nächsten Beispiel erfahren wir von Nora S. (siehe Kap. V »Porträts«) die Folgen eines Bombenangriffs auf das Haus, in dem sie wohnte. Sie war damals drei Jahre alt. Das Bild der züngelnden Flammen an der Hauswand, das sich ihr nach Verlassen des Luftschutzkellers bietet, wird sie ihr Leben lang nicht mehr loslassen. Während vieler Kindheitsjahre verfolgten sie grauenhafte Phantasien über Leichen, die unter den Trümmern liegen könnten. Wenn sie mit der Mutter durch die Stadt ging, blieb sie immer gedankenverloren vor den Trümmern stehen. Ihre Phantasien schienen die Steine zu durchdringen und hielten sie gefangen, kehrten in den Träumen wieder und machten ihr große Angst. Nie hat sie mit der Mutter darüber gesprochen und auch später nicht mit dem heimgekehrten Vater. Die Mutter schien auf den Wegen durch die Stadt die Befangenheit der Tochter nicht zu bemerken, »oder sie ließ es sich nicht anmerken. Die Mutter hatte dann Schwierigkeiten, weil ich immer so langgezockelt bin«, erinnert sich Nora S. Daß sie von der Mutter innerlich so allein gelassen wurde, hat sie damals sehr belastet. Warum ihre Mutter so reagierte und welche Schlüsse sie selbst damals in ihrer früh geforderten inneren Einsamkeit gezogen hat, reflektiert sie heute so: »Ich denk', die Mutter hatte selbst Angst, und da haben sich viele Ängste auf mich übertragen. Aber an einer Mutter, die selbst Angst hat, kann man sich als Kind auch nicht so festhalten. Ich denk', damals fing's schon an bei mir mit der Unterdrückung der eigenen Angst, da ich meiner Mutter nicht auch noch zusätzlich zur Last werden wollte. Denn sie hat sich immer hinter den Anstrengungen des Krieges versteckt und war schlichtweg überfordert, hatte keine Zeit. Also es wurde kaum etwas ausgetauscht, was über die tägliche Versorgung hinausging. Sie hatte auch perfektionistische Vorstellungen von Benehmen und Bravsein, und später sollten wir Kinder mal eine NS-Eliteschule, NAPOLA genannt, besuchen... Wie weit ich meine Mutter da lieben gelernt habe, weiß ich nicht.«

Daß Nora S. in der Beziehung zur Mutter nicht die zur Bewältigung dieser schrecklichen Erlebnisse notwendige Unterstützung bekommen hat, wird später noch ausführlicher in dem Porträt über sie zu erfahren sein.

Nach jahrelang anhaltenden Bildern, Ängsten, Phantasien und nächtlichen Träumen, die für Nora S. in einem ursächlichen Zusammenhang mit dem Bombenangriff stehen, und dem Mangel an psychischer Geborgenheit, der ihr eine dem Kind unangemessene, letztlich nicht zu verkraftende Kompensationsleistung abverlangte, gab es eine Veränderung: »Ich habe diese Bilder bis zu meinem elften Lebensjahr immer wieder gehabt. Dann hörte das plötzlich auf, das habe ich auch bewußt wahrgenommen. Nun setzten merkwürdigerweise so psychosomatische Beschwerden ein, ein Abdrängen der Angstphantasien in den Körper. Ich bekam plötzlich Verkrampfungen, Kreislaufstörungen; es waren schon richtig komische Leiden.« Daß hier eine Verbindung besteht und eine Verlagerung des Symptoms vorliegt, ist leicht nachzuvollziehen und wird auch von Nora S. heute so gesehen. Als Kind hatten sie diese körperlichen Leiden eher noch mehr verunsichert.

Daß sich solche Erfahrungen eingeprägt haben, ihre Spuren zum Teil bis heute hinterließen, darüber waren die Teilnehmerinnen der Seminare sich einig. Auf die Erinnerungen von Inge S. und Nora S. in der Gruppe eingehend, meinte Ingrid D. zur Reaktion der Kinder auf Empfindungen von Angst und Schrecken: »Gemeinsam für uns alle war, daß es zu bestimmten Zeiten wirklich ums Überleben ging, auch wenn wir das unterschiedlich erlebt haben und anders damit umgegangen sind. Ich habe auf die ständige

Unruhe, den unterbrochenen Schlaf durch Fliegeralarm und fortwährendes Wandern zwischen Wohnung und Luftschutzkeller zuerst mit Verstörtheit und dann mit Hautausschlag am ganzen Körper reagiert, wie mir meine Mutter erzählt. Danach war ich lange krank und kam mitten in der Endphase des Krieges auf Landverschickung. Ich erinnere mich noch daran, wenn auch unklar, ich war wohl vier oder fünf Jahre. *Lange haben wir so als Kinder durchgehalten, bis sich über den Körper die Katastrophe gemeldet hat.* An der Stelle spürt man noch heute das Erschrecken und den Ursprung dieses Erschreckens in diesen Kriegserlebnissen.«

Unautoritäre Erziehung und die starke, manchmal nicht greifbare Hand der Mutter

Kindererziehung erfordert Kontinuität, Verläßlichkeit der Beziehungen, lauter Anforderungen, denen Eltern in Kriegszeiten nur schwer gerecht werden konnten. Bei den Müttern absorbierte die beschwerliche Organisation des Alltags viel Zeit und Energie, und das Einfühlen in die Bedürfnisse der Kinder geschah unter sehr belastenden Bedingungen, während die Väter durch den Kriegsdienst nur von ferne an der Erziehung beteiligt waren.

In der »Rhein-Mainischen-Zeitung« vom 29. 1. 1945, Gau Hessen Nassau, war zu lesen:

»Vom Wesen der Erziehung« Von Dr. Otto Fratzer

»Was für das Jahr der Frühling, was für die Pflanze die Sonne ist, das ist für das Kind die Elternliebe, ganz allgemein für jedes Kind die Freundlichkeit, die Heiterkeit seiner Umgebung. Kinder, die ohne diesen notwendigen, fördernden Einfluß bleiben, verkümmern seelisch und gehen oft an diesem Mangel zugrunde... Die ständige Wechselbeziehung einer liebevollen Gemeinschaft ist zur Befriedigung seiner seelischen Bedürfnisse ebenso notwendig, wie Milch und Brot, Speise und Trank, die der Körper für seine Existenz verlangt... Die Erfüllung dieser Verpflichtung findet im Vorbild der Eltern und Erzieher ihren Ausdruck... und in der Haltung zur ruhigen, stillen, pflichtgetreuen Arbeit... Entsagen sollst du, entsagen! Dies strenge Dichterwort muß der Jugend von früh auf ins Gedächtnis, ins Gefühl, in den Willen eingeprägt werden. Es geht nicht, das Kind sagen zu lassen: ›Ich will dies, ich will das nicht‹, sondern es muß heißen: ›Das muß sein!‹ Solange der Mensch noch nicht reif und noch nicht fertig ist, muß der Erwachsene mit seiner Lebenserfahrung, seiner Bildung und seinem Erziehungswillen eintreten. Das geht nicht ohne Autorität, sondern jener Autorität des Vorbildes, der Persönlichkeit, der freien Führerschaft... die Ehrfurcht, und die gerade muß den sittlichen Kern aller Erziehung bilden.«

Hier wird etwas sehr Wichtiges gesagt über das Wesen der Erziehung: »Elternliebe..., die Heiterkeit seiner Umgebung«. Und dann der Knüppel aus dem Sack: »Entsagen sollst du, entsagen. Das muß sein!« Und wo war denn »Haltung zur ruhigen, stillen, pflichtgetreuen Arbeit« möglich in den Kriegswirren? Pflichtgetreue Arbeit! Da ging es schon eher um Gehorsamspflicht, mit den problematischen Folgen für die Kinder und Jugendlichen, die auf diese Weise zur Unterordnung unter das diktatorische System programmiert werden sollten. So war es schon zynisch, wenn derartige amtliche NSDAP-Erziehungsratgeber wenige Monate vor der totalen Kapitulation der deutschen Wehrmacht von der notwendigen Freundlichkeit, Heiterkeit der Umgebung für jedes Kind sprachen. Tatsächlich waren viele Städte durch den Luftkrieg zerstört, und der Lebensraum für die Kinder zum Spielen im Freien und in den Häusern war immer gefährlicher geworden.

Wenn sich schreckliche Dinge ereigneten oder zu sehen waren, haben Mütter in vielen Situationen versucht, die Kinder zu schützen, es ihnen erträglicher zu machen. Das konnte durch eine ganz sanfte Geste sein oder durch das richtige erklärende Wort im rechten Moment. Für das Kind machte es einen Unterschied von existentieller Bedeutung – sich angenommen und geschützt zu fühlen oder »gar keinen Halt zu haben und wirklich verloren zu sein« (Inge S.).

So waren viele Mütter in ihrem Erziehungsstil auch keineswegs autoritär. Bei all der Not und Zerstörung und der unsicheren Zukunft brauchten sie die Kinder als ihre Verbündeten, zur Mithilfe und Kooperation. Trost und Zuwendung, die sie den Kindern in besonders Angst oder Schrecken auslösenden Situationen gaben oder zu geben versuchten, galten natürlich in erster Linie dem psychischen Überleben der Kinder. Und sie konnten dadurch weiter auf die Kooperation und das »Funktionieren« der Kinder hoffen.

In den folgenden Beispielen finden wir Erinnerungen an schützende, starke Mütter und Großmütter, wofür die Töchter heute noch dankbar sind, weil sie dadurch trotz mancher Erschütterungen, Entbehrungen und seelischer Verletzungen diese Zeit unversehrter überstanden haben, mit weniger Hypotheken belastet ihren Lebensweg gehen konnten als andere Frauen, die noch heute schwer daran tragen, sich damals nicht beschützt gefühlt zu haben.

Ingrid S. wurde 1936 in Ostpreußen geboren. Sie war das Älteste von drei Geschwistern – einem jüngeren Bruder und einer kleinen Schwester. Ab 1944, als der Vater in den Krieg eingezogen wurde, war die Mutter mit den drei Kindern allein. Da muß wohl für die Mutter, aber auch für die älteste Tochter eine neue Zeit begonnen haben: »Mutter ist richtig aufgelebt, obwohl das zu dieser Zeit nicht paßte. Aber sie hatte Verantwortung bekommen, die ihr immer abgenommen worden war. Sie hat noch ein Baby geboren – meine kleine Schwester –, als Vater 1944 zum Kriegsdienst kam. Und sie wurde so aktiv und hat sich so eingesetzt für uns Kinder und jeden einzelnen im Bekannten- und Verwandtenkreis, wie ich es vorher gar nicht kannte. Sie wirkte jetzt so befreit... Das war doch nicht dieselbe Mutter!

Sie wollte früher schon selbständiger sein, hatte aber nie richtig Gelegenheit dazu, denn Vater war ja immer da, sie brauchte keine großen Entscheidungen zu verantworten. Und so schien es mir nun, daß Mutter sich total verändert hatte, und das hat sich wohl auf uns sehr positiv ausgewirkt. Ich war doch die Älteste, mein Bruder war drei Jahre jünger, und so erlebte ich immer besonders stark diese befreitere Mutter. Sie hat mich in vieles einbezogen, viele Dinge mit mir besprochen. Wir verstanden uns sehr gut. Auch das Baby mußte ich bereits oft versorgen.«

Ingrid S. wurde zur Vertrauten der Mutter und empfing viel mehr Zuwendung und Aufmerksamkeit von ihr, seit der Vater eingezogen war.

»Obwohl wir drei Kinder waren, eins ja sogar noch ein Baby, wurde Mutter 1944 in eine große Kleiderfabrik, die Wehrmachtskleidung herstellte, eingezogen. Sie war Herrenschneiderin von Beruf und wurde natürlich dort gebraucht. Ich wundere mich heute noch, wie sie das geschafft hat. Es ist ihr aber gar nicht so schwer gefallen. Von ihrer Tüchtigkeit und ihrem Mut ist dann auch noch etwas geblieben, als wir zwei Jahre nach Kriegsende wieder mit meinem Vater zusammentrafen.«

Von der abenteuerlichen Flucht 1945 von Ostpreußen nach Dänemark hat Ingrid S. noch sehr klare Bilder und Erinnerungen: Auf ihrem Fluchtweg bis zur Küste zeigten sich überall Spuren des Krieges. Menschen, die Opfer von Erschießungen geworden waren, lagen am Wegrand, auch verendete Pferde und Ochsen. Und die Mutter faßte Ingrid S. um die Schulter, wendete ihr den Kopf zur Seite, ebenso dem jüngeren Bruder, damit die Kinder da nicht hinsehen, den Schrecken nicht sehen sollten. Diese Geste, diese körperlich schützende Zuwendung, hat Ingrid S. noch in Erinnerung: »So hat sie mir auch auf der Flucht geholfen, nicht zu verzagen, mich nicht der Angst auszuliefern. Sie hatte auch da gezeigt, wie einfühlsam sie ist.

Wir hatten Glück und erreichten noch das letzte Schiff, das nach Dänemark fuhr«, erinnerte sich Ingrid S. weiter, »danach waren von der Roten Armee alle Fluchtwege zu Wasser und zu Land abgeschnitten. In Dänemark kamen wir sofort in ein Internierungslager, wo wir zwei Jahre bleiben mußten. Im Lager waren wir zwölf Personen in einem Zimmer von 20 qm. Wir schliefen in Etagenbetten.

Meine Mutter hat auch da vieles für mich getan, hat mir geholfen, daß ich mit dieser Situation zurechtkam. In diesem Wirrwarr des Lagerlebens, wo man ja alles so hautnah miterleben mußte, was Männlein und Weiblein taten, war es ihr auch ganz wichtig, mich aufzuklären. Zehn Jahre alt war ich damals.

Schlimm war es, als das Baby gestorben ist. Die kleine Schwester hatte Diphtherie und mußte wegen der Ansteckungsgefahr ins Krankenhaus nach Kopenhagen. Mutter erhielt kurze Zeit später die Todesnachricht und fuhr in die Stadt, um ihr Kind noch mal zu sehen. Aber in diesen Wirren der Nachkriegszeit hatte es eine Verwechslung mit dem Krankenhaus gegeben, das Kind war nicht zu finden. Da ist Mutter in Kopenhagen rumgelaufen, von Krankenhaus zu Krankenhaus, und hat ihr Kind gesucht. Nach einer Woche hat sie endlich das Krankenhaus gefunden. Sie hat ihr Kind

Flüchtlingskinder in einer Baracke eines Flüchtlingslagers
(Foto: dpa).

noch mal gesehen, danach konnte der Totenschein ausgestellt werden. Das war 'ne Situation für 'ne Mutter! Als sie zurückkam zu uns, brach sie das erste Mal zusammen. All das war sehr schlimm für sie, ein schrecklicher Schock nach all den Strapazen der Flucht und im Lager. Aber sie hat sich danach wieder intensiv uns beiden größeren Kindern zugewendet. Wir brauchten sie jetzt.«

Auch die Mutter wird ihre beiden größeren Kinder jetzt besonders gebraucht haben, um durch den Schmerz über den Verlust ihres jüngsten Kindes nicht ihre Durchhaltekraft zu verlieren.

»Auch als wir 1947 aus dem Lager kamen und wieder mit meinem Vater zusammentrafen«, erzählt Ingrid S., »hat meine Mutter mir viele Entwicklungsmöglichkeiten und Freiheiten großzügig zugestanden. Sie hatte ja immer einen engen Kontakt zu mir behalten. Aber auch ihre Eigenständigkeit gegenüber ihrem Mann hat sie bewahrt. Wir waren mit meinem Vater in Ostdeutschland wieder zusammengekommen und sind dann auch in der DDR geblieben. Als ich siebzehn war, 1953, und in den »goldenen Westen« strebte, hat sie mich fortgelassen, weil sie das Beste für meine Zukunft wollte, vor allem für meine Berufsausbildung. Sie vertraute mir, obwohl ich ja noch nicht mal volljährig war. Ich hatte auch nie Angst. ›Die Mutter hat dich ja gehen lassen, also kann dir gar nichts passieren‹, dachte ich mir. Es war schon schwer, so als Siebzehnjährige allein durchzukommen, aber ich habe es geschafft.«

Ingrid S. hat gerade wieder den Einstieg ins Erwerbsleben gefunden, in ihrem alten Beruf als Industriekauffrau. Sie hat eine behinderte Tochter, die bisher nur halbtags in eine heilpädagogische Einrichtung gebracht werden konnte, jetzt als junge Erwachsene aber ganztags in eine Behindertenwerkstatt gehen kann. Ingrid S. hat sich sehr bei der Erziehung ihrer Tochter engagiert und sich viele Kenntnisse über Förderungsmöglichkeiten angeeignet. Die Tochter ist deshalb trotz ihrer Behinderung relativ selbständig geworden. Jetzt hat Ingrid S. nach Jahren endlich etwas Zeit für sich; außer ihrer Halbtagsarbeit besucht sie viele Fortbildungsveranstaltungen im Rahmen von Frauenfördermaßnahmen. Nach vielen Jahren eines ziemlich isolierten Lebens möchte sie sich heute wieder auf neue Berufsaufgaben vorbereiten und mit mehr Menschen zusammentreffen.

Einigen Teilnehmerinnen fiel es leichter, in der Gesprächsgruppe über ihre Vergangenheit zu sprechen, anderen fiel es sehr schwer. Das hatte auch damit zu tun, ob sie sich schon früher darüber mit ihren Eltern und mit anderen Menschen auseinandergesetzt hatten. Für alle waren es sehr intensive Gefühle und Erinnerungsbilder, die in diesen Gruppen in Bewegung kamen, durch die Beiträge und Anteilnahme der anderen zusätzlich angeregt.

Monika G.: »Ich bin Jahrgang 43, bin in Solingen geboren. Als ich ein Jahr alt war, war der Großangriff auf Solingen. Und da muß wohl bei mir das Trommelfell gerissen sein, ich habe auch immer Schwierigkeiten auf dem linken Ohr, bis heute. Meine Mutter sagte, das sei durch den Luftdruck gekommen. Ich selbst hab gar keine Erinnerungen an diese Kleinstkindzeit. Aber daß ich in den Trümmern rumspielte, daran kann ich mich erinnern. Davon existiert noch ein Foto. Ich weiß nur, ich hatte immer Frauen um mich und alte Männer: Meine Mutter, zwei Großmütter und eine Tante, und die alten Männer waren meine Urgroßväter und der Großvater. Mein Vater kam erst zwei Jahre nach Kriegsende nach Hause, und da kannte ich ihn gar nicht. Zu diesen frühen Jahren gehört auch der Eindruck, daß die Frauen mehr miteinander geredet haben, solange mein Vater noch nicht wieder zu Hause war. Später war Vaters Spruch ›Dinge, die so sind, wie sie sind, darüber braucht man nicht reden‹. Und dann wurde auch nur geredet, wenn es unbedingt notwendig war.

Ich hab für mich ein Gefühl, unheimlich behütet gewesen zu sein und auch sehr viel Liebe gekriegt zu haben in diesen ersten Jahren von Mutter, den Großmüttern und Großvätern. An die Bombenangriffe habe ich überhaupt keine Erinnerung. Ich weiß aber noch, als ich drei Jahre alt war, brachte mich Großmutter morgens immer zum Kindergarten. Da sehe ich noch das Bild, wie eines Morgens englische Soldaten in Reih und Glied diese Straße entlangmarschiert kamen, und Großmutter nahm mich auf die andere Seite und sagte: ›Brauchst keine Angst zu haben, die spielen jetzt nur noch Krieg, der Krieg ist vorbei. Du gehst jetzt in den Kindergarten, und ich hole dich dann auch wieder ab.‹ Ich kann mich genau daran erinnern, wie froh ich da war! Dann bin ich ganz schnell über die Straße geflitzt, sie ist auf der anderen Seite stehen geblieben, bis ich im Kindergarten drin war.

Ich hab zu meiner Mutter ein ganz tolles Verhältnis, bis heute. Die stell ich ziemlich auf den Sockel. Die liebe ich abgöttisch. Und sie hat auch viel erreicht. Sie war immer berufstätig und hat viel Wert auf ihre Selbständigkeit gelegt. Sie hat ihre Kriegszeit auch in Seminaren aufgearbeitet. Es gab dann auch mal sehr intensive Gespräche zwischen uns, als auch ich zu diesen Seminaren für uns als Töchtergeneration ging. Sie macht jetzt seit vier Jahren Psychologiekurse bei der VHS. Also ich kann nicht sagen, daß meine Mutter versagt hat! Sie ist bis heute geistig und praktisch aktiv. Und aus den Kriegs- und Nachkriegsjahren hat sie das Beste gemacht, es ging ums Überleben.

Durch meine Mutter habe ich das Bewußtsein von der Stärke der Frauen vermittelt bekommen. In Frauengruppen zu arbeiten und in der Gewerkschaft etwas für Fraueninteressen zu tun, ist mir selbstverständlich.«

Monika G. ist heute in mehreren Frauenarbeitskreisen und im Kreisfrauenausschuß des DGB tätig. Ihr »liegt sehr daran, Frauen durch Sprache noch sichtbarer zu machen«. Sie hat zwei Töchter, die schon aus dem Haus sind, und lebt mit ihrem Lebensgefährten in einer sehr positiven Beziehung. Mit ihm hat sie »frühere Erlebnisse aufgearbeitet«. Die Ehe mit ihrem Mann scheiterte. »Wohl gerade, weil ich meinen Vater abgelehnt habe, heiratete ich einen Mann, der ihm äußerlich und im Wesen ähnelte. Das konnte nicht gutgehen.«

»Meine Mutter und meine Großmutter sind in den Nachkriegsjahren von Solingen aus immer aufs Land zum Hamstern gefahren, das weiß ich aus Erzählungen. Ich erinnere mich aber, wenn sie wiederkamen, war immer unheimlich viel zu Essen da; ich verstand nur nicht, woher das kam. Bestecke wurden weniger, die Wäsche wurde weniger, aber es war was zu Essen da.

Ich selbst habe nur *eine* wirklich tiefe Erschütterung aus diesem Krieg mitbekommen, und das war das Problem mit meinem Vater, weil er mir fremd war und fremd blieb. Wir haben nie eine richtige Beziehung zueinander gehabt. Auch wenn er sich vielleicht bemüht haben mag, ich hab ihn abgelehnt. Meine Eltern bekamen auch Schwierigkeiten miteinander in der Nachkriegszeit. Sie haben sich dann scheiden lassen, als ich acht war.«

Anschließend ein Auszug aus dem weiteren Gesprächsverlauf, wie er nach den biographischen Berichten von Ingrid S. und Inge S. in der Selbsterfahrungsgruppe weitergeführt wurde:

Gudrun G.: »Ja, ich glaube, daß manche Frauen und damit auch Kinder diese Zeit schon gut bewältigt haben, daß aber viele auch einfach resigniert haben. Sie werden sich von einem Tag zum anderen gesagt haben, wir müssen einfach sehen, wie's weitergeht.«

Ingrid S.: »Ja, durchkommen – es ging ums nackte Überleben.«

Inge S.: »Ich denke, daß muß allen gemeinsam gewesen sein. Die Frage war nur, wie? Da hab ich in den Seminaren auch schon das Gefühl mitgenommen, es ist von uns damals als Kinder und heute im Rückblick sehr unterschiedlich damit umgegangen worden. Besonders beeindruckt hat mich, wie auf der Flucht die Mutter das Kind beiseite nahm, ihm einfach den Kopf zur Seite wendete, wenn's etwas Unangenehmes zu sehen gab. Damit *vermittelte die Mutter dem Kind: Ich nehme wahr, was du wahrnimmst, und das ist nicht schön, da will ich dich schützen*! Andere Mütter haben sich eben totgestellt und waren dadurch auch nicht verfügbar für die Kinder. Ich denk', was wir da mitbekommen haben, das beeinflußt unser Leben noch heute, und wir wissen oft nicht, was es ist.«

Ulla R.: »Ja, wenn die Mütter nicht mehr ansprechbar waren, weil sie es selbst nicht mehr ertragen konnten, dann blieb das Kind mit diesem Schrecken und mit seiner Phantasie allein. Und das hatte dann oft längerfristig noch viel schwerere Folgen, als wenn die Mutter oder die Großmutter dem Kind beruhigend zugesprochen, es in den Arm genommen hätte und eben nicht diese Schrekken ausblendete. Ein Ausblenden war ja gar nicht möglich. Aber die Art, wie dann die Erwachsenen die Kinder aufgefangen haben, war wichtig.«

Inge S.: »Eben, ich denk, daß das mit Verdrängung zu tun hat, daß das einfach in Gesprächen und im Alltag ausgeblendet wurde. Und da vermute ich, es ist bei uns auch so gewesen. Bei uns ist über solche Kriegsgeschichten bestimmt auch nicht geredet worden. Das war so, und da wurde kein Wort darüber verloren! Dabei kann so ein kleines Kind diese schrecklichen Dinge überhaupt nicht benennen, weiß nicht, was geschehen ist, und fragt sich dann abends: ›War das jetzt so, oder war das nicht so, hab ich das geträumt‹?«

Ulla R.: »Wie wichtig ist da die Fähigkeit von Frauen, das zu spüren, was einem Kind in so einer Situation vermittelt werden muß. Das hat nicht so viel mit Erziehungswissen zu tun als vielmehr mit Empathie und Einfühlungsvermögen. Und dadurch haben Ingrid S. am Fluchtweg und Monika G., als die Soldaten wieder durch die Straßen marschierten, nicht riesige Ängste zu entwickeln brauchen.

Empathie drückt sich zwar meistens in Sprache aus, kann aber auch sehr intensiv in Gesten und in körperlichem Ausdruck zum Tragen kommen, wenn eine Mutter das Kind in den Arm nimmt, den Blick des Kindes weglenkt, weil sie vielleicht selbst nicht darüber sprechen kann, was sie für schlimme Sachen sieht. Auch das kann dem Kind vermittelt werden, daß die Angst geteilt wird und daß es nicht allein gelassen wird, auch nicht mit den Phantasien.«

Inge S.: *»Und das ist das, was mir so weh tut: Wenn ich daran denke, daß mir da der Schutz vorenthalten worden ist, daß ich kleines Kind mich stumm stellen mußte«* (bezogen auf die Flucht bei der Überquerung der zugefrorenen Weichsel).

Ingrid S.: »Das ist es auch, was ich vorhin meinte, wo es dann für die Kinder besonders schwer wurde, weil man ihnen das, was um sie herum geschah, diesen Mangel, den sie erlebt haben, nicht erklärt hat.«

Gudrun G.: »Wir sind doch ziemlich direkt zu diesem Aspekt der gegenseitigen Beziehungen zwischen Kindern und Eltern und auch anderen Bezugspersonen gekommen. Ich denke, daß es unter Umständen noch nachhaltiger auf die Kinder wirkte, welche stützende und schützende Qualität die Beziehungen für sie hatten, als das, was sie an schrecklichen Sachen sehen mußten.«

Ulla R.: »Sicherlich hat das sehr nachhaltig gewirkt, wie man diese Zeit emotional erlebt hat. Die Beziehung der Eltern und anderer Bezugspersonen zu den Kindern war ein Faktor und das Alter der Kinder ein anderer. Beide hatten Einfluß auf die Verarbeitungsfähigkeit und -möglichkeit der Kinder. Es besteht auch ein Unterschied zwischen den Jüngeren und Älteren unter uns: Einige von uns waren noch so jung, daß sie sich an konkrete Kriegserlebnisse schwerer erinnern können als die, die ein paar Jahre älter sind und schon deutlicher wahrgenommen haben, was die Bombenangriffe anrichteten, Soldaten sahen, Gefangene und Flüchtlingstrecks, die über die Straße zogen.«

Ingrid S.: »Das heißt, als ihr schon Erklärungsmuster verinnerlicht hattet.«

Ulla R.: »Zumindest schon mehr ›verstehen‹ konnten.«

Rosemarie H.: »Ich kann mir vorstellen, ihr konntet euch selber auch schon manches erklären, was uns Jüngeren nicht möglich war.«

Gudrun G.: »Ob das jetzt die Jüngeren oder die Älteren betrifft: Ich denke, wir sind ja deshalb auf die Eltern-Kinder-Beziehung gekommen, weil das am Anfang des Lebens das Thema per se ist, die Voraussetzung, um sich überhaupt entwickeln zu können. Und hier in der Runde geht es um die extremeren Bedingungen, unter denen das verlaufen mußte.«

Flucht in den Westen: Mutter und Tochter entwurzelt

In der Biographie von Rosemarie H. treffen viele Umstände zusammen, die wir in unseren Überlegungen zur Mädchensozialisation in den Kriegs- und Nachkriegsjahren als sehr belastend erachten. Diese Umstände hatten von ihr eine altersunangemessene frühreife Autonomie und überfordernde Selbständigkeit verlangt, indem sie die Entwicklung ihrer Mutter von einer kompetenten Frau zu einem depressiven, inaktiven Menschen erleben und erleiden mußte. Daß ihre Mutter in den Kriegsjahren auch einmal eine besonders durchsetzungsfähige Frau war, davon erfuhr Rosemarie H. erst vor zehn Jahren, erinnern kann sie sich an diese starke Mutter gar nicht.

Rosemarie H. wurde 1941 in Görlitz, Schlesien, geboren, von wo sie mit Mutter, Großmutter und der Freundin der Mutter die erste Flucht antrat. Daran erinnert sie sich jedoch nicht mehr. Sie gelangten in einen Vorort von Ostberlin, wo sie eine kleine Wohnung fanden und die Eltern Arbeit bekamen. Für Rosemarie H. wurden das die schönsten Jahre ihrer Kindheit, mit viel Freiheit, Naturverbundenheit, engen Freundinnen und Freunden in der Schule. Sie ging gern zur Schule. Nachmittags war sie oft mit der Mutter unterwegs zum Stoppeln von Getreideähren und Kartoffelsammeln. Sie mochte diese Stunden mit ihrer Mutter allein sehr gern, die ihr dabei von ihrer Arbeit oder spannende Geschichten über die Einheimischen und Flüchtlinge in ihrem Vorort und ihre großen oder kleinen Verteilungskämpfe erzählte. An den übrigen Nachmittagen machte sie alleine oder mit anderen Kindern Streifzüge durch die Gartenkolonien und angrenzenden Felder. Sie war sehr selbständig, und da ihre Mutter wie viele andere Mütter berufstätig war, konnten die Kinder ihre Freizeit ohne allzu große Behütung allein organisieren. Ihre Mutter erlebte Rosemarie H. als eine heitere Frau. Sie hatte Bekannte und Freundinnen, die sie besuchen ging oder die sie besuchten. Viele wichtige Entscheidungen gab sie aber an ihren Ehemann ab. Dabei glaubt Rosemarie gespürt zu haben, daß sie diese Entscheidungen nicht gern abgab. Der Vater war derjenige, der den Durchblick hatte. »Zumindest hat er das geglaubt und sich wohl auch so verhalten, als er aus dem Krieg zurückkam.« Er arbeitete viel, weil sie sich eine neue Existenz aufbauen mußten, und die Tochter sah ihn nur wenig.

Mit der Gründung der DDR wurde von der SED die Umstrukturierung zu einem sozialistischen Staat vorangetrieben, und die Grenze zwischen Ost- und Westdeutschland entwickelte sich immer mehr zu einer ideologischen und wirtschaftlichen Trennungslinie. Dagegen gab es erhebliche Ablehnung bei einem großen Teil der Bevölkerung, und immer mehr flüchteten in den Westen. Rosemaries Eltern gehörten auch zu denen, die flüchteten. Das markierte in Rosemaries Kindheit eine Wende, denn damit begann eine Zeit der tiefen Verunsicherung, die die Mutter ihr seelisches Gleichgewicht kostete und in der Mutter-Tochter-Beziehung eine Verlagerung der Kompetenzen nach sich zog.

Rosemarie H.: »Diese zweite Flucht aus der DDR in die BRD – ich war gerade zehn Jahre – hat für mich die folgenden Kindheitsjahre völlig überschattet. Es kommen mir heute noch die Tränen, wenn ich daran denke. Für mich ist diese Flucht 1951 von Ost- nach West-Berlin prägend, ich muß immer noch dran denken, wie meine Eltern mir sagten: ›Wir fliehen demnächst‹. Von da an beschäftigte mich nur noch die Frage: Wann ist es soweit?

Es war damals so, daß in der Schule, auch in meiner Klasse, die Kinder plötzlich wegblieben. Sie waren bei Nacht und Nebel geflohen. Und nun sagten mir meine Eltern: ›Bei uns ist das auch bald soweit.‹ Mein Vater hatte im Ministerium, wo er beschäftigt war, Schwierigkeiten bekommen. Eines Tages, als ich aus der Schule kam, sagte meine Mutter: ›So, jetzt fahren wir.‹ Und da habe ich meine Schultasche genommen. Schulsachen raus, irgendwas Schönes reingepackt, und noch ein paar Klicker und eine Puppe.

Dann bin ich auch noch in die falsche S-Bahn gestiegen! Es gab immer S-Bahnen, die am Alexanderplatz einfach Endstation hatten, die gar nicht in den Westen gefahren sind. Und dann stand ich da am Alexanderplatz, die letzte S-Bahn-Station vor dem Westen, wo besonders stark kontrolliert wurde. Meine Mutter kam mit der nächsten S-Bahn, aber es sollte nicht auffallen, daß wir zu zweit fahren. Sie hat die Hände überm Kopf zusammengeschlagen, als ich da am Alexanderplatz stand, mit meiner Schultasche und der Puppe drin!

Für mich ist das immer noch unbegreiflich, daß meine Eltern mir Tage vorher schon sagten, wir werden in den Westen fliehen. Es hätte sie Kopf und Kragen kosten können, wenn ich in der Schule den anderen davon erzählt hätte. Eigentlich war mir gar nicht bewußt, warum wir fliehen wollten. Gewiß, mein Vater hatte Schwierigkeiten. Aber warum sollte es im Westen so ganz anders sein, so viel schöner, oder warum mußte man da unbedingt hin? Ich fand's auch schön, wo wir bisher waren.

Es war eine riesige Verantwortung, die ich als Kind tragen mußte. Von dem Moment, als ich Bescheid wußte, war das eine Verantwortung, die ich für meine Eltern mitgetragen habe. Denn wenn ich etwas erzählt hätte in der Schule, dann hätten sie die beiden mal kurz abgeholt, und das wäre sicherlich eine langjährige Haft geworden.

Eine Bekannte meiner Mutter, die in dem Ministerium, wo auch mein Vater arbeitete, eine Sekretärinnenstelle hatte, war kurz vorher geflohen. Meine Mutter hat ihr noch geholfen, Sachen in den Westen zu schaffen. Auch das hat sie mir erzählt. Ich höre noch heute, wie sie zu mir sagte: ›Das darfst du aber nicht erzählen, daß sie flieht, sonst kommen sie und ich ins Gefängnis. Und das willst du doch nicht?‹ Und einige Tage später war bei uns die gleiche Situation.

Es war schlimm, wie ich in der Schule saß und genau wußte, in ein paar Tagen siehst du die alle nicht mehr! Ich wollte mich gerne verabschieden, und von den Dingen, die ich nicht mitnehmen konnte, etwas verschenken an die, die ich gern hatte. So mußte ich einfach alles stehenlassen und konnte mich niemandem anvertrauen.

Welch ein Schock, was mich dann hier im ›goldenen Westen‹ erwartete! Mutter hat sich bald total zurückgezogen, weil sie das Ganze eben nicht verkraftete. Nicht ich war diejenige, die das nicht verkraftete, sondern meine Mutter! Ich fühlte mich seither von meiner Mutter so furchtbar allein gelassen. Sie hat mich ja weder in der Schule angemeldet noch sonst unterstützt. Sie hat mich einfach losgeschickt. Ich hab' mich dann selbst in der Schule angemeldet. An Ausflügen durfte ich nicht teilnehmen, weil ich die nötigen fünf Mark nicht hatte. Wir wohnten in einer Gartenlaube. Und das Zimmer, das uns gehörte, war 8 qm groß, da haben wir gehaust!

Von diesem Zeitpunkt an hatte meine Mutter unwahrscheinliche Probleme. Sie war ganz apathisch, ging wenig aus dem Haus und hatte keine Bekannten, was sie früher immer hatte.

Ich fühlte mich furchtbar allein gelassen! Von meinem Vater sowieso. Aber da sagte man mir ja immer: Der muß arbeiten, der muß Geld verdienen, damit es uns irgendwann einmal bessergeht. Und das hab' ich auch geglaubt.

In der Schule bekam ich dann wahnsinnige Schwierigkeiten, weil ich kein Turnzeug hatte. Wir haben im Schulhof gestanden im Kreis und haben irgend so'n Kreisspiel gemacht. Da wurde ich in die Ecke gestellt, weil ich kein Turnzeug hatte, und durfte nicht mehr mitmachen. Das nächste Mal bin ich nicht hingegangen.

Auch zum Handarbeitsunterricht bin ich nicht mehr gegangen, weil ich kein Geld von meinen Eltern bekommen konnte, um Handarbeitszubehör zu kaufen. Dann wurde ich zum Rektor bestellt, und es hieß, du fliegst von der Schule, wenn es so weitergeht.

Ich hab' das damals alles meiner Mutter angekreidet, weil ich dachte, die kann doch da hingehen und ein Wort für mich einlegen, die schmeißen mich doch sonst von der Schule! Das schien ihr völlig egal. Mein Gott, sie hätte das doch für mich regeln können!«

In dieser ausführlichen Wiedergabe einer Kindheit im Nachkriegsdeutschland in wörtlicher Rede vermittelt sich die Hilflosigkeit und Fassungslosigkeit, die Rosemarie H. noch heute spürt, wenn sie sich dieser Zeit erinnert.

Rosemarie H. hat das Verhalten der Mutter nach der zweiten Flucht und die darauf folgende Zeit, in der sie ganz auf sich allein gestellt war, bis heute schmerzlich in Erinnerung. Die Mutter hat die Flucht von Ostberlin über Westberlin nach Hessen nicht verkraftet. Sie wurde ganz passiv und depressiv. Im Ostberliner Vorort hatten sie Freundinnen und Freunde, fühlten sich beide gut integriert. Das ließ sich im Westen nicht einfach wieder durch andere Menschen herstellen. Die Mutter hatte schon nach der ersten Flucht etwas von ihrem aktiven Wesen und ihrer vertrauten Umgebung verloren, sich dann aber am neuen Ort arrangiert, tatkräftig und nicht entmutigt zum Familienunterhalt beigesteuert. Die kleine Rosemarie fühlte sich nützlich beteiligt bei heiteren Ausflügen mit der Mutter zum Ähren- und Kartoffellesen.

Nach der zweiten Flucht verlor die Zehnjährige mit einem Schlag die Zuwendung und Behütung durch die Mutter, weil diese »sich dann so zurückgezogen hat«. Sie fühlte sich allein gelassen. Es fand fast eine Umkehrung der Rollen statt, denn »nicht ich war diejenige, die das Ganze nicht verkraftete, sondern meine Mutter«. So wurde das Mädchen von beiden Eltern tatsächlich vernachlässigt, auch wenn es das bei der Mutter viel unerwarteter und verletzender empfand. Die zwischen den Generationen notwendigen psychologischen Grenzen, die die jeweiligen »Unterschiede im Alter- und der Verantwortlichkeit widerspiegeln« (Stierlin, 1988, 200), verschwimmen, wenn die Eltern ihre Erziehungsaufgaben aufgrund so überlebensgroßer eigener Überforderungen nicht mehr erfüllen können. Um das psychisch und lebenspraktisch aushalten zu können, mußten Kinder wie Rosemarie H. eine frühreife Selbständigkeit und altersunangemessene Autonomie entwickeln.

Viel später erfuhr sie durch eine Freundin der Mutter über deren aktives, mutiges und planerisches Verhalten bei der ersten Flucht 1945 von Schlesien nach Ostberlin. Die Mutter hatte sich damals mit anderen Frauen für die Flucht zusammengetan und die kleine Kolonne mit Pferden und Wagen zusammen mit einer Freundin angeführt. An diese starke Seite, wo ihre Mutter mutig, entschlossen und aktiv zu handeln imstande war, konnte sich Rosemarie H. selbst überhaupt nicht erinnern. Und nie hatte die Mutter ihrer Tochter von diesem mutigen Einsatz auf der ersten Flucht erzählt.

Rosemarie H. hatte viele Jahrzehnte ein sehr schwieriges und distanziertes Verhältnis zu ihrer Mutter, nachdem sie sich als Zehnjährige von ihr so im Stich gelassen gefühlt hatte.

Ferne Väter

Abwesenheit der Väter

»Wie oft habe ich im Winter 1942/43 traurig mit der Mutter am Fenster gestanden und hinausgeblickt auf den Schnee und die Kälte und dabei gedacht, da draußen in der eisigen Kälte, an der Ostfront im fernen Rußland, ist der Vater«, erinnert sich Eleonore S. an diese so trostlose und hoffnungslose Zeit.

Während der Abwesenheit der Väter im Krieg sind bei den Kindern Vorstellungen von ihnen entstanden, die oft auf nur kurzzeitigen oder gar keinen leibhaftigen Erfahrungen mit den Vätern basierten. Obwohl die Kinder fast ausschließlich ihren Müttern überlassen waren, darf man die Bedeutung der Väter für die kindliche Entwicklung nicht unterschätzen. »Er kann in der kindlichen Phantasie viel mehr Einfluß gewinnen, als nach seinem passiven

Verhalten eigentlich zu erwarten wäre. Das Kind ergänzt sein Bild unter Umständen aus Andeutungen und macht diese zum Gegenstand seiner ödipalen Wünsche und Identifikationsbestrebungen.« (Richter, 1967, 228) Der ferne Vater kann in der Phantasie des Kindes von mächtiger Bedeutung bleiben, auch der gefallene Vater, und zwar sowohl in seiner Akzeptanz als auch seiner Ablehnung durch das Kind – beides bindet psychische Kräfte.

Wenn sich die Wahrnehmung der Welt für das Kind zu differenzieren und zu erweitern anfängt, die Neugier und das Interesse über die unmittelbare, erlebbare soziale Umgebung hinaus wollen, beginnt bei Töchtern wie auch bei Söhnen die Suche nach intensiverem Kontakt zum Vater. Die Grenzen, an die Töchter aufgrund der Aufteilung in erlaubte oder nichterlaubte weibliche und männliche Verhaltensweisen in der Erwachsenenwelt stoßen werden, erleben sie zuerst in der positiven oder negativen Resonanz des Vaters auf ihr Bemühen, sich mit ihm zu identifizieren. Die Liebe der Töchter zum Vater – gerade wenn er fern und unerreichbar scheint – kann in der Imagination stellvertretend zu einer »Liebesaffäre mit der Welt« (Benjamin, 1990, 101) werden, mit der anderen, ferneren Welt, die die Väter in der Vorstellungskraft der Töchter anscheinend anzubieten versprechen. Die fernen Väter – in der Rolle des geheimnisvollen anderen, oft auch des Fremden – repräsentierten für die Töchter und Söhne die weite, feindliche Welt draußen – Krieg und Schrecken –, aber auch Helden.

Die Soldatenuniform machte die Väter für manche Töchter zu einer stattlichen Erscheinung, während wieder andere Töchter uniformierte Männer zutiefst ablehnten, diese Kleidung auch an ihrem Vater befremdlich fanden. Auf die Erscheinung der später heimkehrenden Väter, von denen die meisten wohl hungrig, schmutzig und erschöpft aussahen, reagierten viele Kinder verunsichert, mit Scheu oder sogar Ablehnung des ihnen meist völlig fremden oder doch in den Jahren der Trennung fremd gewordenen Mannes.

Die fernen Väter spielten also in den Vorstellungen, Wünschen und Sehnsüchten, auch im Widerstand der Töchter schon eine erhebliche Rolle, ob nun in Abgrenzung wegen ihrer Fremdheit oder in der Suche nach Kontakt und Nähe, neugierig auf Erfahrungen jenseits der muttermächtigen Welten.

An vier Frauen soll stellvertretend für die Erlebnisse vieler Kinder gezeigt werden, daß es hier in den Beziehungen zu den Vätern Momente gab, die nur aus den unmenschlichen Umständen der Kriegs- und Nachkriegsjahre entstehen konnten. Da wird des fernen Vaters an der Ostfront sehnsuchtsvoll gedacht, der jüdische Vater für das Ausgeschlossensein des kleinen Mädchens aus dem Kreis der anderen Kinder verantwortlich gemacht und der Entschluß gefaßt, eines Tages den unbekannten Vater zu suchen.

- Elisabeth A.: »Mein Vater war ein sehr lieber Mensch, ich hatte ihn sehr gern. Im Krieg kam er ab und zu auf Urlaub, und es war immer wunderschön, wenn er da war, und wenn er wieder fort mußte, war ich sehr traurig. Ich habe mich immer sehr gut mit ihm verstanden, auch nach dem Krieg.«
- Isabell S.: »Ich bin das Kind eines italienischen Fremdarbeiters. Als meine Mutter schwanger wurde, mußte er fliehen, denn wenn seine Vaterschaft bekannt geworden wäre, hätte das die Todesstrafe für ihn bedeuten können. Ich habe ihn nie gekannt, und zu meinem vierzigsten Geburtstag habe ich mich aufgemacht, ihn zu suchen.«
- Monika G.: »Nie habe ich eine Beziehung zu meinem Vater gehabt, hab sie bis heute nicht. Er kam 1946 aus der Gefangenschaft, da war ich drei Jahre alt und habe mich vor ihm versteckt.«
- Edith C.: »Mein Vater war Jude, deswegen hatte es unsere Familie sehr schwer. Die Kinder in der Nachbarschaft durften nicht mit mir spielen, und ich fühlte mich überall sehr ausgeschlossen. Das habe ich dann in meiner kindlichen Wut alles meinem Vater angelastet.«

Fragebogenangaben von 30 Teilnehmerinnen informieren über Häufigkeit der *An- oder Abwesenheit der Väter während der Kriegs- und Nachkriegsjahre*: Bei 17 Teilnehmerinnen war der Vater zum Kriegsdienst eingezogen, sechs Teilnehmerinnen gaben an, daß der Vater in den Kriegsjahren zu Hause war. Von vier

Teilnehmerinnen ist der Vater im Krieg gefallen, einer ist an den Folgen der Gestapo-Verfolgung gestorben. Bei drei Teilnehmerinnen haben sich die Eltern in der Nachkriegszeit scheiden lassen.

Die männliche Sozialisation soll zur Berufs- und Vaterrolle sowie zum Kriegsdienst befähigen

Schon im kindlichen und jugendlichen Spiel bereiten sich Jungen und Mädchen unterschiedlich auf ihre zukünftige Rolle vor. Ich möchte an dieser Stelle nicht weiter ausführen, wie enorm einflußreich dabei gesellschaftliche Rollenerwartungen, Bestärkung, Ermutigung sind, sondern nur auf das subtile Ineinandergreifen von Erziehungsformen und Erziehungszielen und unterschiedlichen Erwartungen sowie die verschiedenen Aufgabenzuweisungen der Gesellschaft an ihre männlichen und weiblichen Mitglieder verweisen. In der Sozialisation vermittelte Fähigkeiten und Qualifikationen sollen zur Bewältigung gesamtgesellschaftlicher Aufgaben in friedlichen, konflikthaften und kriegerischen Zeiten befähigen. Wichtige erste Stationen der Einübung und Vorbereitung sind Familie, Kindergarten und Schule, aber auch das kindliche und jugendliche Spiel.

So haben Beobachtungen des bedeutenden Entwicklungspsychologen Piaget schon in den dreißiger Jahren und auch jüngere Untersuchungen zum geschlechtsspezifischen Spielverhalten ergeben, »daß Jungen durch ihre Spiele sowohl die Unabhängigkeit als auch die organisatorischen Fertigkeiten lernen, die zur Koordination der Aktivitäten großer und heterogener Menschengruppen nötig sind.« (Lever, 1976, 478–487, zitiert in Gilligan, 1984, 18) Auch sind nach diesen Beobachtungen die Jungen mit zunehmendem Alter immer mehr fasziniert von der Aufstellung von Spielregeln und ihrer Verbindlichkeit, auf die zur Schlichtung von Konflikten, zum Beispiel mit der gegnerischen Mannschaft, zurückgegriffen wird. So lernen Jungen früh im Spiel ihre persönliche, momentane Befindlichkeit den Gruppenregeln unterzuordnen. »Mädchen sind toleranter in ihrer Einstellung zu Spielregeln, immer bereit, Ausnahmen zu machen.« (Lever, 1976) Bereits zu

Anfang dieses Kapitels wurde darüber gesprochen, daß sich Mädchen und später Frauen ausgeprägter in Verbindung mit anderen Menschen definieren als Jungen beziehungsweise Männer und in vielen Situationen den Erfordernissen einer Beziehung Vorrang geben vor institutionalisierten Regeln.

Diese sich ziemlich polar darstellenden Verhaltensregeln und Identifikationsabläufe als Teil einer komplexen Vorbereitung der Geschlechter auf ihre späteren gesellschaftlichen Aufgaben werden den Lebensanforderungen von Männern und Frauen in der heutigen pluralistischen Gesellschaft nicht gerecht und engen Entwicklungsmöglichkeiten und Potentiale ein – sie sind dennoch auch in der Gegenwart noch immer ein mächtiger Faktor auf dem Weg, ein Mann oder eine Frau zu werden.

Die Herausbildung und Formung des ›zivilisierten‹ Ich des Mannes (das konsequent in Beziehung zur Frau zu sehen ist) geschah in einem langen Prozeß innerhalb der Entwicklung der modernen Industriegesellschaft. Um den immer arbeitsteiligeren Aufgaben und Anforderungen einer Industriegesellschaft gewachsen zu sein, mußten beiden Geschlechtern in der Sozialisation neue Qualifikationen vermittelt werden. Schon im Jungen werden die psychischen Voraussetzungen angelegt für die später vom Mann erwartete Fähigkeit zur Selbstdistanzierung, Selbstkontrolle, Selbstbeobachtung – »ein Entgegensetzen von ›Innen‹ und ›Außen‹, von nah und fern... Ein künstlicher Blick auf die Dinge, die Konstruktion einer Illusion nach einer bestimmten Vorstellung, ein Sehen, das mehr eine Arbeit des Hirns ist als des Auges« (Theweleit, 1977, Band 1, 381), setzt sich als Ausdruck der männlichen Perspektive durch.

Viel krasser als unsere Generation traf die Eingrenzung der Geschlechter, auch die Entfremdung voneinander, durch Erziehung und Lebensweise die Generation unserer Eltern, ungefähr die Jahrgänge 1905 bis 1915. Deshalb könnte uns das Einbeziehen des Faktors der geschlechtsspezifischen Sozialisation und Rollenaufteilung vielleicht Hinweise geben für die Hintergründe einer beobachtbaren *spezifisch männlichen und spezifisch weiblichen Gefolgschaft in Nationalsozialismus und Krieg.*

Bis vor dem Zweiten Weltkrieg war die tradierte Rollenverteilung in der Familie noch weitgehend gültig. So beinhaltet der alte Orientierungsrahmen folgende Erwartungen an den Vater: Er sollte »die Instanz für Ordnung, Autorität, Strafe sein sowie Repräsentant von Distanz und Objektivität, der die Familie in allen äußeren Angelegenheiten vertritt« (Mieth, 1988, 1128) und dabei die Fähigkeit hat, souverän die Teilung der Verantwortung zwischen Beruf und Familie zu bewältigen.

Das war ein großer Anspruch und ein Zwang, dem viele Väter nicht entsprechen wollten oder nicht entsprechen konnten, während andere durch solche externen Normen Halt und eine Hebung ihres Selbstwertgefühls erfuhren.

Selbstdistanzierung und Selbstkontrolle, die schon der Junge lernen muß und die ihn als Mann zur effizienten Erfüllung der Berufs- und Familienaufgaben befähigen und einen zuverlässigen Repräsentanten der bürgerlichen Ordnung aus ihm machen soll, sind auch Fähigkeiten, die im Kriegsfalle vom Soldaten verlangt werden, gepaart mit einem hohen Maß an Selbstaufgabe.

Die Vätergeneration – Junge Männer zwischen Weimarer Republik und Drittem Reich

Die Väter waren als Männer in einer anderen Weise Kalkül der nationalsozialistischen propagandistischen Appelle als die Mütter, und zwar aufgrund ihrer größeren Bedeutung für die innere und äußere Umstrukturierung der Gesellschaft und ihrer Menschen zum Großgermanischen Reich.

Die Väter der hier vorgestellten Töchter waren während des Ersten Weltkrieges noch Kinder oder Jugendliche und bei der Machterlangung Hitlers junge Männer. Sie waren in die Weimarer Republik hineingewachsen, die wegen vieler politischer und wirtschaftlicher Erschütterungen keine Stabilität erlangen konnte. Nach den schon in der Kindheit erlebten Auswirkungen des Krieges und dem darauf folgenden schwierigen Frieden – in dem die Gegensätze der verschiedenen politischen Gruppierungen die Orientierung für die Heranwachsenden erschwerten – wurde aus ihnen »eine Generation ohne Bindungen und Brücken hinter sich«. (Fest, 1980, 301) Die zu den jüngeren Jahrgängen der Vätergeneration gehörten, so um 1915 geboren, waren noch zwei bis drei Jahre in der HJ. Aber alle damals jungen Männer dieser Generation erlebten die besonders an die jungen Deutschen adressierte Beeinflussung und Erfassung durch die NS-Organisationen, und viele waren der nationalsozialistischen Bewegung mit großer Begeisterung gefolgt.

Die Erschütterungen des Ersten Weltkrieges und die Instabilität dieser jungen Weimarer Republik unterstützten die Aufbruchstimmung der Jugend (der jungen Männer hauptsächlich, denn für die jungen Mädchen und Frauen war eher ein politischer Rückzug im Sinne von BDM und NS-Frauenschaft vorgesehen), die mit der alten Ordnung und der schwach und zaudernd erscheinenden Demokratie brechen wollten. Es war eine Aufbruchstimmung »inhaltlicher Unbestimmtheit«, die gerade deswegen eine Affinität zum Nationalsozialismus aufwies. Denn mit der NSDAP war eine Partei entstanden »ohne, ja gegen jede Vergangenheit«, und ihre große Anziehungskraft auf die junge Generation bestand gerade in ihrem »Mangel an Tradition, ihrer Verneinung aller herkömmlicher Fronten im Zeichen jugendbestimmter Zukunftsgewißheit«. (Fest 1980, 301) Ihre inhaltlich unbestimmten, aber eingängigen, leicht Resonanz auslösenden Parolen, die Freund-Feind-Bilder im Inneren und im Äußeren beschworen, wiesen viele kontradiktorische Züge auf: Die Zukunftsgewißheit korrespondierte mit der Rückwärtsgewandtheit. Sie wollten die deutsche Kapitulation von 1918, die gemäß ihrer Geschichtsauffassung den deutschen Soldaten und danach durch die Versailler Verträge dem deutschen Volk zugefügten Demütigungen zukünftig rächen. Mythenbildung, politische Agitation und Parolen der NSDAP schufen bei vielen Deutschen, bei den jungen noch gepaart mit einem besonderen Enthusiasmus, einen Nährboden für den Expansionsdrang gen Osten – zur »Schaffung neuen Lebensraums«, wenn es sein mußte durch Krieg. Dies geschah am Vorabend des Krieges in einem Klima, in dem aktuelle Notstände und jugendlicher Radikalismus zusammentrafen mit zunehmender Wirklichkeits- und Zivilisationsfeindlichkeit. Wie hätte sonst eine derartige Empfänglichkeit für die größenwahnsinnigen Visionen der Nazis von einer rassistisch gemeinten Volksgemeinschaft und dem Recht der »arischen Rasse« zum Aufbruch über ganz Europa entstehen können?

Die Mittel zur schrittweisen Vorbereitung der männlichen Bevölkerung auf das Eroberungs- und Vernichtungsprogramm waren die Einbindung möglichst vieler in die NS-Organisationen SA, SS, HJ und des Arbeitsdienstes und die »weltanschauliche Ertüchtigung«. »Diese Jugend, die lernt ja nichts anderes, als deutsch denken, deutsch handeln, und wenn diese Knaben mit zehn Jahren in unsere Organisation hineinkommen und dort zum ersten Male überhaupt eine frische Luft bekommen und fühlen, dann kommen sie vier Jahre später vom Jungvolk in die Hitlerjugend, und dort behalten wir sie wieder vier Jahre, und dann geben wir sie erst recht nicht zurück in die Hände unserer alten Klassen- und Standeserzeuger, sondern dann nehmen wir sie sofort in die Partei, in die Arbeitsfront, in die SA oder in die SS... und so weiter... und sie werden nicht mehr frei ihr ganzes Leben.«[1]

Dieses Erziehungskonzept Hitlers und des NS-Regimes hat auch die jungen Männer und späteren Väter der Töchtergeneration erreicht, ob nun als Mitglied der NSDAP, in der SS und SA oder als Mitläufer oder Gegner des Regimes. Das Ziel war, ihnen Fähigkeiten anzuerziehen, die zur Effektivität, Loyalität und Berechenbarkeit beim Einsatz zunächst in der noch zivilen Gesellschaft und später als Soldat bei der Wehrmacht ertüchtigen sollten. »Das Vermögen zu eigener Entscheidung und Verantwortung wurde systematisch nur zu halber Höhe entwickelt und fand seine Schranken innerhalb vorgegebener Einsatzziele« sowie die »gläubige Bereitschaft zum Vollzug unmöglich scheinender Befehle«. (Fest, 1980, 316)

Es gab in der Weimarer Republik auch eine starke linke, antifaschistische Jugendbewegung, die der Sozialdemokratischen oder Kommunistischen Partei nahestand. Das Ziel beider Gruppen war eine sozialistische Gesellschaft, über deren Aussehen und Realisierung sie aber gravierend unterschiedliche ideologische und realpolitische Vorstellungen hatten. Ihnen gemeinsam waren ein geschultes Bewußtsein und die kritische Auseinandersetzung mit der Geschichte und den gesellschaftlichen Machtverhältnissen, in der es noch viele Klassen- und Schichtunterschiede gab. Mit dem Erstarken der Nationalsozialisten verschärfte sich die Zerstrittenheit der Linken. Dies wurde verstärkt durch den historischen Fehler der dogmatischen Kommunisten, die den Richtlinien der Kommunistischen Internationale aus Moskau folgten und die Sozialdemokraten für die größere Gefahr für Deutschland hielten als die NSDAP. Die gegenseitigen öffentlichen Attacken und die Prügeleien Jugendlicher der HJ mit linken Gruppen führten dann auch zu Auseinandersetzungen zwischen kommunistischen und sozialdemokratischen Jugendlichen. Die Linken blieben in den Verhältnissen dieser Jahre die Verlierer, was den Verlauf der Entwicklung ab 1933 mit ermöglichte. Für die Generation der Väter waren die linken Jugendbewegungen bedeutsam, aber der größere Teil ihrer Generation fühlte sich mehr zu den Parolen und Mythen inhaltlicher Unbestimmtheit der NSDAP und der HJ hingezogen.

Zur Mythenbildung des nationalistisch bis faschistisch orientierten Teils der jungen Generation nach dem Ersten Weltkrieg gehörte das Streben, das unvollkommene Erbe der Väter zu vollenden und mit Pathos zu verkünden, »es gibt keinen anderen Dank als zu geloben, daß wir für Deutschland weiterkämpfen wollen, für das ihr gestorben seid«. (aus »Deutschland erwacht«, 1933. Zitiert in: Theweleit, 1977, 27)

Bei Kriegsbeginn 1939 wurden dann zuallererst die jungen Männer zum Kriegsdienst herangezogen. Zu ihnen gehörten die Väter der meisten Teilnehmerinnen dieser Untersuchung. »Der Krieg, der die Erprobung dieser Erziehungsmaximen brachte, hat erwartungsgemäß deren Wirksamkeit bestätigt und die nach diesen Grundsätzen geschulte Generation zu Leistungen« von unerbittlicher Disziplin und gehorsamer Befehlserfüllung befähigt. Diese Kompensationsleistung zielte auf die Verdrängung von Angst und Schuld, die aber »nicht das Elend personaler Verkümmerung verbergen konnte«. (Fest, 1980, 317)

Die Kriegserfahrung hat dann alle verändert. Einige konnten zuerst vom Sieg des Großdeutschen Reiches und ihrer Zugehörigkeit zum auserkorenen Volk träumen und beides dann mit der Kapitulation untergehen sehen; anderen ging die Hoffnung von einer raschen Niederlage der Nazis und einem demokratischen

Deutschland als Teil der Völkergemeinschaft verloren, als der Krieg sechs lange, zerstörerische, vernichtende Jahre dauerte.

Die deutsche Wehrmacht, der sie dann durch Schwur als Soldaten unterstanden, hatte auf eigene Initiative den Treueschwur auf Hitler geleistet. Zu ihrem Selbstbild – traditionsreich in vorausgegangener Kriegsgeschichte entstanden – gehörten ein Verständnis von »Ehre und Reinheit« und »daß ihr für das Wohl und Wehe des Staates in der Nation eine Schlüssel- und Schicksalsrolle zusteht« (Krockow, 1990, 218), in der sie eine »Verschmutzung« der Kriegführung von sich wies. Die Verbrechen, das Ungeheuerliche, das dann im Krieg geschah, das war von »den anderen, ... Hitler und seinen Schergen allein zu verantworten. Sogar nach 1945 hat dieses Selbstverständnis noch eine Fortsetzung gefunden und das Bild der Deutschen vom Zweiten Weltkrieg weiterhin geprägt.« (Krockow, 1990, 220, 221) Das konterkariert Hitlers klare Aussagen an seine Befehlshaber in der Wehrmacht, in denen er sie nie über seine Absicht im Zweifel ließ, gegen die Sowjetunion »einen Unterwerfungs- und Vernichtungskampf außerhalb der Regeln des herkömmlichen Kriegsrechts zu führen«. (Krockow, 1990, 222)

Durch die Konfrontation mit ungezählten Kriegsverbrechen, spätestens seit der Eskalation der Kämpfe in Osteuropa, waren Offiziere und Soldaten nur noch unzulänglich durch militärischen Befehl vor dem eigenen Gewissen geschützt. Ein anderes, ehrliches Bild vom deutschen Soldaten spart nicht aus, daß als Folge der Teilnahme an den Kämpfen sogenannte Kriegsneurosen auftraten, die von Militärärzten behandelt wurden. In der Wehrmachtsleitung waren diese Erscheinungen verpönt und verachtet, bargen sie doch die Gefahr der Zersetzung der Wehrkraft in sich. Strafandrohungen und Sanktionen gegen die psychisch belasteten Soldaten sollten unbedingt vermeiden, daß diese sich zu einem Massenphänomen entwickeln würden. Sigmund Freund ging von der Kriegsneurose als einer traumatischen Neurose aus, »die durch einen Ichkonflikt ... zwischen dem alten friedlichen und dem neuen kriegerischen Ich des Soldaten« begünstigt wird. (Freud, 1919, 323) »Es sind die unbewußten Tendenzen, die sich den gefahrvollen oder das Glück empörenden Anforderungen entziehen, aus Angst um das eigene Leben oder Sträuben gegen den Auftrag zu töten.« (Freud, 1920, Zitiert in: Bruder-Bezzel, 1991, 33) Der Arzt und Psychotherapeut Alfred Adler sprach nach seinen Erfahrungen als Militärarzt im Ersten Weltkrieg mit Verständnis vom einfachen Soldaten aus dem Volk, der sich nicht durch Bestechung und Beziehungen vor dem Kriegsdienst drücken konnte (Bruder-Bezzel, 1991, 37), aber »der arme Teufel Volk« desertierte oder ersann »wirkliche, eingebildete oder simulierte Leiden«, und diese Menschen »erklärten so dem Verstehenden ihre Abneigung gegen den Krieg«. (Adler, 1919a)

Der letzte Wehrmachtsbericht vom 9. Mai 1945 beschwor noch einmal die Ehre und die Haltung der deutschen Wehrmacht und der deutschen Soldaten. »Den Leistungen und Opfern der deutschen Soldaten ... wird auch der Gegner die Achtung nicht versagen. Jeder Soldat kann deshalb die Waffe aufrecht und stolz aus der Hand legen und in den schwersten Stunden unserer Geschichte tapfer und zuversichtlich an die Arbeit gehen für das ewige Leben unseres Volkes.«[2]

Das Festhalten an der NS-Ideologie oder zumindest die Aufrechterhaltung des Bildes vom tapferen deutschen Soldaten mag – zur Erhaltung des Selbstrespekts – bei vielen heimkehrenden Vätern der Verdrängung und Kompensation großer Strapazen, Leiden, mörderischer Kämpfe und überstandener Lebensgefahr gedient haben.

Für die Soldaten, die in Kriegsgefangenschaft gerieten, verlängerten sich die Strapazen und die Lebensgefahren noch, vor allem in russischer Gefangenschaft mit durchschnittlich vier bis sechs Jahren. So berichtet einer, der als junger Mann einige Jahre in sowjetischer Gefangenschaft überstanden hat, das Überleben habe von vielen Faktoren abgehangen. Dazu gehörten der körperliche Zustand, das Alter und die vorausgegangenen unterschiedlichen Strapazen. Die Stalingrad-Kämpfer waren halb verhungert, und viele starben im Gefangenenlager, während andere deutsche Soldaten, zum Beispiel die vorher in Lettland Eingeschlossenen, die Gefangenschaft eher überleben konnten; sie waren von den einheimischen Bauern gut mit Essen versorgt worden. »Ganz junge, aber auch ältere Soldaten, oft Familienväter, gingen seelisch zugrunde... Nicht wenige ertrugen die lange Gefangenschaft, die völlige Ungewißheit, wann es nach Hause gehen sollte..., auf die Dauer einfach nicht.« (Plat, 1985, 154) Die Gefangenschaft deutscher Soldaten in der Sowjetunion gehört gewiß zu den schlimmsten Leidenserfahrungen nach Kriegsende, obwohl »die sowjetische Regierung keinen Augenblick daran gedacht hat, die deutschen Gefangenen physisch zu vernichten« (das geht aus den damaligen gesetzlichen Bestimmungen, inzwischen zugänglichen historischen Quellen, und auch den Erfahrungsberichten von ehemaligen Gefangenen hervor), »während die Hitler-Regierung Millionen russischer Gefangener systematisch töten oder zugrunde gehen ließ«. (Platt, 1985, 155)

Töchterfragen zum kriegerischen Einsatz der Väter

Individuelle Verantwortung der Väter gegenüber ihren Kindern

Ich habe die Frauen nicht explizit gefragt, wie ihre Väter später zu ihrem Selbstverständnis von sich als Soldat und ihrer Pflichterfüllung als solcher gestanden haben. Aus manchen Antworten spricht aber eine ambivalente Haltung, die Töchter beim Vater wahrgenommen haben. Und viele erinnern sich genau, wie die Väter bei ihrer Heimkehr aussahen. In ihrem abgetragenen Soldatenrock hatten sie so gar keine Ähnlichkeit mit dem Vater in stattlicher Uniform, wie sie ihn von Fotos kannten oder von den Fronturlauben. Was hatten sie verdrängen müssen, fragen sich die Töchter heute, an zum Teil direkt miterlebten oder auch mitgeführten mörderischen Kämpfen. Einige Väter waren seit 1939 an vielen Kriegsschauplätzen in ganz West- und Osteuropa bis zuletzt im Einsatz, auch noch, als bei der »Heimkehr des Krieges« in deutsche Gebiete durch sinnloses Stellunghalten der deutschen Wehrmacht noch Hunderttausende von Soldaten und Zivilisten ihr Leben lassen mußten.

Die Probleme, die wir Töchter mit der Beteiligung unserer Väter an den Kriegskämpfen haben, scheinen sich für uns nicht auflösen zu lassen. In einem der seit langem immer mal wieder dazu geführten Gespräche mit befreundeten Frauen hat Elke R. die historisch und politisch diskutierte Frage nach der kollektiven Beteiligung und Schuld der Generation der Väter radikal individualisiert: »Nie hätte man die Frage gewagt – und das kann man eigentlich auch gar nicht aussprechen: ›Warum hast du mir das angetan? Warum muß ich jetzt siebzig Jahre lang mit dem Bewußtsein durch die Welt laufen, daß mein Vater vielleicht ein Mörder ist?‹ Erst heute kann ich sehen, wie wichtig diese Frage gewesen wäre. Durch die Studentenbewegung 1968, in der es ja zuerst um den Vietnamkrieg ging, wurde auch die Auseinandersetzung mit den Eltern über die NS-Vergangenheit in Gang gebracht, und da nahm man die Position eines Stellvertreters für die Opfer und eines Anklägers gegenüber den Eltern ein.« Unsere persönliche Betroffenheit sparten wir damals noch aus, wir konzentrierten uns nur auf das Befragen und die Anklage der Eltern, besonders der Väter, ob ihrer Rolle im NS-Staat, auch stellvertretend für die Opfer. Parallel zur weitgehend erst seit den achtziger Jahren begonnenen Rezeption der Alltagsgeschichte im NS-Staat und der besonders von Tilman Moser relativierten Diagnoseansätze in der Psychoanalyse über die Generation der Täter und Opfer sind auch wir aus der zweiten Generation heute eher in der Lage zu realisieren, daß es für uns ganz persönlich eine erhebliche Bedeutung hatte beziehungsweise gehabt hätte, nach den individuellen Kriegserlebnissen unserer Väter zu fragen. Elke R.: »Heute denke ich, die Frage ist nicht nur kollektiv, sondern für uns, für mich persönlich relevant: Habt ihr je daran gedacht, wie eure Kinder euch sehen werden, wenn ihr im Krieg zum Mörder wurdet? Warum haben die Väter nicht daran gedacht, daß sie ihren Kindern auch mal in die Augen sehen müssen?«

Bisher wurde die Frage nach der Schuld der Väter und an den Verbrechen, die durch die Nationalsozialisten in Gang gesetzt wurden, von den Töchtern und Söhnen der zweiten Generation eher in einem kollektiven Bezug auf die Täter und Opfer diskutiert. Heute sollten wir unsere Fragen um die individuelle Verantwortung der Väter ihren Kindern gegenüber erweitern.

Hinter solchen Fragen steht natürlich auch die Suche nach der Beziehung zum Vater. Die Väter waren nicht nur fern, sondern viele auch psychisch weniger präsent, wodurch zwischen Vätern und Töchtern eine zusätzliche Distanz entstand. Ebenso waren die Väter psychisch nicht so verbunden mit den Kindern wie die Mütter, ihr Denken und Fühlen definierte sich viel weniger in der Beziehung zu anderen Menschen (nicht nur in Kriegszeiten). So erkläre ich mir erstens: Die Töchter (und Söhne) konnten wegen der psychischen Distanz zum Vater nach seiner Heimkehr oder etwas später gar nicht auf die Frage kommen »Warum hast du mir das angetan?« Nicht nur bezogen auf die eventuelle schuldige Verstrickung des Vaters, sondern auch auf seine Abwesenheit und die daraus für viele Kinder entstandene Entfremdung von ihm. Und so erkäre ich mir zweitens: Viele Väter konnten nicht daran denken, daß sie ihren Kindern mal in die Augen sehen müssen. Das hatte nicht nur mit ihrer räumlichen, sondern auch mit ihrer psychischen Ferne zu ihren Kindern zu tun; ein Faktor, der nicht nur in Kriegszeiten von Bedeutung ist.

Aus verschiedenen Biographien aus der psychoanalytischen Arbeit über die Auswirkungen des »Nationalsozialismus in der zweiten Generation« (Eckstaedt, 1992, 23) wird nachvollziehbar, wie Kinder von Tätern auch wegen positiver Gefühle zum Vater in schwere psychische Konflikte gerieten. Ein KZ-Wächter oder Verantwortlicher für Zyklon-B-Einsätze konnte durchaus ein sorgender, freundlicher Vater sein. Die langjährige Ausgrenzung der Juden aus dem gesellschaftlichen Leben in Deutschland und die verinnerlichte Gehorsamspflicht, mit der Aufgaben in den NS-Organisationen ausgeführt wurden, machten den Vätern eine psychische Distanzierung von den Taten möglich. Für die Täter in den Konzentrationslagern gehörten wohl jüdische Familien mit ihren Kindern nicht auf gleicher Ebene zur menschlichen Gemeinschaft wie ihre eigenen Kinder. Die an den Verbrechen in den KZs Beteiligten zeigen denn auch die extremsten Entgleisungen menschlichen Verhaltens: Sie haben Psychologen, Historiker, Soziologen und Theologen beschäftigt und beschäftigen sie heute noch, die »Unbegreiflichkeit des Holocaust« (Hans Mommsen) zu erforschen. Ein sehr beeindruckendes Beispiel für die

Auseinandersetzung einer Tochter mit dem Vater, der in der NS-Ideologie und den Kriegskämpfen die Erfüllung eines höheren Ziels für sich sah, ist das Buch von Dörte von Westernhagen »Die Kinder der Täter«.

Keine der Teilnehmerinnen an dieser Untersuchung glaubte Anlaß zu haben, mit einer solchen Vergangenheit ihres Vaters leben zu müssen. Für viele Teilnehmerinnen blieben aber die Fragen an den Vater offen: ›Was hat er erlebt, was hat er getan?‹

Gleichwohl gab es Väter, wie Erinnerungen mancher Töchter zeigen, für die während ihres Fronteinsatzes die Gedanken an ihre Kinder, die sie nach dem Ende des Krieges für eine bessere, friedlichere Welt erziehen wollten, in all den Kriegsjahren ein innerer Begleiter waren.

Eindrücke über unterschiedliche Reaktionen und Verhaltensweisen der Väter auf die Jahre des NS-Regimes und die katastrophale Hinterlassenschaft finden sich in einigen kurzen Aussagen von Teilnehmerinnen: Einer hatte den Grundsatz, in Anwesenheit von Kindern nie über den Krieg zu sprechen, ein anderer zog bei den Stammtischsitzungen mit seinen Kollegen wieder sein braunes Hemd an, dabei in Lobeshymnen über die große Zeit der Deutschen schwelgend, während viele andere, erschüttert und geschwächt, die psychische Kapazität für eine Aufarbeitung nicht hatten. In den fast frühkapitalistisch-zivilen Tauschverhältnissen im Nachkriegsdeutschland mußten sie erst einmal um einen Platz in der Familie und auf dem Arbeitsmarkt kämpfen.

Was unsere Väter wirklich erlebt haben in den Kriegsjahren, als sie uns fern, manchen auch fremd waren, wissen wir zumeist nicht. Sie haben über ihre Kriegserfahrungen entweder geschwiegen oder in einer von uns mit Skepsis beobachteten Haltung erzählt, die sie als Opfer oder Überlebende eines historischen Schicksals erscheinen ließ. Viele Töchter vermißten die persönliche Stellungnahme ihrer Väter, an der sie hätten anknüpfen können, an der sich hätten Gespräche entwickeln können. »Im einen Falle zeigen sich die Menschen als passiv Leidtragende, im anderen als aktive Gestalter ihrer Vergangenheit.« (Stierlin, 1988, 199) Daß das Erlebte sich von den Vätern nicht einfach mitteilen ließ und viele Töchter auch davor Angst hatten, was sich hinter dem Schweigen oder den knappen Schilderungen verbarg, können wir heute eher begreifen als in den Nachkriegsjahren.

Situation der Väter nach 1945

Nach der Rückkehr der Männer und Väter geriet die vorher gut eingespielte Verteilung der Rollen in der Familie in Bewegung. Die alten Muster stimmten nicht mehr, und neue mußten erst entwikkelt, häufig erkämpft werden. Das verunsicherte besonders die Kinder. Sie hatten gelernt, die Vertrauten ihrer Mütter zu sein, Gespräche zu führen, mit anzupacken und Verantwortung zu übernehmen, und erlebten plötzlich, wie der lange so ferne Vater ihnen den besonderen Platz an der Seite der Mutter streitig machen wollte. Für die Töchter der jüngeren Jahrgänge der Untersuchungsgruppe war er ein fremder Mensch, der in der Regel nicht dem Bild des Vaters entsprach, das ihnen die Mutter so oft gezeigt hatte. Die Kinder »reagierten auf die Väter intuitiv und folgerichtig mit Scheu bis hin zur Ablehnung des ihnen meist völlig fremden Mannes«. (Meyer, Schulze, 1986, 190)

Ein Auszug aus einem Dialog zweier Teilnehmerinnen eines Seminars spiegelt eine solche Situation wider, in der die Tochter den fremden Vater ablehnte:

Inge S.: »Ich denke, am gravierendsten für mich als dreijähriges Mädchen war einfach diese Fremdheit des Vaters. Bei uns in der Familie wurde ja auch berichtet, ich hätte jedem Soldatenrock hinterhergerufen, weil ich meinen Vater auf Fronturlaub mal in Uniform gesehen hatte. Und als er dann vor mir stand und ich gesehen habe, mit welcher Freude meine Mutter ihn begrüßte, sagte ich: ›Das ist er nicht, das ist nicht mein Vater.‹«

Gudrun G.: »Das ist ja eine ganz traurige Geschichte: welch ein Mangel, daß das Kind jedem Soldatenrock hinterherruft, weil es den Papa haben will, und dann, wenn er leibhaftig wiederkommt, ist da nur Fremdheit.«

Inge S.: »Zwischen meinem Vater und mir ist nie eine enge Beziehung entstanden. Meine Schwester und ich waren kürzlich bei meinen Eltern. Da kam das Gespräch auf diese Situation zwischen Vater und mir. Ich bin dann heulend weg, und sie ist dageblieben. Sie kannte die Geschichte und hat dann meinen Vater auf diesen Konflikt angesprochen, auf die gestörte Beziehung. Zu Vater sagte sie: ›Na ja, es muß ja auch für dich damals nach dem Krieg schwer gewesen sein, als deine kleine Tochter dich ablehnte.‹ Später erzählte sie mir dann, daß er geweint hätte. Das ist für mich schwer vorstellbar. Ich hab meinen Vater nur ein einziges Mal mit Tränen in den Augen gesehen.«

Gudrun G.: »Verändert das etwas für dich?«

Inge S.: »Nee, nee. Also ich bin immer noch sauer auf seinen Trotz, den er heute noch mir gegenüber hat. Aber nicht dem Vater heute, diesem alten Mann, nehm ich das übel. Trotzdem ist dieses Gefühl von damals einfach noch da – zuerst die Fremdheit und dann als Kind nicht ernst genommen worden zu sein.«

Viele Väter hatten sich wohl während der Strapazen des Krieges das familiäre Glück in der fernen Heimat rosiger ausgemalt, als es je war und in Wirklichkeit sein konnte. Deshalb erlebten sie manche Ernüchterungen, zu denen die Unsicherheit über das distanzierte bis ablehnende Verhalten ihrer Kinder kam. So verkehrte sich die Unsicherheit bei vielen Vätern in Strenge. Sie erwarteten Respekt, sogar Gehorsam von ihren Kindern, denn es war für sie schwierig, die während ihrer Abwesenheit vollzogenen Veränderungen zu weniger autoritären Umgangsformen zwischen Mutter und Kindern zu berücksichtigen.

Die Eindrücke, die die Frauen damals als Kinder von den Männern nach deren Rückkehr gewannen, bezogen sich ja nicht nur auf ihre leiblichen Väter. Sondern diese Männergeneration begegnete ihnen dann als Lehrer in der Schule und als Vorgesetzte in der Berufsausbildung. War manchen Töchtern vielleicht beim Vater autoritäres Erziehungsverhalten erspart geblieben, so sahen sie sich bei vielen Lehrern und Ausbildern (natürlich auch bei Lehrerinnen) einem strengen Reglement bis hin zu unterdrückendem Erziehungsstil ausgesetzt.

Doch zurück zur Bedeutung der familiären Zusammenführung nach Kriegsschluß: Sicher gab es auch Familien, in denen sich bald wieder ein inniges Vertrauensverhältnis entwickelte, wo die Väter Beziehungen zu ihren Töchtern und Söhnen herstellen konnten, die anders waren, neu und aufregend. Einige Töchter erinnern sich noch heute der Freude, den Vater wieder zu haben, an die ganz anderen Aktivitäten und Geschichten, die sie mit ihm teilen durften. Bei den meisten Töchtern überwogen aber die Anfangsschwierigkeiten, als die Väter aus dem Krieg heimkehrten.

Aus der Sicht der Männer sah die Situation bei ihrer Rückkehr so aus: Sie fühlten sich nicht nur im engen Kreis der Familie »draußen«, vielmehr konfrontierten sie die Frauen, die während der Kriegsjahre Zuflucht und Unterstützung im erweiterten Familienkreis und in selbst entwickelten Frauennetzwerken gefunden hatten, auch mit eingespielten Kooperations- und Entscheidungsstrukturen, die den Männern die Integration erschwerten. »Die Entfremdung und die gegenseitig unerfüllten Erwartungen bildeten das Startkapital für einen Neuanfang unter den extremen Bedingungen des Hungers, der Kälte, Wohnungsenge, Arbeitslosigkeit und Entnazifizierung.« (Meyer, Schulze, 1986, 188) Viele konnten sich mit dem Verliererstatus, dem nationalen und dem individuellen, und dem entstandenen Autoritätsverlust innerhalb der Familie lange nicht versöhnen.

So könnte man für die Kriegs- und Nachkriegszeit eher von einem partiellen Rückzug des Vaters aus der Familie sprechen, einer »Vaterlosigkeit ersten Grades«, die Alexander Mitscherlich mit ihren Folgen für die Familie und die Gesellschaft voraussah, während gesamtgesellschaftlich allenthalben der noch starke Konservatismus an väterlichen Symbolgestalten festhielt. Die Scheidungsquote stieg im Bundesgebiet von 7,5 % im Jahr 1939 auf 18,9 % im Jahr 1948.[3] In den Ehen, die zusammenhielten, mußten beide Partner viele Kompromisse eingehen. Nach den Jahren der Trennung und Verunsicherung wollten sie ihren Kindern eine vollständige Familie erhalten und wieder ein Leben in geordneten Verhältnissen führen. So erinnern sich viele Töchter dieser Generation an häufige Auseinandersetzungen, viel Streit zwischen ihren Eltern. Streitpunkte waren das Kostgeld, das nicht ausreichte, die mangelnde Ruhe und fehlende Rückzugsmöglichkeiten in den engen

Wohnverhältnissen sowie das Gefühl, sich gegenseitig nicht zu verstehen und nicht genügend zu schätzen.

Wie Töchter die fernen und heimkehrenden Väter erlebten

Die fernen Väter spielten in den Vorstellungen, Wünschen und Sehnsüchten der Töchter schon eine erhebliche Rolle und waren Gegenstand der Suche nach Ergänzung ihrer Erfahrungen mit den allseits gegenwärtigen Müttern und anderen Frauen. Als diese Sehnsüchte, die wir uns eher als unklare Wunschbilder der Kinder vorstellen müssen, dann mit dem heimgekehrten Vater, seiner erschöpften, meistens gar nicht imposanten Erscheinung konfrontiert wurden, reagierten viele Töchter befremdet und verunsichert. Das traf natürlich besonders für die Töchter dieser Untersuchungsgruppe zu, die nur geringe oder gar keine Erinnerung an ihren Vater aus der Zeit vor seinem Fortgehen zum Kriegsdienst hatten. Bei den schon älteren Töchtern hing es von der Qualität der Vater-Tochter-Beziehung vor seinem Kriegseinsatz und den Fronturlauben ab, ob es bald eine Anknüpfung an alte Vertrautheit geben konnte oder ob die kriegsbedingte Veränderung des Vaters eine Annäherung schwermachte.

Viele Töchter haben sich aber auch nach mehr Nähe gesehnt. Dieses Gefühl war oft stärker als die anfängliche Fremdheit. Zögernd, oft neugierig beobachtend, suchte manch kleines Mädchen Gelegenheiten, wo es mit dem Vater etwas gemeinsam tun konnte. Und viele Väter erwiderten, oft ebenso unsicher, die Annäherungsversuche ihrer Töchter. So konnte mancher Vater doch noch einen Platz im Leben seiner Tochter finden. Andere Töchter hatten es viel schwerer, sie haben ihren Vater nie zärtlich erlebt, sind nie von ihm in die Arme genommen worden. In den Jahren an der Front selbst oft jahrelang ohne Zärtlichkeiten mit ihren Partnerinnen und ihren Kindern oder nur reduziert auf die kurzen Intervalle der Fronturlaube, mußten viele Männer lernen, ihre Gefühle und Bedürfnisse stark zurückzunehmen. Welche Opfer wurden also auch in diesem zwischenmenschlichen Bereich in den Kriegsjahren gebracht! Viele Männer haben die Jahre an der Front psychisch nur durch Verdrängungen überleben können. Es stellten sich auch neurotische Störungen ein. Freud verweist auf den »Ichkonflikt... zwischen dem alten friedlichen und dem neuen kriegerischen Ich des Soldaten«. (Freud, 1919, 323. Zitiert in: Bruder-Bezzel, 1991, 33) Störungen wie Gehemmtheit bei zwischenmenschlicher Nähe und Emotionalität verschwanden nicht gleich nach dem Ende der belastenden Kriegsfaktoren. Es war fast ein Wechselspiel, wie Töchter und Väter nicht zueinander finden konnten – hier die Sehnsucht vieler Töchter nach Zärtlichkeit und Nähe, die sich aufgrund der auch vorhandenen Fremdheit in Widerstand umkehren konnte, dort die Enttäuschung vieler Väter über die Kinder und deren Entwicklung, weil sie oft nicht mehr den befriedigenden emotionalen Anschluß zu ihnen fanden.

Wie enttäuscht viele Kinder über die fremden Väter waren und wie bitter es für Väter nach jahrelangen Strapazen im Krieg und in der Gefangenschaft gewesen sein muß, wenn sie von ihren Kindern emotional abgelehnt wurden, dafür sollen einige Beispiele stellvertretend für viele nicht mehr geglückte Tochter-Vater- und Vater-Tochter-Beziehungen sprechen. So schreibt eine Teilnehmerin in knappen Worten: »Bevor Vater zum Krieg eingezogen worden war, hatte er mir mehr Zuneigung gegeben als meine Mutter. Es gab aber auch viel Streit zwischen meinen Eltern, und sie ließen sich in den Kriegsjahren scheiden. Mit sechzehn Jahren habe ich meinen Vater wiedergesehen, als er sehr spät, 1951, aus russischer Gefangenschaft entlassen worden war und krank bei seiner Schwester lebte. Er war mir völlig fremd und blieb es auch.« Antworten aus der Befragung mittels Fragebögen (ausgewählt nach Klarheit der Aussagen) geben in wenigen Sätzen und im Originalton die Eindrücke der Töchter von ihren Vätern wieder. Bei einigen Töchtern lassen sich Tendenzen zur Idealisierung des Vaters ausmachen, besonders, wenn er im Krieg gefallen war.

War Ihr Vater in der Kriegs- und / oder Nachkriegszeit zu Hause in der Familie? Was hat er Ihnen vermittelt und welche Bedeutung hatte er in Ihrer Sozialisation?

- Große Bedeutung, was Vater mir vermittelte: Sich nicht unterkriegen lassen. Auch ein Mädchen ist stark. Es kann sich mit Jungen messen. Bis zu meinem 15. Lebensjahr war Vater für mich die wichtigste Person.
- Während des Krieges war er nicht zu Hause. Ab 1947 waren wir wieder zusammen. Er hat mir Selbstbewußtsein vermittelt, weil er mich stets für meine Tüchtigkeit als Älteste lobte. Er hat mir auch die Notwendigkeit vermittelt, einen Beruf zu erlernen.
- Mein Vater war sehr kinderlieb. Ich habe ihn sehr gern gehabt, und deshalb war ich über die Trennung während des Krieges traurig.
- Vater kam im Juni 1945 nach Hause. Von ihm habe ich mir leider Strenge gegen sich selbst, gepaart mit Milde gegen andere, abgeguckt. Frauen existieren für ihn nur in bezug auf Männer. Nachhaltig prägende Aussprüche: Wenn du das tust, wenn du so bist... dann will dich kein Mann, dich muß man an die Kandare nehmen, damit du nicht über die Stränge schlägst.
- Vater, ab 1939 im Krieg, war ein allseits geachteter Mann, so hörte ich jedenfalls. Seine Tochter habe er sehr geliebt. Er war mein Traumvater. Er ist gefallen.
- Ab 1946 zu Hause. Ablehnung, Strenge, viele Strafen, Prügel, Gewalt. Vater bestimmte meinen Beruf. Ständige Suche nach Vaterbild – erster Freund war 15 Jahre älter. Später Heirat eines Mannes, der Vater ähnelte (äußerlich und im Wesen).
- Vater war oft kriegsbedingt unterwegs. Zwischen Herbst 44 und Sommer 45 tauchte er zweimal auf Urlaub auf, organisierte eine Winterschlittenfahrt mit Pferden, baute uns Puppenwagen. 1947 regelmäßiger zu Hause. Für Mutters Probleme mit den heranwachsenden Töchtern hatte er nicht viel übrig, er wollte eine harmonische Familie. Sachbezogene Auseinandersetzungen gab es nicht.
- Bis 1942 große Geborgenheitsgefühle durch Vater, dann wurde er eingezogen. Ab 1947 Einschränkung (5 Personen auf 20 qm!) und Unzufriedenheit wegen Arbeitslosigkeit.
- Unter der Tatsache, ohne Vater aufwachsen zu müssen, habe ich nachhaltig gelitten. Später habe ich gehofft, einer der Freunde meiner Mutter könnte ein neuer Vater für mich wer-

den. Ich habe mit 18 Jahren einen 15 Jahre älteren Mann geheiratet.

- Mein Vater gab der Familie Sicherheit und hatte immer ein offenes Ohr für meine Nöte.
- In den Kriegsjahren gab es für den Vater den üblichen Fronturlaub. Anfang 1946 setzte er über Verwandte in Hamburg und das Rote Kreuz die Familienzusammenführung in Gang. Über den Krieg hat er nicht berichtet, solange Kinder in der Nähe waren.

Welche Werte, Vorstellungen, Eindrücke hatten Sie in diesen frühen Jahren von Männern bekommen?

- Sie beschützen uns durch Abwesenheit. Warum wehren sie sich nicht gegen die Staatsmacht? Reden viel – tun wenig. Lassen sich einfach wegschicken.
- Aus heutiger Sicht denke ich, es sind zwei gegensätzliche Eindrücke. Einmal der harte, kämpferische Soldat, der Mann, der Macht ausübt, auch schwierige Situationen meistert und über körperliche Kraft verfügt. Andererseits der Mann, der unter dem Krieg, der Trennung von der Familie leidet und auch Angst vor Kriegshandlungen hatte. Einer meiner Cousins hatte mit seiner Mutter darüber während eines Urlaubs gesprochen. Nach diesem Urlaub fiel er an der Ostfront.
- Männer sind klug, tüchtig, nehmen vieles in die Hand, engagieren sich für das öffentliche Wohl. Geld ist nicht so wichtig.
- Negativ: Männer lassen einen im Stich.
- In den ersten zehn Jahren bis 1943, Zuneigung. Wurde aber als Kind nicht ernst genommen.
- Männer nehmen sich zu wichtig, dürfen alles, wenden Gewalt an (Vater, Brüder). Sind mit Distanz zu genießen.
- Vorbilder waren Großvater und Urgroßvater sowie Onkel – warum ist Vater anders?
- Interessant, haben begrenzte Möglichkeiten, sind nicht immer realitätsbezogen und ernst zu nehmen, aber liebenswert. Gehen ihre eigenen Wege.
- Ich war der festen Überzeugung, daß Männer die Klügeren sind, alles richtig machen und zum Schutz von Frauen und Kindern unentbehrlich sind.

– Ausgesprochen nette (echte!) Onkel, die zeitweise bei uns wohnten, vermittelten die besten Eindrücke, erweckten die Sehnsucht nach dem unbekannten Vater, der bis 1949 in Gefangenschaft war.
– Ich war hauptsächlich von Frauen umgeben. Nach 1945 hatte meine Mutter einen sehr netten Freund, der überaus hilfsbereit war und »alles konnte«, während der SS-Freund egoistisch und wenig verläßlich war. Meine Eindrücke von Männern waren zwiespältig.
– In unserem Wohnhaus waren die meisten Männer an der Front. Nur mein alter Vater war da. Wenn er da war, wollte er seine Ruhe haben. Das Leben lief ganz gut ohne Männer. Diese Einstellung ist mir geblieben.
– Männer waren stark und schweigsam, arbeiteten im Feld, hoben uns Kinder auf die Pferde und auf die Wagen. Männer konnten schwimmen und blieben draußen, solange sie wollten, gaben mir die Idee von Freiheit.

Nachfolgend reflektieren einige Teilnehmerinnen über den Eindruck, den ihr Vater nach seiner Rückkehr auf sie machte, und welche Bedeutung sie der Beziehung zu ihm für ihre Entwicklung beimessen, in Anbetracht einiger Jahre des fast ausschließlichen Zusammenseins mit Frauen:

Monika G.: »Ich weiß nur, ich hatte immer Frauen um mich und alte Männer, meine Urgroßväter und der Großvater. Als mein Vater auf Fronturlaub kam, war ich wohl eineinhalb Jahre alt. Ich habe ein Bild gefunden, wo er mich als Säugling auf dem Arm hält, dabei hab ich ihn mit dem Händchen ins Gesicht gepatscht. Da habe er mich fallen lassen, erzählte man mir später. Ich konnte auch nie eine Beziehung zu meinem Vater finden, bis heute nicht, und hab' ihm alles mögliche gewünscht, nur nichts Gutes. Später hat der auch verhindert, daß ich zur höheren Schule gehen konnte, weil das auch Schulgeld kostete und er meinte, ›ein Mädchen heiratet sowieso, und dann kriegst du Kinder, und deshalb brauchst du doch keine gute Ausbildung‹. Da hat sich meine Mutter aber durchgesetzt, weil sie auch einen Beruf hatte und immer arbeitete. Zu meiner Mutter habe ich ein ganz tolles Verhältnis, bis heute.

Der Vater kam wieder, als ich drei Jahre alt war, 1946. Ich kann mich nicht daran erinnern, obwohl ich es ein paarmal versucht habe. Mutter hat mir auch erzählt, wie das war, als er wiederkam. Ich bin zu Opa gelaufen und hab mich hinter Opas Beinen versteckt, daran kann ich mich aber auch nicht erinnern. Er hat versucht, eine Beziehung zu mir aufzubauen, aber ich weiß nicht, das muß irgendwie so in mir drin gewesen sein, daß er mich hat fallen lassen. Zwar weiß ich nicht, ob das möglich ist, auf jeden Fall habe ich ihn abgelehnt und lehne ihn auch heute noch ab.

Das hat mir ganz übel mitgespielt. Die Traurigkeit darüber kommt schon ab und zu mal wieder: aber das ist jetzt für mich o. k. so, wie's ist. Ich habe diese Zeit eigentlich für mich abgeschlossen und habe mich damit abgefunden. Ich denk', für mich war's auch gar nicht so schlimm, weil ich sonst so liebevoll behütet war.«

*

Ingrid S., die schon sehr eindrucksvoll die entbehrungsreiche Zeit der Internierung mit ihrer Mutter und ihren Geschwistern in einem Lager in Dänemark geschildert hatte, erinnert sich hier an das Zusammentreffen mit dem Vater 1947: »Wenn ich etwas über die Bedeutung des Vaters für mich sagen soll: Die Wahrheit ist, er hatte gar keine große Bedeutung gehabt! Erst mal war er fremd, als er zurückkam. Und dann mußte ich meine Mutter auch noch mit ihm teilen. Das war eine ganz schlimme Sache für mich. Wir gehörten doch so zusammen – es war doch so schön, alles eine Einheit. Und da kam mein Vater dazwischen, das hat mir gar nicht gepaßt.

In den Kriegs- und Nachkriegsjahren hatten wir ihn insgesamt vier Jahre nicht gesehen und trafen ihn wieder nach unserer Freilassung aus dem Lager in Dänemark. Er traf also die Familie wieder, in einer Zeit, vor der sich so vieles ergeben hatte zwischen Mutter und uns Kindern. Das war ein richtiger Schock für mich! Und dann hat er auch noch alles bestimmen wollen! Natürlich wollte er, daß wir schnell wieder auf die Beine kommen, so arm und ausgehungert, wie wir waren. Das ist schon verständlich. Aber er wollte sich halt Mutter wieder ranziehen und sie sollte wieder so sein wie früher. Aber das hat wohl nicht ganz geklappt, und dann hat er das verkraften müssen und einen kleinen Schock gekriegt.

Er war dann sehr verändert, weil das für ihn eine so fremde Situation war: Er erlebte, wie alle etwas zu sagen hatten, wie auch wir Kinder mitsprechen konnten. Denn vorher hatten Mutter und wir Kinder uns immer gemeinsam beraten über alles, was so anstand, und das wurde dann auch so beibehalten.

Ich war acht Jahre alt, als Vater zum Krieg eingezogen wurde, und zwölf Jahre, als er zurückkam. Er hatte sich im Krieg sehr verändert. Streng war er schon vorher, versuchte auch danach wieder seine Strenge durchzusetzen. Das haben wir Kinder und auch meine Mutter aber nicht mehr akzeptiert.«

*

Eleonore S.: »Ich hatte meinen Vater sehr gern, er war sehr kinderlieb. Meine Mutter und wir Kinder haben sehr unter der Trennung von ihm gelitten. Er ist schon 1939 eingezogen worden und kam erst 1947 aus der Kriegsgefangenschaft zurück. Da ich 1933 geboren bin, hatte ich schon meine ersten sechs Lebensjahre in enger Beziehung mit meinem Vater erlebt, so daß sich die Nähe zu ihm auf seinen Urlauben während der Kriegsjahre schnell wieder einstellte. Wenn er dann wieder fort mußte, waren wir alle tagelang sehr traurig. Meine Eltern haben eine sehr gute Ehe geführt, das wirkte sich natürlich positiv auf uns Kinder aus. 1945 hatten wir über ein halbes Jahr gar keine Nachricht von ihm, das hat uns sehr belastet.

Einige Jahre nach Kriegsende, als ich von zu Hause weggehen und studieren wollte, hatte mein Vater sehr großes Verständnis dafür und mich unterstützt. Gerade weil ihm nie eine gute Ausbildung vergönnt gewesen war, weil er als junger Mann sehr unter der Wirtschaftskrise in Deutschland Ende der zwanziger und in den dreißiger Jahren gelitten hatte, lange arbeitslos war, wollte er mir bessere Berufschancen ermöglichen.

Daß viele Töchter so große Schwierigkeiten haben mit dem Vaterbild und dem Verhältnis zu Männern an sich und sich benachteiligt fühlten, das traf eigentlich für mich nicht zu.«

*

Inge H.: »In den für die Entwicklung des Kindes ganz wichtigen ersten Jahren war mein Vater nicht zu Hause. Ich wurde 1941 geboren und kann mich nur ganz undeutlich an ein Erlebnis mit meinem Vater erinnern, als er mich während eines Kriegsurlaubs auf seinem Schoß hatte. Sonst habe ich, bezogen auf diese Zeit, keine konkreten Erinnerungen an ihn. Nach seiner Rückkehr 1946 blieb er mir fremd – es hat sich keine Nähe zwischen uns entwickelt. Das muß sich auf meine Beziehung zu Männern überhaupt ausgewirkt haben, denn ich habe auch heute Schwierigkeiten mit ihnen, brauche lange, bis ich Vertrauen und Nähe empfinden kann.«

Inge H. reflektiert weiter, daß sie als Psychologin ja das Rüstzeug habe, um zu analysieren, wie ihr diese frühe Beziehungsstörung zu ihrem Vater das Erlernen des natürlichen Umgangs mit dem anderen Geschlecht erschwerte, »ein Mangel, den ich nie ganz wettmachen konnte, unter dem ich besonders in jungen Jahren litt, der mir aber noch heute zu schaffen macht«.

*

Helga H., 1943 geboren, ist auf dem niedersächsischen Bauernhof ihrer Eltern aufgewachsen. Ihr Vater war nicht in den Krieg eingezogen worden, als Landwirt war er unabkömmlich. So war er zwar nicht von der Familie getrennt, in seinem autoritären Wesen der Tochter Helga aber dennoch sehr fern und fremd. Auch seine nationalsozialistische Gesinnung stand trennend zwischen Vater und Tochter. Heute ist sie Lehrerin und eine politisch kritische, reflektierende Frau, die das Zusammenwirken von psychologischen und politischen Einflüssen auf Denken und Verhalten von Menschen erkennt. Auch hat sie dieses für die Töchtergeneration schon andere Selbstverständnis von Frauen, das gewachsen ist durch die Veränderungen und die Bewegung, die sie in Bereichen des privaten und öffentlichen Lebens in Gang gesetzt haben. Auf der Suche nach der eigenen Geschichte war die Besinnung auf die früheren Auseinandersetzungen mit den Eltern, bei denen die Fragen zur NS-Zeit eine wesentliche Rolle spielten, eine ganz wichtige Etappe auf diesem Weg.

»Mein Vater war für mich etwas völlig Fernes, völlig Fremdes. Ein fremdes Wesen, das ich überhaupt nicht verstehen konnte. Aber auch er hat mir meines Erachtens völlig verständnislos gegenübergestanden. Er war halt unheimlich hart und streng, trat eigentlich nur strafend auf, und ich hab ihn nur als ablehnend erfahren. Alles hat er abgelehnt, was mit Sensibilität und Weichheit zu tun hat, und alles Musische hat er verachtet. Leute, die musisch und künstlerisch tätig waren, haben nach seinem Verständnis nicht gearbeitet. Tüchtigkeit, Arbeit und Vernunft, das waren seine wesentlichen Leitmotive! Alles, was anders war – andere Hautfarbe, andere Nationalität –, lehnte er ab. Er hatte ein ziemlich rigides Menschenbild und sehr enge Vorstellungen darüber, wie Menschen sein sollen.«

Helga H. kann den Vater heute, da sie nicht mehr so direkt von seinem Verhalten betroffen ist, eher als früher in seiner großen Unsicherheit erkennen, die sich hinter seinem tyrannischen Wesen und der strengen, rigiden Lebensform versteckt. Die Kinder durften nicht lachen, sie hätten ja über ihn lachen können. Nur wer harte Arbeit leistete, wurde anerkannt. Was in so einer Umgebung an Selbstbewußtsein und Spontaneität in einem Kind unterdrückt wird, hat Helga H. in ihrer Kindheit hinreichend erfahren! »In seiner Anwesenheit durftest du nicht lachen, da gab's überhaupt kein Lachen, da gab's auch keine Gespräche, da gab's eigentlich nur Schweigen. Und eine Unterhaltung mit meiner Mutter, am Tisch zum Beispiel, war fast unmöglich. Sobald er reinkam, war alles im Raum schwer und starr und steif, und alle mußten sich nach ihm richten, ihm die Wünsche von den Augen ablesen. Das hat meine Mutter auch immer getan. Ja, er war Nationalsozialist. Er ist schon 1929 in die Partei eingetreten, wohl aufgrund der wirtschaftlichen Zustände damals. Ich weiß nicht, was er sich da versprochen hat, auch seine politischen Motive kenne ich nicht genau. Aber ich weiß, daß er später einiges von dem NS-Programm zum Teil ablehnte, aber nur, weil Hitler seines Erachtens wirtschaftlich falsch gehandelt hat und die Wirtschaft dann so darniederlag. Alles andere hat er akzeptiert; das hat mich ja an ihm auch so irritiert.

Diesen Eroberungskrieg und auch die Judenvernichtung durch die Nazis hat er nicht verteidigt, aber wenn da zwischen uns irgendein Argument fiel, in der Zeit meiner Pubertät ging das besonders heftig zu, dann haben wir uns immer gleich in die Wolle gekriegt. Ich wollte immer seine Abschottung gefühlsmäßig aufbrechen, damit er zum Beispiel auch einmal nachvollziehen sollte, was das hieß, daß in der Nazi-Zeit sehr viele Menschen umgekommen sind, ganze Familien, und diese Zahl von sechs Millionen ermordeter Juden habe ich ihm manchmal an den Kopf geworfen, damit er sich betroffen zeigen sollte. Dann hat er immer gesagt – und meine Mutter hat es ihm immer hinterhergebetet: Ja, die Buren hätten die Konzentrationslager erfunden, und die Engländer und die Franzosen hätten sich auch schlimme Sachen im Krieg zuschulden kommen lassen, nur auf uns Deutschen hacke man immer rum. Das kam immer in so einem richtig beleidigten Ton. Hartnäckig mußte ich das dann wiederum absolut ablehnen, was meine Eltern über die NS-Zeit sagten. So bin ich als junges Mädchen, mit etwa 14 Jahren, immer rangegangen an die Konfrontation der Eltern mit der NS-Vergangenheit.

Uns ist in der Weise, wie die Eltern sich verhielten, und aufgrund ihrer absoluten Schwarzweiß-Sichtweise nie differenziertes Denken beigebracht worden. Kritik haben durftest du nicht, an nichts! Da war diese unglaubliche Staatstreue und dieses Autoritäre bei ihnen. Diese Haltung meiner Eltern war im Denken ihrer im Nationalsozialismus geformten Generation sehr verankert.«

Was hier zum Teil direkt, aber auch subtil durch den Vater über noch beibehaltene alte Denkmuster der Tochter vermittelt wurde, war oft für sie undurchdringbar, auch wenn Helga H. als Jugendliche den Vater besonders herausforderte, weil sie es sonst mit ihm nicht ausgehalten hätte.

Helga H.: »Vielleicht haben sich diese Denkmuster auf uns selber übertragen und wurden auf eine andere Weise weitergeführt?«

Ganz von der Hand zu weisen ist dieser Gedanke wohl nicht, denn die achtundsechziger Bewegung, von der Helga H. sich auch beeinflußt fühlte, hatte gerade in der Auseinandersetzung mit der Elterngeneration zum Nationalsozialismus auch Züge von Starrheit, mit anschließend sich verhärtenden ideologischen Positionen und Gruppierungen.

Helga H.: »Ja, das Bild vom Mann, das aus diesem Vaterbild erwachsen ist, war für mich autoritär geprägt! Ich kenne meinen Vater nur als Befehlsgeber, der mir gegenüber eigentlich nie Gefühle gezeigt hat. Diese schrecklichen Jahre im Nationalsozialismus haben sicher schon vorher vorhandene autoritäre Züge in meinem Vater bestärkt. Der Haß gegen alle Andersdenkenden, die Rigidität im Urteil, wenn auch nicht im Handeln, kamen meinem Vater sehr entgegen.«

Sie hat später versucht, sich von diesem Männerbild zu lösen und sich auch politisch weit von der autoritären bis faschistischen Haltung des Vaters zu entfernen. Das ist ihr in den persönlichen oder auch kollegialen Beziehungen zu Männern schwerer gefallen als in ihrer politischen Orientierung. Denn sie hatte ja nur ungenügend gelernt, zu erkennen und zu durchschauen, wann männliches Verhalten wirklich partnerschaftlich war und wann sich hinter anscheinend unautoritären Umgangsformen geschickt männliche Dominanz verbarg.

*

Irene B., 1943 geboren, die in einem der Porträts (siehe Kap. V) vorgestellt wird, hatte ihren Vater erst 1950 nach seiner Heimkehr aus sowjetischer Gefangenschaft kennengelernt. Bei seinem letzten Fronturlaub war sie erst ein Jahr alt. Die Mutter hatte in all den Jahren den Lebensunterhalt für die Familie verdient und war beruflich sehr erfolgreich; die Kinder sahen sie nur am Wochenende. Der Vater hatte es schwerer, beruflich wieder Fuß zu fassen, ihm fehlte der Elan, sich wieder eine Arztpraxis aufzubauen, die lange Gefangenschaft hatte ihn geschwächt. Das spürte Irene, und der Vater tat ihr leid. Er war deshalb anfangs nach seiner Heimkehr viel zu Hause, und Irene fand es schön, wie allmählich der Kontakt zwischen ihnen vertrauter wurde. Sie empfand Geborgenheit, wenn er da war, die sie bei der Mutter wegen ihrer beruflichen Beanspruchung so sehr vermißte. Und die Mutter fand genug Energie, neben dem Beruf dem Vater eine neue Arztpraxis einzurichten, um ihm beim Neustart zu helfen. In seinem erschütterten Selbstbewußtsein hielt es der Vater dann aber doch nicht aus, wie sich seine Frau in den Jahren der Trennung während der Kriegs-

und Nachkriegszeit völlig verändert und sich die Rollen eigentlich verkehrt hatten.

»Mein Vater erzählte mir später, es wäre einfach erschlagend für ihn gewesen, nach der langen Gefangenschaft zu Hause seine Frau vorzufinden, die so selbständig war, so viel Geld verdiente, und er kam zurück als ein Nichts. So empfand und bezeichnete er sich – als ›ein Nichts, ein Niemand‹, der nichts hatte und ganz neu anfangen mußte.« Nach zwei Jahren scheiterte der Versuch des Neustarts in der Ehe der Eltern, sie ließen sich scheiden. Irene litt sehr unter der Trennung, was sich dadurch noch verstärkte, daß die Mutter es den Kindern nicht gestattete, den Vater zu treffen. Irene B.: »Ein Problem vor und nach der Scheidung meiner Eltern war für mich dieses Schweigen über Konflikte, wo doch so viel Spannung in der Luft hing. Das spürte ich als Kind. Es war tragisch und traurig für mich, daß es da schon wieder eine Veränderung, schon wieder eine Trennung gab in meinem Leben, in der Familie, die nach Vaters Rückkehr gerade für eine Zeitlang zusammengekommen war.«

Irene B. setzte später als erwachsene Frau ganz auf den Zusammenhalt in der Partnerschaft und danach, als sie selbst Kinder hatte, auf die Familie. Die Verläßlichkeit in der Beziehung zu ihrem Mann und die Vermittlung von Kontinuität und Zusammengehörigkeit sind ihr vor dem Hintergrund ihrer Trennungserfahrungen aus ihrer Kindheit in den Kriegs- und Nachkriegsverhältnissen für ihre eigenen Kinder existentiell wichtig.

Nachträgliche Fragen an die Väter

An die Väter – in den Kriegs- und Nachkriegsjahren für uns Töchter physisch und psychisch so fern und unerreichbar und dadurch mitbestimmend für unsere Beziehungen zueinander – richten sich am Ende dieser langen Rückschau einige konkrete und einige fiktive Fragen der Töchter. Die Fragen lagen ihnen damals oft auf der Zunge, aber sie haben sie dann doch für sich behalten. Die Antworten kamen daher meistens auch nicht aus dem Mund des Vaters. Sie wurden vielmehr deutlich in verschiedenen Zeichen und

Signalen, in seiner Haltung zu politischen Ereignissen in der Zeit des Wiederaufbaus und später in seiner Lebensführung, die die Töchter für sich deuten und interpretieren lernten. Aus den individuellen Fragen der Kinder, der Töchter wurden später kollektive Fragen an die Generation der Väter und Mütter. Wichtig ist dabei aber, daß uns trotz des gewachsenen politischen und historischen Interesses an der Alltagsgeschichte der Nazizeit die persönliche Betroffenheit nicht abhanden gekommen ist. Einige nachträgliche Fragen der Töchter an die Väter vermitteln die Eindringlichkeit, mit der dieses Thema noch heute behandelt wird:

- Warum hast du dich denn wegschicken lassen, zum Krieg einziehen lassen, wenn du nicht für diesen Krieg warst?
- Warum hast du es hingenommen, wichtige Entwicklungsjahre von mir nicht mitzuerleben und nur fern daran beteiligt gewesen zu sein?
- Wie konntest du glauben, du könntest ein tapfer kämpfender Soldat sein, während dann Befehl und Gehorsamspflicht Kampfeinsätze von dir forderten, in denen auch Unschuldige, Zivilisten, Kinder, Frauen, Alte ums Leben kamen? Kampfeinsätze, die ich gar nicht so genau erfahren möchte, auch wenn ich vehement frage.
- Warum hast du beim Auftrag zu töten nicht an mich gedacht, daran, welche Bürde du mir und meiner Generation auflastest durch diesen Eroberungs- und Vernichtungskrieg Nazideutschlands?
- Warum hast du meine Angst nicht gespürt, wenn du mich mitnahmst, in den Trümmern von Häusern nach Haushaltsgegenständen zu suchen, ich aber panisch fürchtete, du würdest verschüttete Leichen finden? Warum hast du nie Angst gezeigt, so daß ich dich auch nicht fragen konnte, ob dir die Trümmer mit allem, was sie verbargen, nicht auch unheimlich waren?

Hannelore H. hat die frühen Eindrücke, die sie als Kind von ihrem Vater und anderen Männern bekommen hatte, in der Einstimmung auf damals vorherrschende Gefühle und Gedanken noch einmal kindgemäß formuliert: Warum lassen die Männer sich einfach wegschicken? Sie beschützen uns durch Abwesenheit im Krieg, aber besser wäre es, wenn sie nicht in den Krieg gezogen wären. Warum wehrten sie sich also nicht gegen die Staatsmacht und die Wehrmacht?

Die Töchter hatten aber nicht nur Fragen, sondern erkannten hinter dem Soldaten auch den Mann und Vater, der unter dem Krieg und der Trennung von der Familie litt, der Angst hatte vor Kriegshandlungen und die Angst um das eigene Leben und das Sträuben gegen den Auftrag zu töten noch nicht verdrängt hatte.

Fremde Männer als Eroberer und Befreier

Angst vor den Russen

Frauen und Mädchen werden in Kriegszeiten in besonderer Weise Opfer durch Übergriffe der Eroberer, nach manchen Kriegen auch durch die der Befreier in der Zivilbevölkerung. Deshalb interessiert hier auch im Kontext geschlechtsspezifischer Unterschiede bei der Betroffenheit vom Kriegsgeschehen, was Mädchen der Jahrgänge 1933–1943 von der Eroberung und Erniedrigung unzähliger Frauen durch von Soldaten am Ende des Zweiten Weltkrieges massenhaft verübten Vergewaltigungen mitbekommen haben und wie sie sich daran erinnern.

Zu den Kriegsgeschehnissen, die die deutsche Bevölkerung besonders bewegte, gehörte der Einmarsch der Roten Armee im ostdeutschen Raum ab Anfang 1945. In Gebieten, in denen die verfeindeten Truppen aufeinanderstoßen, ist die Zivilbevölkerung immer besonders ungeschützt den Geschehnissen ausgeliefert. So war es auch, als der Krieg die »Heimatfront« erreichte und sowjetische Soldaten große Gebiete des untergehenden Dritten Reiches besetzten. Diesem Ereignis widme ich einen besonderen Abschnitt. Zuvor, schon ab 1941, hatte Deutschland als Angreifer in der Sowjetunion unendliche Zerstörung und viel Leid angerichtet. Es ist mir deshalb ein Anliegen, zuerst an den deutschen Angriff in seinem Ausmaß für die russische Bevölkerung zu erinnern, bevor ich mich auf die zum Teil sehr konkreten Erinnerungen deutscher

Frauen und Mädchen an die Konfrontation mit russischen Soldaten konzentriere.

Die Kunde von den Greueltaten der Roten Armee an Deutschen, auf deutschem Gebiet, ließ bei der deutschen Bevölkerung die Angst entstehen, daß sie beim Einmarsch der Russen Schlimmeres erleben würden als während der ganzen Kriegsjahre. So war es auch zum Beispiel in Pommern und Ostpreußen, Gebieten, die von Bombardierungen gar nicht oder erst zum Kriegsende betroffen waren. Zu dieser Angst hatten sicherlich die vorausgegangene jahrelange NS-Propaganda von »dem Untermenschen aus dem Osten« beigetragen und Berichte der vielen Flüchtlinge, die schon Anfang 1945 aus Pommern, Ostpreußen und Schlesien kamen, über gewaltsame Angriffe auf die deutsche Bevölkerung und Vergewaltigungen an Frauen durch Soldaten der Roten Armee. Worüber die deutsche Bevölkerung vorher in den NS-Propagandasendungen nicht informiert wurde, waren vorausgegangene Greueltaten, auch Vergewaltigungen, der Deutschen an der Zivilbevölkerung in der damaligen UdSSR, die gewaltsame Zerstörung ganzer Landstriche, wo sie nichts als verbrannte Dörfer hinterließen.

In einem Brief beschrieb ein deutscher Offizier zwei Monate nach Kriegsausbruch seine Eindrücke über die Situation im östlichen Polen nach dem Einmarsch der deutschen Wehrmacht. Er beobachtete schreckliche Greueltaten deutscher Soldaten an der Bevölkerung: »Die blühendste Phantasie einer Greuelpropaganda ist arm gegen die Dinge, die eine organisierte Mörder-, Räuber- und Plündererbande unter angeblich höchster Duldung dort verbricht... Diese Ausrottung ganzer Geschlechter mit Frauen und Kindern ist nur von einem Untermenschentum möglich, das den Namen Deutsch nicht mehr verdient.« (zitiert in: Krockow, 1989, 62) Solche Greueltaten sollten sich später in noch größerem Ausmaß an der sowjetischen Bevölkerung fortsetzen. Berichtet wurde in der offiziellen Kriegsberichterstattung über die militärischen Siege und die Schlagkraft der deutschen Armee – nicht aber über die Angriffe auf die zivile Bevölkerung an vielen Kriegsfronten.

Noch heute wissen alle Deutschen der Kriegsgeneration etwas

zu berichten über die bei Kriegsende deutsche Gebiete erobernde Rote Armee und die Umgestaltung der von ihrem Anfang bis zu ihrem Ende ungeliebten Sowjetischen Besatzungszone und späteren DDR. Viele erinnern sich an schlimme Übergriffe der sowjetischen Soldaten auf Leib und Leben, Hab und Gut.

Ein bewegendes Dokument über den Einmarsch der Roten Armee auf deutschem Boden von der anderen Seite der Front – aus russischer Sicht – sind die Augenzeugenberichte des bekannten Schriftstellers Lew Kopelew, der als fließend Deutsch sprechender russischer Offizier vor Ort gebraucht wurde. Er war tief bestürzt über die Plünderungen, Vergewaltigungen und Morde der eigenen Truppen und Kampfgenossen. So beschreibt er in einer Szene, wie er unterwegs in Ostpreußen auf einer Dorfstraße, in der fast alles niedergebrannt war, ein Grüppchen junger russischer Soldaten trifft und sich bei ihnen erkundigt, ob es hier schwere Kämpfe gegeben hätte. Worauf einer aus der kleinen Gruppe ganz verwundert fragt, wieso er auf Kämpfe schließe, die Deutschen seien doch abgehauen, nicht ein Zivilist sei geblieben.

»›Sie haben also Minen gelegt und gezündet?‹ ›Wer? Die Deutschen? Nein – Minen waren doch überhaupt keine da, das Feuer haben unsere gemacht.‹ ›Warum denn das?‹ ›Ach, weiß der Henker warum. Einfach so, zum Spaß.‹« Worauf dann noch ein anderer Soldat in trägem Zorn hinzufügt: »›Es heißt hier eben: hier ist Deutschland. Also schlagt alles kaputt, verbrennt alles. Übt Rache.‹« Besorgt mußte Kopelew feststellen, daß es jetzt keinen Raum geben würde, wo sie schlafen und ihre Verwundeten unterbringen konnten. (Kopelew, 1979, 95)

Wir wissen, daß auch der deutschen Zivilbevölkerung viel Leidvolles geschehen ist und sie schlimmen Verwüstungen, Zerstörungen und Verlusten ausgesetzt war. Die letzten Kriegsmonate stellen daher für viele Deutsche ein besonders emotionsbesetztes Kapitel dar. Dabei spielte die alles beherrschende Angst vor der Bedrohung durch russische Soldaten eine spezielle Rolle.

Bevor wir uns mit den Folgen des Eintreffens russischer Soldaten auf deutschem Gebiet für die Frauen befassen, halte ich es – wie schon erwähnt – für angebracht, einige Vorgänge und Tatsachen über die vorausgegangenen Leiden der sowjetischen Völker und ihrer Soldaten, die unfreiwillig zum Hauptfeind des nationalsozialistischen Deutschland gemacht worden waren, nicht zu vergessen. Wir finden in heutigen öffentlichen Debatten und Kontroversen über die deutsche Vergangenheit eine fast ausschließliche Konzentrierung auf den nationalsozialistischen Völkermord an den Juden. Über die 20 Millionen Menschen der damaligen Sowjetunion, die zwischen 1941 und 1945 ums Leben kamen, von denen zehn Millionen Zivilisten außerhalb der eigentlichen Kampf- und Kriegshandlungen waren und zehn Millionen »Opfer normaler Kriegshandlungen«, wird in der Bundesrepublik noch immer kaum gesprochen. Was die damaligen sowjetischen Völker als kollektives Trauma erlitten haben, das wurde von den Nachkriegsdeutschen kollektiv verdrängt. (nach Schneider, 1989, 14–15)

Eine sehr eindrucksvolle Reise durch die Sowjetunion im Jahre 1989 schildert der Schriftsteller Michael Schneider, der in Begleitung seines russischen Kollegen Rady Fish Erinnerungsspuren, Dokumente und Zeitzeugen zu den »Verbrannten Dörfern« und dem »Unternehmen Barbarossa« (Rußlandfeldzug 1941–1943) suchte. Überall in der Sowjetunion trafen sie Menschen, die ein oder mehrere Familienmitglieder im Krieg verloren hatten, und »überall trafen wir auf Versöhnungsbereitschaft«, sagt Schneider. (Fish & Schneider, 1989, 14–15)

In den Jahren seit der Perestroika konnten Versöhnungsbereitschaft und Sympathie beider Völker füreinander auch in der offiziellen Politik ihren Ausdruck finden. Durch den Zusammenbruch der einstigen Supermacht Sowjetunion verschwand die Bedrohung der sich feindselig gegenüberstehenden Ost-West-Blöcke. Angesichts des von beiden Völkern erfahrenen und einander zugefügten Leids und Unrechts könnten die offenen Grenzen die Begegnung von Menschen, die zur Versöhnung bereit sind, fördern.

Von all den Geschehnissen der sechs Kriegsjahre hob sich am Ende die Angst der deutschen Bevölkerung vor den Russen, vor der Eroberung und Besetzung deutscher Gebiete durch die Rote Armee, als besonderes Phänomen ab. Man muß sich vorstellen, wenn jahrelang die NS-Propaganda der deutschen Bevölkerung das Bild vom östlichen Untermenschen einhämmerte (andere Informationsquellen, beispielsweise ausländische Zeitungen, gab es im NS-Staat nicht mehr), welche Wirkung das auf die Vorstellungskraft und psychische Verfassung vieler Deutscher in den Zeiten der Kriegswirren im eigenen Lande gehabt hat.

Inhalt und Ton solcher Propagandameldungen zeigt der Auszug aus dem amtlichen NSDAP-Organ »Rhein-Mainische Zeitung« vom 5. Februar 1945:

> **»Stalin fordert 30 Millionen Deutsche«**
>
> »...wie der diplomatische Dienst des ›Daily Mirror‹ meldet, finden bereits zwischen Moskau, London und Washington Verhandlungen über den Umfang des Einsatzes deutscher Arbeitssklaven statt.
>
> ...Insgesamt sollen rund 30 Millionen deutscher Männer, Frauen, Kinder zwangsevakuiert werden. Damit will Stalin die alte jüdische Haßparole verwirklichen, die die Ausrottung von 40 Millionen Deutschen fordert; ein teuflischer Plan...!
>
> Selbstverständlich wird das deutsche Volk für diese Vernichtungspläne die richtige Antwort finden, aber es ist dazu auch notwendig, daß jeder einzelne in Deutschland klar erkennt, was ihm im Falle eines Sieges unserer Feinde bevorstünde.«

Eleonore S. erinnert sich an folgendes: »Während des Krieges wurde uns von der Nazi-Propaganda der Russe als der schreckliche Untermensch dargestellt, so daß wir eine fürchterliche Angst vor den Russen hatten. Wir lebten in Bautzen in Sachsen, und als die sowjetischen Truppen zum Kriegsende unserer Stadt näherrückten, flohen wir am 20. April 1945, uns einem Flüchtlingstreck anschließend. Es ging nach Nordböhmen, das Gerüchten zufolge zu den von den Amerikanern besetzten Gebieten gehören sollte, die von der deutschen Bevölkerung als Besatzungsmacht nicht so gefürchtet waren. Ich höre es noch, wie damals meine Mutter vor der Flucht sagte: ›Bevor wir zum Russen gehen, bringe ich uns alle um.‹ Mitte Mai 1945 kehrten wir dann doch nach Bautzen zurück, da die Russen inzwischen sowohl in unserem Zufluchtsort in Nordböhmen als auch in unserem Heimatort Bautzen einmarschiert waren. Die Großmutter, die zu Hause geblieben war, empfing uns mit der schrecklichen Nachricht, daß sich unsere Großtanten und Großonkel tatsächlich kurz vor dem Einmarsch der

Russen das Leben genommen hatten, während sie, trotz der harten Kämpfe, die sie miterlebte, die Hoffnung nicht aufgegeben hatte, ihre Kinder und Enkelkinder wiederzusehen.«

»Sehr viele Menschen haben sich vor dem Kriegsende umgebracht, besonders im Osten, im Schrecken vor den Rachegelüsten der Roten Armee, nur wenige danach.« (Krokow, 1989, 268)

Irma A. erlebte elfjährig in Rostock in Mecklenburg den Einzug der Roten Armee: »Die schlimmsten Erlebnisse begannen erst nach Kriegsende, als die Russen einzogen. Da gab es Einbrüche, Plünderungen und Vergewaltigungen von Frauen. Aber noch schlimmer war es, als der Nachbar unter uns, ein SA-Mann, beim Eintreffen der Russen sich und seine Familie erschoß. Die Russen, auf Plündertour in die Häuser einbrechend, machten in der Wohnung des SA-Mannes gleich wieder kehrt, als sie die Familie tot auffanden. Ein russischer Soldat kam zu uns hoch und fragte nur immer: ›Warum, warum?‹ und konnte diesen Mord nicht verstehen.

Die Leichen im Haus schützten uns einige Tage vor Plünderungen, denn sie blieben noch drei Tage in der Wohnung liegen, bevor Nachbarn sie in die Waschküche auf dem Hof brachten, von wo sie später abtransportiert wurden. Wenn wir zur Toilette wollten, mußten wir über den Hof an der Waschküche vorbei: So sah ich auch etwas von den toten Nachbarn in der Waschküche. Meine Mutter begleitete mich zwar zur Toilette und hielt ihre Schürze vor mein Gesicht, um mich vor dem schrecklichen Anblick zu bewahren. Ich konnte natürlich trotzdem etwas sehen – schwankte auch zwischen Abwehr und Neugier.

Diese Begebenheit mit der Nachbarsfamilie hat mich, glaube ich, am meisten erschüttert. Auch die anderen Hausbewohner und meine Mutter konnten es nicht fassen, denn wir hatten guten nachbarschaftlichen Kontakt zu den Leuten, mit den Kindern habe ich manchmal gespielt.«

Eleonore S. reflektiert weiter über ihre Kriegserlebnisse in einem umfassenderen politisch-geschichtlichen Zusammenhang: »Bezogen auf das politische Geschehen, von dem die Voraussetzungen für die Lebensverhältnisse der Menschen so stark geprägt werden, besonders in Kriegszeiten, habe ich früh Abscheu gegen

Krieg, Gewalt und Haß entwickelt. Aber daß es auch Hoffnung in schier ausweglos erscheinenden Situationen geben kann, habe ich damals gelernt! Denn wir lebten nach dem Kriegsende weiter! Und das hatte die nationalsozialistische Propaganda ja bestritten und damit unwahrscheinliche Ängste erzeugt! Die Ängste, die da geschürt wurden, galten der Rote Armee. Ich erlebte, daß Russen gute und liebe Menschen sein können, aber auch, daß Haß Menschen jeder Nationalität zur Ausübung von Gewalt veranlassen kann.«

Fremde uniformierte Männer verbreiten bei Frauen und Kindern Angst

Einige Teilnehmerinnen haben besonders zwiespältige, auch angstbesetzte Kindheitserinnerungen an die Begegnung mit russischen Soldaten. Bei den Kindern hatten sich die Eindrücke aus den Geschichten, die sich die Erwachsenen schon vor dem Einmarsch der Russen erzählten, lebhaft erhalten. Besonders erinnerten sie sich dabei des sich Versteckens und Verkleidens der Frauen vor den fremden Männern. Das war der kindlichen Vorstellungswelt zugänglicher als die militärischen Kampfhandlungen. Was erzählten die Frauen über ihre Erinnerungen, Wahrnehmungen und unklaren Bilder aus der Sicht der damals kleinen Mädchen oder auch schon Jugendlichen? Die Älteren in der Untersuchungsgruppe mußten damals sehr plötzlich eine herbe Wahrheit erfahren über die in Kriegszeiten sich potenzierende besondere Gefährdung von Frauen, Opfer männlicher sexueller Gewalt zu werden. Sie hatten von Vergewaltigungen in ihrer unmittelbaren Umgebung gehört, und Frauen, die sie kannten, wurden Opfer.

Häufig wußten sie noch nichts über Sexualität, zumindest nicht im Sinne heutiger sexueller Aufklärung von Kindern, und erfuhren plötzlich ohne Schonung, daß hier Gewalt damit verbunden war. Sie hörten auch von Schwangerschaften als Folge von Vergewaltigungen und sahen die Folgen, die dann am wachsenden Leibesumfang der betroffenen Frauen nach einigen Monaten sichtbar wurden.

Sie wurden Zeuginnen von Gesprächen ihrer Mütter, Tanten und Nachbarinnen darüber, wie schrecklich es für diese Frauen war, ein ungewolltes Kind von einem russischen Soldaten zu bekommen. Welche Konflikte würden entstehen, wenn der eigene Mann nach Kriegsende aus der Gefangenschaft heimkehrte.

Helke Sander und Barbara Johr berichten in ihrer umfangreichen Studie über Krieg, Vergewaltigung und Kinder, daß eine Vergewaltigung als Makel für die betroffenen Frauen galt. Auch wenn man akzeptierte, daß die Frauen dem hilflos ausgeliefert waren, haben viele gerade von ihren nächsten Angehörigen wenig Mitgefühl bekommen. Weiter verweist die Studie auf das Mißverhältnis in zahlreichen Untersuchungen über fast alle denkbaren hierarchischen menschlichen Verhältnisse: von Bourgeoisie zum Proletariat, von Nord zu Süd, vom Arbeiter zum Angestellten etc., »nur das Verhältnis von Mann zu Frau in Kriegszeiten (ist) kaum erforscht. Sind Frauen in Kriegszeiten einfach nur ›Beute‹, oder werden sie ganz einfach nicht zu den ›Feinden‹ gezählt? Vielleicht ist es ja auch ganz simpel so, daß Männer sich zu ihnen in ihrer Todesangst retten – auf brutalste Weise.« (Sander und Johr, Hg., 1992, 19)

In einzelnen Gesprächen mit den Frauen der Töchtergeneration ließ sich eine bestimmte Tendenz in ihrer Wahrnehmung aus der Sicht der damals acht- bis zwölfjährigen Mädchen herausfiltern. Neugierig und zugleich angstvoll spürten und phantasierten sie etwas von den unheimlichen und aufregenden Dingen, die zwischen Männern und Frauen geschehen, von denen sie noch keine konkreten Vorstellungen hatten. Irgend etwas Furchtbares passierte zwischen Männern und Frauen.

Die damals schon zwölf oder dreizehn Jahre alten Mädchen waren schon potentiell gefährdet, Opfer von Vergewaltigungen zu werden, und wurden daher von der Mutter und anderen Frauen ›eingeweiht‹, zum Teil als Junge verkleidet, häufig versteckt.

Der Eroberer, der Sieger des Krieges, rächt sich an den Frauen des Verlierers, das ist dann ein besonderer Faktor des Geschlechterkampfes. Das Ausgeliefertsein der Frauen an die Rache und Vergeltung des Feindes ist kein »Nebenwiderspruch« in der Logik der

Kriegführung. Sicher war der Schrecken über die Bedrohung der Mütter und anderer Frauen durch körperliche Gewalt für die Töchter mit diesem, noch unheimlichen geheimnisvollen Faktor des Unbekannten in den Beziehungen zwischen Männern und Frauen verbunden. Das war für die Töchter besonders belastend, da sie die Mütter als Frauen hier so deutlich als Opfer erlebten. In manchen Fällen mag das später für die Töchter auf das Erleben ihrer weiblichen Sexualität eine das Vertrauen in sich selbst und in männliche Partner hemmende Auswirkung gehabt haben.

Bei diesem besonderen Kapitel Frauengeschichte im Krieg stellte sich in der Gesprächsgruppe bei den ehemaligen Kriegstöchtern tiefe Solidarität und Empathie her mit den die weibliche Identität seinerzeit tief erschütternden Erlebnissen unzähliger Frauen aus der Müttergeneration. Diese Einfühlung bezog sich auch auf das besondere Ausgeliefertsein des weiblichen Körpers, die Verletzung der weiblichen Integrität in Zeiten des Zusammenbruchs ziviler Ordnungen.

Zur Haltung der von Vergewaltigungen im April/Mai 1945 betroffenen Frauen (hauptsächlich basierend auf Untersuchungen und statistischen Erhebungen in Berlin) meint Helke Sander nach vielen Gesprächen mit damals betroffenen Frauen: »Ich würde heute sagen, daß bei den meisten Frauen nicht Haß entstand, sondern Distanz zu gesellschaftlich verkündeten Wahrheiten, ein Gefühl für Absurdität, verbunden mit Rückzug, Mißtrauen, Totstellreflexen.« (Sander, 1992, 20)

Welchen Einfluß mögen diese Erlebnisse auf die konkret viel früher als in Friedenszeiten herausgeforderte Ahnung und Vorstellung der Mädchen von ihrem späteren Frausein gehabt haben? Diese frühen Einwirkungen auf diese Vorstellungen können sich bei den erwachsenen Frauen zu einer Verdrängung oder aktiven Leugnung dieser Kindheits- bzw. Mädchenerfahrungen umkehren. Das geschieht meist nicht in einer Willensentscheidung, sondern unbewußt.

Einflüsse und Ausbildung der Sexualität sind sehr subtil und vielschichtig, dabei sind lang andauernde Einflüsse wie das Familienklima, besonders die Beziehung beider Eltern zum Kind und der Eltern zueinander, von sehr prägender Bedeutung. Aber bei so außerordentlichen Geschehnissen wie Vergewaltigungen der Mütter und Frauen durch feindliche Soldaten in der Umgebung der Kinder (hier ausschließlich der Mädchen) kann je nach der Intensität der Empfindungen bei den Mädchen Befremden, Abscheu, Schock, sogar eine Erschütterung bei der weiblichen Identitätsentwicklung und der Vorstellung von der Geschlechterbeziehung hervorrufen.

Eleonore S.: »Daß Frauen besonderen Bedingungen wie Vergewaltigungen ausgesetzt sein können, wurde mir am Ende des Krieges, ich war zwölf Jahre alt, bewußt. Die Kriegskämpfe waren dann endlich vorbei, aber jetzt sah man überall auf den Straßen russische Fahrzeuge und russische Soldaten, und Vergewaltigungen waren an der Tagesordnung. Das habe ich als damals gerade Zwölfjährige alles schon miterlebt, denn wir jungen Mädchen waren ebenso gefährdet wie die erwachsenen Frauen. Natürlich haben sich auch mir mehrmals russische Soldaten zu nähern versucht, aber ich habe mich schon bei der Annäherung gewehrt und ganz laut gebrüllt. Ich erinnere mich aber, daß die Mutter meiner Freundin vor deren Augen vergewaltigt wurde und daß das wohl sehr schlimm gewesen sein muß. Auch eine Klassenkameradin wurde vergewaltigt, und sie und viele andere Frauen mußten danach in Krankenhäusern behandelt werden.«

So blieb Eleonore S. körperlich zwar verschont, seelisch aber waren diese Erlebnisse, gerade im Entwicklungsstadium vom jungen Mädchen zur jungen Frau, ein Schock. »Das fand ich schon sehr schlimm, diese Gewalt von Soldaten gegen Frauen, das machte mir auch Angst. Ich glaube aber nicht, daß das später einen Einfluß auf meine Sexualität hatte, da war die gute Beziehung, die meine Eltern zueinander hatten, einflußreicher auf meine Vorstellung und später gelebte Beziehung zu meinem Freund und meinem Mann.«

Über die Lage der Frauen in Pommern, als die sowjetischen Soldaten anrückten, berichtet von Krockow, wie eine nächste Woge von Siegern auf dem Gut angekommen war, eine Kavallerieabteilung, Männer zu Pferde... »auch aufs Beutemachen begierig, doch auf andere, schlimmere Art. Die Männer, die nun ins Zimmer drängen, schauen kurz in die Runde. Dann weist einer auf Marie: ›Frau komm...!‹ Sie kreischt auf, schlägt die Hände vors Gesicht... schon wird sie hinausgezerrt. Und gewiß nicht nur Marie ist betroffen. Das Schreien von Frauen gellt vielstimmig durchs Haus.« (Krockow, 1989, 65)

Besonders prekär muß die Lage für die Frauen in der Millionenstadt Berlin gewesen sein. »Während der Schlacht um Berlin befanden sich etwa 2700000 Menschen in der Stadt. Davon waren über zwei Drittel Frauen. Da eine Flucht nicht mehr möglich war, waren die Frauen den Exzessen sowjetischer Soldaten hilflos ausgesetzt.« (Ruhl, 1985, 121–122) Wie viele Frauen in den letzten Tagen des Zweiten Weltkrieges vergewaltigt worden sind, das ist niemals erfaßt worden. Die Schätzungen liegen zwischen 20000 und 100000 Frauen. (Ruhl, 1985, 125)

Elisabeth B., die 1945 als Zehnjährige in Schlesien wohnte, erinnert sich an das von russischen Soldaten voll besetzte Haus ihrer Eltern, die vorausgegangenen Plünderungen und immer wieder vorkommenden Vergewaltigungen, versteckt in Kellern und abgelegenen Gebäuden. Nur verängstigt und mit Vorsicht wagte sie sich im und ums Haus herum zu bewegen. So sah sie, wie eine Nachbarin von zwei Soldaten fortgezerrt wurde. Das Geschehen erzählten sich die Frauen, und die Kinder versuchten möglichst viel zu verstehen, spürten die Angst und Empörung in den Stimmen der Erwachsenen. »Ich empfand eine tiefe Scheu und Abwehr gegen die fremden Soldaten in ihren braunen Uniformen.« Durch die Flucht in den Westen im Juli 1945 verschwanden die russischen Soldaten und die damit verbundenen Konflikte mit der deutschen Bevölkerung aus ihrem Blickfeld.

Sie sagt heute: »Als ich Jahrzehnte nach Kriegsende in die damalige DDR fuhr, war es ganz schrecklich, wieder russische Soldaten mit diesen braunen Uniformen zu sehen – diese Uniformen, damit verband sich etwas so Furchtbares für mich. Ich konnte dann ganz lange nicht wieder in die DDR fahren, überhaupt nicht an diese Erlebnisse damals denken. Bei dem Seminar über die Kriegs- und Nachkriegszeit fand ich es gut, meine Erfahrungen ein wenig aufzuarbeiten.«

Hertha J. darüber, was sie als Elfjährige in Schwerin beim Einmarsch der Roten Armee mitbekommen hatte: »Es gab viele Vergewaltigungen von Frauen. Ich wußte nicht genau, was da geschah, was russische Soldaten den Frauen antaten; ich war nie richtig aufgeklärt worden. Aber ich stellte mir schon vor, daß es schlimme Sachen waren. So habe ich eine Frau, die wohl vergewaltigt worden war, ganz aufgelöst nach Hause kommen sehen. Meine Mutter habe ich in diesen Situationen sehr behütend und beschützend empfunden.«

Ursula S.: »Ich hatte kontroverse, sich widerstreitende Vorstellungen von den Russen, die zum einen mit meinen Erlebnissen und meinen Wahrnehmungen russischer Soldaten nach ihrer Besetzung des Dorfes zu tun hatten, in dem wir uns ab April 1945 aufhielten, und die zum anderen eher aus Bildern von freundlichen, gastlichen Menschen bestanden, die uns unser Vater aus seinen Kriegserfahrungen vermittelt hatte.

Als die sowjetische Armee im Mai 1945 in Nordböhmen einrückte, war ich gerade acht Jahre alt geworden. Meine Mutter befand sich mit uns Kindern auf dem Lande bei ihrer Schwester, wo wir früher auch immer unsere Sommerferien verbracht hatten. Das große Haus und der große Garten, in dem immer reichlich Platz für uns Kinder zum Spielen war, wurde von russischen Soldaten total in Beschlag genommen. Uns blieben, zusammen mit Tante, Oma und Cousine, nur ein Zimmer und die Benutzung der Küche. In den Etagen über uns haben die Soldaten nachts gefeiert, reichlich getrunken und getanzt. An die russischen Tänze, wohl Kosakentänze, erinnere ich mich noch, denn wir Kinder sahen, versteckt in einer Ecke, diesem Schauspiel fasziniert und gleichzeitig befremdet zu. Zu uns Kindern waren die russischen Soldaten sehr freundlich, schenkten uns Bonbons, nahmen uns auf den Arm, setzten uns auf ihre Knie und machten Spiele mit uns. Als einer mir dabei einen Kuß gab, spürte ich doch eine große Abwehr, traute mich aber nicht, das zu zeigen. Denn diese zu Kindern so freundlichen, ansonsten lauten, trinkenden, fremden Männer machten mir Angst!

Ich erinnere mich genau an die Gespräche der Frauen über die Übergriffe russischer Soldaten auf Frauen und junge Mädchen, und das Wort Vergewaltigung fiel immer wieder. Ich wußte nicht genau, was das war, aber es hatte mit der Vorstellung von unheimlichen Vorgängen zu tun, in denen Frauen ohnmächtig waren.

Meine Cousine war siebzehn Jahre alt, sie wurde zusammen mit ihrer Freundin oben auf dem Boden des Hauses versteckt. Nach einigen Tagen in diesem Versteck mußten sie vermummt und verkleidet woanders hingebracht werden, wo es sicherer war. Das habe ich alles mitgekriegt, und obwohl mir meine Cousine leid tat, fand ich das alles auch aufregend. Da war in diesen Zeiten bei ganz vielen Erlebnissen immer so eine Ambivalenz in meinen Gefühlen und Einschätzungen: Vieles machte mir angst oder war doch fremd und deshalb unkalkulierbar, aber gleichzeitig neu und machte mich in einer, wie ich spürte, sich nicht ziemenden Weise neugierig! Eine Freundin und einige Teilnehmerinnen aus den Seminaren bestätigten mir, sich gut daran zu erinnern, ähnliche Empfindungen gehabt zu haben.«

Die schrecklichen Erlebnisse, denen Hunderttausende von Frauen überall in den Kriegsgebieten ausgesetzt waren, werden durch die Gespräche von Sander und Johr (1992) mit vielen von ihnen, die damals im Berliner Raum Opfer von Vergewaltigungen wurden, zugänglich und müssen endlich auch von der Öffentlichkeit als Kriegsverbrechen benannt werden. Gerade auch weil in jüngsten Kriegen Vergewaltigung ganz gezielt als Waffe gegen Frauen anderer ethnischer Gruppen eingesetzt wird.

III
Zwischen Dialog und Schweigen: Eltern und Kinder zur NS-Vergangenheit

Die Rechtfertigung des Verdrängten

Die Fragen »Welches sind meine Ursprünge, meine Wurzeln? Was machte mich zu dem, was ich bin?« (Stierlin, 1988, 197) sollen unser Erkenntnisinteresse an den Folgen der NS-Herrschaft für die Familienatmosphäre und den Generationenkonflikt in diesem Kapitel leiten.

Über die Hälfte der an dieser Untersuchung beteiligten Frauen wußte sehr eindringlich zu berichten, welch tiefe Enttäuschung sie durch die Haltung der Eltern zu den Geschehnissen im Nationalsozialismus erfahren haben, als auf ihre Fragen und Ängste in ihrer Kindheit und Jugend mit Schweigen oder ausweichenden Antworten reagiert wurde, während einige Frauen auf nie abgebrochene und teilweise gerade durch gemeinsame Kriegserlebnisse besonders intensive Gespräche mit ihren Eltern zurückblicken können.

Das Verhalten der Eltern kann für Kinder, gerade auch in unsicheren Zeiten, ermutigend wirken und ihnen ermöglichen, trotz schwieriger Verhältnisse eine relative Sicherheit zu entwickeln, oder es kann die Verunsicherung im Kind vertiefen. Es ist eine uralte, sinnstiftende Aufgabe der Eltern, ihren Kindern die Welt zu erschließen und sie erleben und fühlen zu lassen, wie sie Teil einer Generationenkette sind. Dadurch entsteht eine Grundhaltung zum Leben, das Kind lernt seine Teilhabe an der Welt spüren und sie altersgemäß in Besitz zu nehmen. In den Kontinuitäten der Familiengeschichten, überhaupt der deutschen Geschichte, hat es zwischen 1933 und 1945 einen Bruch gegeben, verursacht zuerst durch die Ausgrenzung der Juden, dann durch die eigene Betroffenheit der deutschen Bevölkerung von den Kriegsgeschehnissen und danach durch die Unfähigkeit, ja vielleicht auch anfängliche

Unmöglichkeit zu trauern um die eigenen Opfer und die Opfer der Naziverbrechen. Das Kontinuum des Dialogs zwischen den Generationen geriet dadurch ins Stocken, während gerade in den Zeiten großer Erschütterungen das Gespräch notwendig gewesen wäre.

Heute setzen Frauen der Töchtergeneration mit neuer Hoffnung und noch immer bangen Befürchtungen zu einem erneuten Versuch des Verstehens gegenüber den Eltern und deren Generation an, was für einige Töchter noch immer nicht gleichzusetzen ist mit Verzeihen. Dabei empfiehlt es sich, noch einmal bei der Alltagssituation der Eltern anzusetzen, ihrem privaten und beruflichen Umfeld, und sich die Durchdringung dieser Bereiche durch die NS-Ideologie vorzustellen, mit der erschwerten Lebenslage ab 1939.

Die Anforderungen, denen die Zivilbevölkerung seit Kriegsbeginn ausgesetzt war, verstärkten sich ab 1943 in den Städten durch Luftkrieg und Bombardierungen. Das häufige Aufsuchen der Bunker und Keller war für Frauen mit Kindern besonders belastend und bedurfte häufig der Unterstützung durch andere. Die Männer waren im Kriegseinsatz extremen Belastungen ausgesetzt. In der Nachkriegszeit wurden die vorherigen Gefahren abgelöst durch Lebensbedrohungen infolge von Unterernährung und Krankheiten. Lange Trennungszeit der Ehepartner während des Krieges und Gefangenschaft, eingeschränkte oder gar keine Verständigungsmöglichkeiten sowie sehr divergente Lebensumstände in der Heimat und an der Front hatten nach all den Erschütterungen häufig auch noch zur Entfremdung zwischen den Partnern geführt. (Meyer, Schulze, 1986, 188)

Diese für weite Teile der Bevölkerung schwierige Situation der Kriegs- und Nachkriegsjahre wurde von den Teilnehmerinnen in der individuellen Annäherung an die Geschichte ihrer Eltern in der NS-Zeit und ihre Rückwirkung auf sie selbst mitgefühlt und mitgedacht. So folgten ausführliche Stellungnahmen und Erinnerungen der Frauen, die ergänzt wurden durch knappe Erläuterungen zu historischen und psychologischen Untersuchungen über einige Ursachen und Hintergründe für das kollektive Schweigen der meisten Deutschen zur NS-Herrschaft und zu den NS-Verbrechen. Wie schwierig dieses Unterfangen ist, aus dem wir nur einen sehr begrenzten Erfahrungsabschnitt einzubeziehen in der Lage sind, wird deutlich, wenn selbst der bedeutende Historiker Hans Mommsen von der »Unbegreiflichkeit des Holocaust« spricht.

Eltern-Kind-Beziehung auf dem Prüfstand in Zeiten schwieriger Lebensverhältnisse

»Überlebensgroße geschichtliche Ereignisse greifen nun in den Lebenszyklus der Familien, in die Erziehungs- und Behütungsaufgaben der Eltern sowie in die Sinnsuche der Kinder...« (Stierlin, 1988, 198) Gerade im Nazideutschland und den Nachkriegsjahren wäre das Generationengespräch existentiell wichtig gewesen, denn es waren Verhältnisse von schicksalhafter, generationenübergreifender Tragweite geschaffen worden, die des langen, intensiven Dialogs bedurft hätten.

Durch den Verlust von Angehörigen, Heimat, Haus, Wohnung fühlten sich viele, vielleicht die meisten Deutschen, auch die Täter, als Opfer des Krieges. Vielleicht sind wir heute, mit dem längeren zeitlichen Abstand, eher in der Lage zu akzeptieren und uns vorzustellen, daß die psychische Kapazität und physische Erschöpfung der Deutschen nach Kriegsende weder für die Trauer um die Opfer noch für eine Auseinandersetzung und Aufarbeitung der Verbrechen des NS-Staates an anderen Völkern und dem eigenen Volk ausreichte. Damit finden wir uns in Übereinstimmung mit Tilman Mosers jüngster Überprüfung der psychoanalytischen Diagnosen von der deutschen »Unfähigkeit zu trauern«, in der er fragt, ob diese Diagnosen heute noch einer Überprüfung standhalten.

Viele Deutsche haben sich mit diesem NS-Staat und ihrem Führer Adolf Hitler identifiziert, waren involviert, verstrickt, schuldig. Viele waren schweigende Mitläufer, und gemessen an der deutschen nicht-jüdischen Bevölkerung zählte nur eine Minderheit zum Widerstand und zu den Verfolgten. Ein Zugang zu den Eltern, die der Generation der Täter und Opfer angehörten, müßte sowohl eine Auseinandersetzung mit den Tätern, deren »erschrekkender Normalität«, »Normalitätserfahrung« inmitten monströser Ereignisse als auch ein Gedenken der Opfer einschließen. Dabei zeigt sich die tiefgreifende, allumfassende Verstrickung der deutschen Gesellschaft im Nationalsozialismus. »Die Erfahrung des Holocaust zerfällt nicht nur in die Erfahrung von Opfern und Tätern. Die Erfahrung der Tätergesellschaft selbst zerfällt in eine unübersehbare Breite von widersprüchlichen Kontinuitäts- und Diskontinuitätserfahrungen.« (Thesenpapier: Internationales Hearing 1991, siehe Anhang)[4]

Der Zugang über die Perspektive der Opfer erschließt sich eher, denn es fällt uns leichter, uns mit den Opfern zu identifizieren. Damit mogeln wir uns um die historische Tatsache herum, daß die Mehrzahl der Deutschen zuerst einmal keine Opfer, sondern Mitläufer, Anhänger oder aktive Täter waren. *Aber ein Teil der Schwierigkeiten der zweiten Generation begründete sich gerade darin, daß sie das Fortleben der umfassenden, tiefgreifenden, in Haltung und psychischer Verfaßtheit weiter fortwirkenden Verstrickung der deutschen Gesellschaft mit dem nationalsozialistischen Regime für sich überwunden zu haben glaubte, indem sie sich nicht mit ihren Eltern und deren Nachkriegsgesellschaft identifizierte.* Der Nationalsozialismus veränderte nicht nur die gesellschaftlichen Strukturen, sondern seine Zielsetzung und weitgehende Umsetzung war eine politische und ethnisch-rassische Umformung und Germanisierung, Arierisierung der Gesellschaft. Die Versuche in der Weimarer Republik, fortschrittliche Ziele trotz der vielen preußisch-autoritären Hypotheken in einem modernen demokratischen Staatswesen zu verwirklichen, wurden mit der Machterlangung Hitlers und der Nationalsozialisten weggefegt.

Die Identifizierung mit den Opfern und dem Widerstand fällt unserer Generation, der Generation der Kriegskinder, leichter. Aber man machte es sich in der 1968 begonnenen Konfrontation der Älteren, der Eltern mit ihrer NS-Vergangenheit zu leicht, wenn sich die kritischen jungen Leute der achtundsechziger Bewegung mit ihren Zukunftsvorstellungen von einer sozialistischen, zumindest sozial gerechteren Gesellschaft als Gesinnungserben des antifaschistischen Widerstandes verstanden und sich mit den »roten Großvätern«, den damaligen Sozialisten und Kommunisten, identifizierten. In der Rezeption der Geschichte des NS-Regimes und des Faschismus in den folgenden frühen siebziger Jahren und der politisch lebhaft diskutierten, häufig aber dominant ideologisch geführten Faschismus- und Kapitalismuskritik wurde zwar die geschichtlich notwendige und auch ausführlich nachgeholte Erforschung des deutschen, vor allem antifaschistischen Widerstands geleistet, die Diskussion blieb aber nur auf Teile der nationalsozialistischen Wirklichkeit begrenzt.

Zur Geschichtsschreibung der nationalsozialistischen Vergangenheit und des Holocaust in der Bundesrepublik Deutschland möchte ich einige Stellungnahmen und Auszüge aus jüngsten wissenschaftlichen Untersuchungen deutscher Historiker zu dem Phänomen referieren, daß man sich über Jahrzehnte nur zögernd und dann nur teilweise mit den NS-Verbrechen und ihrer Aufarbeitung befaßte. Hierdurch läßt sich eher ein Zusammenhang zwischen der Haltung in der deutschen Bevölkerung zum Nationalsozialismus und den NS-Verbrechen herstellen. Quelle für diesen kurzen historischen Diskurs sind vor allem zwei wissenschaftliche Tagungen: a) »Internationales Hearing zum Holocaust« in Frankfurt 1991, b) »Zur Gegenwart des Holocaust«. Tagung in Arnoldshain 1992.[5]

Seit Kriegsende und bis in die fünfziger Jahre hinein zeigten nicht nur Täter, sondern auch Opfer und Verfolgte wenig Neigung, sich mit der NS-Vergangenheit zu beschäftigen. »Aufpassen, daß das nie wieder geschehen kann«, war das Schlagwort, und der Aufbau einer neuen Demokratie und Wirtschaftsordnung hatte Priorität. In diesen Jahren waren die NS-Verbrechen in der Bevölkerung noch bewußt. Zwei Bücher von Bedeutung erschienen: ›Das Tagebuch der Anne Frank‹, das Auschwitz ausblendete, und Eugen Kogons ›Der SS-Staat‹ 1947. Darin fanden sich von 420 Seiten nur 18 Seiten über den Holocaust. Die Auswirkung von Kogons Buch bestärkte in der deutschen Geschichtsforschung die Tendenz, die Allmacht der SS zu betonen – als Erklärung für mangelnden Widerstand der deutschen Bevölkerung. Dann folgten der Eichmann-Prozeß 1961 in Israel und 1963 bis 1965 die Auschwitz-Prozesse in Westdeutschland. Vor allem sie erregten in der deutschen Öffentlichkeit viel Aufmerksamkeit. Danach, bis Anfang der siebziger Jahre, konzentrierte sich die deutsche historische Forschung wesentlich auf die kleinen Gruppen, die Eliten um Hitler. »Defizite der Forschungsphase 1958 bis 1971 entstanden durch die Konzentration auf die deutschen Täter« (Vortrag: Herbert, 1992). Erst 1979 gab es eine breite öffentliche Beschäftigung mit dem Holocaust, bezeichnenderweise ausgelöst durch die amerikanische Fernsehserie gleichen Namens. Anfang der achtziger Jahre wurde in der Wissenschaftsdiskussion die Ingangsetzung der Judenverfolgung hinterfragt, und die Opfer wurden mehr in den Mittelpunkt wissenschaftlichen Interesses gestellt, wenn es auch weiterhin die Beschäftigung mit den NS-Machthabern gab. Auch die Entwicklung der Alltagsgeschichte resultierte aus dieser Phase.

Dieser sehr kurze historische Abriß soll verständlich machen, daß bis spät in die siebziger Jahre hinein der Öffentlichkeit wenig historisch aufgearbeitete Informationen über den Holocaust zur Verfügung standen. Auch wissenschaftliches und didaktisch aufbereitetes Material für Universitäten und Schulen war nicht in hinreichendem Maße greifbar, so daß wichtige Grundlagen für eine Auseinandersetzung mit den NS-Verbrechen und eine notwendige Standpunkterarbeitung bei der älteren Generation, zu der viele Lehrer im Amt noch gehörten, und der jungen Generation fehlten. Gesammelte Schüleraufsätze von 1977 erregten seinerzeit Aufsehen, weil sie von völlig abstrusen Vorstellungen und Unkenntnis über den Hitler-Staat Zeugnis ablegten. (Boßmann, 1977[6])

Damit spreche ich nicht der Rechtfertigung des Verdrängens das Wort, möchte aber auf eine mögliche Parallelität bei den Schwierigkeiten hinweisen, die die westdeutsche Geschichtsforschung und die deutsche Bevölkerung mit der deutschen NS-Vergangenheit seit 1945 hatten und noch heute haben, mit einer, allerdings bemerkenswerten, qualitativen Veränderung im letzten Jahrzehnt.

Wenn ich anschließend ausführlicher auf die Zeit von 1968 und die frühen siebziger Jahre eingehe, so deshalb, weil da die zweite Generation, die Töchter und Söhne, einige noch heute nachwirkende Veränderungen in Gang setzten: in der achtundsechziger Bewegung, die keine deutsche Sache, sondern eine internationale Bewegung war, gab es die sehr persönlich geführte Diskussion der jungen mit der Elterngeneration, während die Diskussion über den Nationalsozialismus in den siebziger Jahren auf die Ebene der politischen Systeme, der Systemtheorie gerückt wurde. Damit geriet die Wirklichkeit des Nationalsozialismus immer mehr in den Hintergrund – man kann für diese Jahre von einer »Phase der zweiten Verdrängung« (Herbert, 1992) sprechen. Nach dem »Durchmarsch« durch die siebziger Jahre hat man die Aufarbeitung des Nationalsozialismus vertieft, und die Entwicklung der Alltagsgeschichte und Geschichte von unten resultierten aus dieser Neuorientierung – es ging jetzt um Rekonstruierung und Rehistorisierung.

Indem wir uns weiter auf den durch die deutsche Vergangenheit besonders prekären Generationenkonflikt konzentrieren, können wir aus heutiger Erkenntnis sagen, die achtundsechziger Generation verdammte die Eltern in »inquisitorischer Verstockung«, wie Tilman Moser es nennt. Diese Haltung wurde gerade von engagierten Lehrerinnen und Lehrern nach 1968 in die Schulen hineingetragen und wirkte sich somit auch auf die dritte Generation aus. Der Disput wurde, wie gesagt, besonders heftig in dem politisch offeneren und in Bewegung geratenen gesellschaftlichen Klima Ende der sechziger, Anfang der siebziger Jahre ausgetragen. Unsere Fragen damals waren selbstgerecht und moralisierend vorgetragen – mit dem neu erworbenen politisch-historischen Wissen, das dann aber in verschiedenen linken Gruppen mit zum Teil verbissenem Rigorismus und elitärem Dogmatismus diskutiert wurde. Dadurch entstanden auch neue Ausgrenzungen bei der Diskussion der jüngsten deutschen Geschichte durch die zweite Generation. Die Gespräche mit den durch die nationalsozialistischen Geschehnisse zum Teil sich belastet fühlenden oder tatsächlich belasteten Eltern konnten sich deshalb noch zu keinem Dialog entwickeln.

Heute fragen sich *Frauen der Töchtergeneration*, die von dieser Bewegung von 1968 beeinflußt waren und danach den Weg der bewußten Suche nach den Spuren der Frauengeschichte als Teil ihrer weiblichen Identität gingen, wie sie damals so inquisitorisch verstockt *von den Eltern Schuldgeständnisse, Reue erwarten konnten und mit dieser Haltung den Zugang zu ihren eigenen Gefühlen von Trauer und Scham über die Täter und Opfer des NS-*

Regimes versperrten. So hatten sie die Verdrängungen der Eltern zumindest psychisch auch selbst fortgesetzt. Und obschon die damals begonnene Auseinandersetzung das vorherige Schweigen über die deutsche NS-Geschichte in Bewegung geraten ließ, hatten sie zu dominant die politische Analyse gesucht.

Die Schuldfrage, die viele Frauen in der Auseinandersetzung mit den Eltern umtrieb, beinhaltet eigentlich zwei Fragen: 1. Haben sich meine Eltern im NS-Staat schuldig gemacht, und stamme ich deshalb von verstrickten Eltern ab? 2. Machte und mache ich mich mit meinen drängenden Fragen, Anklagen, adressiert an die Eltern, nicht auch schuldig? Eine der Gesprächsteilnehmerinnen meinte einmal unter heftigen Tränen: »Eigentlich hat man unseren Eltern mit dem Nationalsozialismus und den Leiderfahrungen im Krieg und der unendlichen Schuld seitdem ihr Leben gestohlen!«

Bei einem Gespräch, das ich mit einer Freundin führte, die sich auch schon 1968 sehr kritisch mit den politischen und sozialen Dimensionen des Nationalsozialismus auseinandergesetzt hatte, meinte diese rückblickend: »*Wir haben nach 1968 zwar Fragen gestellt zur NS-Vergangenheit der Eltern – aber wir haben so gefragt, daß sie gar nicht antworten konnten.* Und wir wollten es trotz der Fragen gar nicht so genau wissen. Hätten wir denn fragen können, den Vater, der an der Ostfront war, ›Hast du auch am Graben gestanden, als standrechtliche Erschießungen stattfanden?‹ Darauf hätten sie uns gar nicht antworten können! Das können wir heute so betrachten. Und wir – auch die Kritischen, Politischen unter uns, wollten nicht mit Einzelheiten aus den Kriegserlebnissen konfrontiert werden, weil es psychisch schwer zu ertragen gewesen wäre, die ganze Wahrheit über das Verhalten der Eltern im NS-Staat zu erfahren.«

Zur nochmals gesonderten Auseinandersetzung der Töchter mit der Müttergeneration, der Frauen im NS-Staat, leisten jüngste Analysen von Wissenschaftlerinnen wichtige Beiträge zum feministisch-historischen Diskurs. So lassen sich seit Beginn der achtziger Jahre in der Geschichtsrezeption über die Rolle der Frauen im NS-Staat neue Ansätze erkennen, wie unter anderem die gesammelten Beiträge in »TöchterFragen. NS-Frauengeschichte« (Gravenhost, Tatschmurat, Hg., 1990) dokumentieren.[7] Wie in meiner Untersuchung sind es in dem oben genannten Buch Frauen (hier Forscherinnen) der Töchtergeneration, die Fragen zur Geschichte der Generation ihrer Mütter im NS-Staat stellen und der wissenschaftlichen Forschung unterziehen. Dabei scheint mir interessant, daß ähnlich wie lange Zeit auch in der Geschichtsrezeption des Nationalsozialismus in Westdeutschland in bisher erschienenen Frauenforschungsbeiträgen zur NS-Frauengeschichte die Begriffe und weitgehend wohl auch die Auseinandersetzung mit dem »Holocaust« und »Auschwitz« noch fehlen. In vielen Titeln der feministischen sozialwissenschaftlichen Veröffentlichungen findet sich kein Hinweis auf die Schuld und Verantwortung Deutschlands und der Deutschen an der Vernichtung der Juden und Millionen anderer Opfer. Frauenforscherinnen müssen diese Tendenz im Diskurs über den Nationalsozialismus beachten, was ihnen jetzt eher gelingen sollte »als zu Beginn feministischer Frauenforschung, als es überhaupt darum ging, ein Bewußtsein von Frauenstärke unter Verhältnissen von Frauendiskriminierung und -unterrückung zu gewinnen«. (Gravenhorst, Haubrich, 1990, 43/44)

Fragebogenauswertung: Stellungnahmen und Gespräche zum NS-Regime

Erinnern Sie sich, ob in Familie und Bekanntenkreis politisch über das NS-Regime gesprochen wurde – während und nach dem Krieg? Gab es in späteren Jahren eine Aufarbeitung?

In den Fragebögen geben die Teilnehmerinnen in knappen Sätzen wieder, ob im Elternhaus über die NS-Zeit gesprochen wurde und mit welcher Haltung und Einstellung. Hier die wichtigsten Auszüge aus den Antworten:

a) Nein, keine Gespräche über NS-Zeit in Familien: 15 Antworten
b) Ja, es gab Gespräche über NS-Zeit in Familien: 13 Antworten

Auszüge aus Antworten zu

a) Nein, keine Gespräche:

– Kaum darüber gesprochen. Bilde mir ein, mit acht Jahren Hitler gesehen zu haben, ob das stimmt, weiß ich nicht. Vater war

Nazi seit 1939 (erst wurde er Nazi, dann hatte er wieder Arbeit). Er war aber Kriegsgegner (oder Drückeberger?). Freund von ihm war Jude, wurde verprügelt, aber nicht deportiert. Vater hat – wie viele seiner Generation – später in der BRD Freizügigkeit und wachsende Kriminalität beklagt – hat Hitlers straffe Hand vermißt. Er ist für mich Nazi geblieben.

– Nicht mit meinen Eltern. Im Freundeskreis reden wir heute noch oft über die Geschehnisse. Ich habe mich allerdings noch nie schuldig gefühlt. Warum eigentlich?

– Nein, mein Stiefvater ist heute noch ein alter Nazi, er hat nichts gelernt.

– Über das NS-Regime wurde bei uns nie gesprochen. Ich bin damit das erste Mal bewußt in England konfrontiert worden – 1961. Ich erinnere mich an das Gefühl von Scham darüber, daß ich so unwissend war, und an die Erleichterung darüber, daß meine Eltern nicht schuldig sein konnten, weil sie ja nicht im Reich gelebt hatten. Mein Versuch, nach meiner Rückkehr mit meinen Eltern zu reden, scheiterte. Von vielen Dingen haben sie wirklich nichts gewußt. Eine kritische Auseinandersetzung über jene Zeit war mit ihnen nicht möglich, weil sie prompt auf die Fehler der anderen Nationen verwiesen. Wenn sie sich von mir in die Enge getrieben fühlten, warfen sie mir fehlenden Nationalstolz und Nestbeschmutzung vor, und damit war jeder Diskussionsversuch beendet.

– Nein, meine Mutter blieb bei der Meinung »Hitler hat auch Gutes getan, Autobahnen gebaut und die Arbeitslosigkeit beseitigt«.

– Es gab nur Streit zum Thema Nazizeit – heftigste Reaktionen der Eltern auf Fragen und Kritik.

– Keine Gespräche, vor allem meine Mutter war stur, unbelehrbar, verleugnend. Deshalb vermied ich sehr bald solche Auseinandersetzungen.

– Nein. Es wurde weder damals noch heute darüber gesprochen. Einige Familienmitglieder der alten Generation leben noch. Nie wurde über die Verstrickung – über ein vielleicht verständliches Abhängigkeitsgeflecht gesprochen.

– Meine Mutter war unpolitisch und auch unfähig (?), sich mit dem NS-Regime auseinanderzusetzen. Der SS-Onkel bejahte alles und war der Meinung, es seien viel zu wenig Juden vergast worden (wörtlich!). Ich war nach 1945 anfangs haßerfüllt auf die Russen und Kommunisten, später änderte sich meine Haltung durch persönliche Begegnungen und unseren Jugendpfarrer. Fragen nach dem politischen Verhalten während der NS-Zeit wurden von meiner nahen Umgebung konsequent abgewehrt. Eine Aufarbeitung hat es zu keiner Zeit gegeben, nur Entschuldigungen (wir hatten nichts gewußt).

- Ich erinnere mich nur, daß ich meinen Vater während des Konfirmationsunterrichts fragte, was er von Jesus hielte. Vater antwortete, das sei jemand wie Hitler gewesen. Er habe die ganze Welt verändern wollen und sei jämmerlich damit gescheitert. Sonst hörte ich nur in der Schule etwas über den Holocaust.
- Das NS-Regime wurde in meiner Familie meines Erachtens eher ertragen als getragen und nicht in meinem Beisein kommentiert.
- Nach 1945 hatten wir Flüchtlingsfamilien im Haus, da wurde schon über die Vertreibung und Kriegserlebnisse gesprochen, aber nicht über das Naziregime. Vater war Nationalsozialist, ist 1929 in die Partei eingetreten aufgrund der Wirtschaftsprobleme. Später kritisierte er, Hitler habe wirtschaftlich falsch gehandelt – alles andere akzeptierte er. In meiner Pubertät habe ich das dann vor allem bei ihm, aber auch bei meiner Mutter, zur Sprache bringen wollen. Da haben wir uns immer gleich in die Wolle gekriegt. Ganz beleidigt reagierten dann beide: ›Man hackt nur auf uns Deutschen rum, Franzosen und Engländer haben sich auch viel zuschulden kommen lassen.‹

Auszüge aus Antworten zu
b) Ja, Gespräche über NS-Zeit:

- Viel wurde darüber gesprochen, besonders Gespräche zwischen Mutter und mir.
- Habe selbst KZ-Häftlinge gesehen, die in kleinen Betrieben gearbeitet haben. Mitleid! Es wurde nach dem Krieg darüber geredet – einer wußte das, der andere nicht. Vater war gegen Partei.

Wenn alle auf die Barrikaden gegangen wären...! Keine Schuldgefühle.

- Ja, es wurde viel darüber gesprochen, alles alte Nazis, die immer wieder das Positive des Nationalsozialismus herauskehren wollten. Eine Aufarbeitung gab es nicht.
- Direkt nach Kriegsende wurde nicht darüber gesprochen. Später Gespräche mit meiner Mutter; sie war nie aktiv gewesen in der Hitlerzeit, war gegen Hitler und sehr bemüht, ihrer Schwester mit jüdischem Mann zu helfen.
- Während des Krieges wurde über die Unsinnigkeit des Krieges gesprochen, aber nur mit bestimmten Leuten. Nach dem Krieg, ich lebte in der sowjetisch besetzten Zone, wurde viel über das Nazisystem informiert, auch in der Schule.
- Vater war verfolgt (1943 gestorben), er hat viel mit mir als Kind darüber gesprochen. Onkel im KZ, wonach er 1939 gestorben ist. Wir haben immer mit unseren Kindern darüber gesprochen. Beide Söhne haben den Kriegsdienst verweigert.
- Ja, es wurde gesprochen, es gab keine Verdrängung. Ich konnte meine Eltern sehr viel fragen und erhielt Antworten.
- Nach dem Krieg: ja, Aufarbeitung. Während des Krieges: keine Erinnerung, war zu klein.
- O ja! Mein Vater hat später sehr darunter gelitten und oft mit uns darüber gesprochen, daß er Parteimitglied gewesen war und nicht mit allen Konsequenzen durchschaut hat, wie er durch seine Arbeit beim Arbeitsdienst das NS-Regime unterstützte. An Gespräche während des Krieges kann ich mich nicht erinnern. Ich weiß nur, daß mein Vater beim Arbeitsdienst sehr beliebt war und auch dafür sorgte, daß die Kriegsgefangenen menschlich behandelt und versorgt wurden.
- Gesprochen wurde schon vor der Flucht über das, was den Juden, Zigeunern und Kommunisten (soweit bekannt) angetan wurde, weil man im Ort mit solchen Menschen zusammengelebt hatte und mit ihnen ausgekommen war. Danach, weil wir ja infolge des Krieges die Heimat verloren hatten, wurde die Frage der »Rechtmäßigkeit« immer wieder diskutiert. Aufgrund der verkürzten Faschismustheorie damals blieben die Einsichten lange Zeit zu sehr der eigenen Situation verhaftet.

– Es wurde oft bei uns mit guten Freunden über die politische Lage gesprochen. Mein Vater hörte Auslandssender, und der Satz, ›Es ist furchtbar, was der Hitler macht‹, ist oft gefallen. Bei uns wurde immer offen über alles geredet. Wir haben unsere Mutter auch zur NS-Zeit befragt, dabei hat sie auch über ihre Hilflosigkeit gegenüber dem NS-Regime gesprochen, auch, daß sie traurig darüber war, was damals geschah. Deshalb konnten wir ihr keinen Vorwurf machen.
– Ausgesprochene NS-Gegnerschaft – das habe ich als Kind mitbekommen.

Erinnerungen: Der Dialog kann den Generationenkonflikt überbrücken – Schweigen belastet

Bei den intensiven Erinnerungsgesprächen in den Seminaren, bei denen bald eine allgemein anregende, inspirierende Atmosphäre entstand und längst vergessen geglaubte Bilder aus vergangenen Zeiten wieder auftauchten, konnten einige auf nie abgebrochene Gespräche mit Eltern und Lehrern zurückblicken.

Gertrud A.: »Ja, ich habe schon viel mitbekommen und war bei vielen Gesprächen dabei. Meine Eltern waren keine Nazis. Sie gingen niemals zu Parteiversammlungen. Mein Vater war, trotz aller Überredungskünste von ›Parteigenossen‹ – die ich als bedrückend erlebte – nicht Parteimitglied. Er ging freundlich-diplomatisch mit diesen Leuten um, sprach mit ihnen Platt – aber ein falsches Wort...! Ich spürte die Gefahr, die in der Luft lag: Meine Eltern waren reformierte Christen, unser Pfarrer gehörte zur ›Bekennenden Kirche‹. Das prägte. Nach sonntäglichen Gottesdienstbesuchen saßen oft noch einige Leute bei uns zu Hause und diskutierten religiöse und politische Themen. Mein Vater vertrat den Standpunkt: ›Wenn die Juden ausgerottet sind, kommen wir, die Christen, dran.‹ Die Eltern waren wohl im passiven Sinne Widerständler.«

Eine solche Haltung der Eltern hatte natürlich eine große Bedeutung für die Frauen, die in der kritischen Auseinandersetzung mit der Nazizeit nicht zweifeln mußten, ob ihre Eltern über diese

Zeit deshalb schwiegen, weil sie vielleicht schuldhaft verstrickt waren. Während für über die Hälfte der an der Untersuchung beteiligten Frauen noch immer nicht die Frage beantwortet ist, warum die Erfahrungen und Einstellungen der Eltern zum Dritten Reich so sehr tabuisiert waren. Schon als Kinder, dann drängender in der Pubertät und später nochmals als junge Erwachsene hatten sie ihre Eltern um eine Antwort bedrängt.

Aber ebenso, wie ein Kind stets fragen muß, muß es auch Vertrauen in die Eltern haben und Loyalität ihnen gegenüber zeigen können. Kinder haben ein sehr feines Gespür dafür, welche Fragen und Themen den Eltern unangenehm sind, und machen sich oft aus Angst zu Komplizen der Eltern im Verdrängen und Schweigen, wie einige hier aufgezeichnete Beispiele belegen. Das kann sich vor allem bei Kindern von im NS-Staat belasteten Eltern »in Wahrnehmungs- und Realitätsverzerrungen, Gefühlsflachheit... äußern, ... mit denen man sich gegen Unerträgliches schützt«. (Westernhagen, 1991, 103)

Wenn in manchen Familien die Nazizeit und die schweren Nachkriegsjahre besser bewältigt wurden, indem man über die Erschütterungen sprach, bedeutete das für die Kinder eine Entlastung. So blieb der für die kindliche Entwicklung wichtige Dialog zwischen den Generationen lebendig, wodurch schon im Kind ein Gefühl von Verbundenheit mit den Geschichten und der Geschichte der Eltern- und Großelterngeneration entsteht. Daraus kann dann später allmählich das Wissen und das Verständnis wachsen, sich als Teil der Generationenkette zu erleben. Dieses Gemeinschaftsgefühl erfuhr infolge der Ereignisse im Nationalsozialismus bei vielen Kindern nachhaltige Erschütterungen und zeigt sich zum Beispiel bei den an dieser Arbeit beteiligten Frauen in ihrer Unsicherheit über unerklärte Lücken in ihrer Familiengeschichte. So machten die Gespräche und die empirischen schriftlichen Aussagen deutlich, daß die meisten Teilnehmerinnen unter der Tabuisierung der damaligen Ereignisse in ihren Familien gelitten hatten, was die Beziehungen zu ihren Eltern belastete und auch zu Lücken in der familienbiographischen Kenntnis führte.

Inge S.: »Für vieles, was ich in diesen Kriegs- und Nachkriegsjahren erfahren oder empfunden habe, hatte und habe ich größtenteils keine Sprache, keine Worte. In unserer Familie wurde überhaupt nie über diese Zeit gesprochen. In der Therapie lerne ich für Empfindungen, Erinnerungen aus dieser Zeit Worte zu finden – das ist ein sehr harter, schmerzlicher Prozeß.«

Verunsichernde, erschütternde Empfindungen und Erlebnisse, für die das Kind keine Sprache entwickelte, wie Inge S. hier schildert, haben viele Kinder im Krieg erfahren müssen, mit psychisch und zum Teil psychosomatisch ernsten Folgen für die kleinen Kinder, die sich noch in der präverbalen Periode oder in einer noch sehr undifferenzierten Phase ihrer Sprachentwicklung befanden. Eine entwicklungspsychologisch frühe Störung kann in einer späteren Phase behoben werden: In der Psychotherapie wird durch das Wiederbeleben sprachliches Nachfassen möglich. (Heisterkamp, 1991, 77–87)

Inge S.: »Wir wohnten nach der zweiten Flucht auf dem Land, das keine äußeren Spuren des Krieges aufzeigte, und man konnte es sich finanziell auch kaum leisten, mal in eine nahegelegene Stadt zu fahren. Als ich damals, 1957, als Vierzehnjährige nach Bremen auf eine kaufmännische Schule ging, war ich entsetzt, mitten in der Stadt noch so viele Ruinen zu sehen. Erst da wurde ich als Jugendliche das erste Mal bewußt an den Krieg erinnert, da zu Hause und in der Schule nicht darüber gesprochen worden war.«

Gerda D.: »Die Geschehnisse im NS-Staat, in der Kriegszeit, waren in unserer Familie kein Thema. Mein Vater war in der Rüstungsindustrie tätig und wurde deshalb nicht zum Militärdienst eingezogen. Ich habe die Kriegsereignisse nur passiv erlebt, nicht aber aktiv darüber gesprochen. So unglaublich es mir selbst erscheint, ich kann mich an kein Gespräch erinnern, obwohl wir ja Monate nur im Keller gelebt haben, weil wir im Ruhrgebiet schon seit 1943 von Bombenangriffen betroffen waren. Auch war ich wahrscheinlich gar nicht fähig zu fragen, da ich spürte, meine Eltern haben kein Verständnis für mich und meine vielen Ängste und die lästigen Fragen, die ich mit mir herumtrug.«

So wurden durch die in den Kriegsjahren entstandenen Verhält-

nisse einerseits die Entwicklungsmöglichkeiten der Kinder eingeschränkt, andererseits die Schwierigkeiten der Eltern, mit den Kindern, ihren Konflikten und psychischen Problemen umzugehen, sehr verstärkt.
Das Kind Gerda D. fühlte sich nicht geschützt und nicht geborgen bei seinen Eltern, das ist noch heute für Gerda das vorherrschende Empfinden. Es scheint ihr selbst unglaublich, daß sie sich an kein Gespräch erinnern kann. Wir können annehmen, daß das, woran sie sich erinnert, nicht unbedingt identisch ist mit den objektiven Geschehnissen. Unsere Erinnerungen ebenso wie unsere Wahrnehmungen haben tendenziöse Züge, das heißt, sie sind von unserer subjektiven Sicht und Erlebniswelt geprägt. Vielleicht wurde über die Kriegshandlungen damals in der Familie von Gerda D. doch ab und zu gesprochen, aber dann wahrscheinlich mit einer so starken Abstraktion von den Gefühlen, so daß das Kind sich in seiner Angst unverstanden und nicht angenommen fühlen mußte. Gerda D. hat im Ruhrgebiet schon ab 1943 die schlimmen Bombenangriffe mitbekommen, und nach einer zeitweisen Evakuierung aufs Land wurde sie dann sehr krank. Später, als erwachsene Frau, hat sie sich viele Jahre in psychotherapeutische Behandlung begeben müssen. Dort stand für sie die Auseinandersetzung mit der Beziehung zu ihren Eltern, die sie in den Kriegs- und Nachkriegsjahren so emotionsarm und einfühlungslos empfunden hatte, besonders im Mittelpunkt.

Durch die Therapie gestützt, konnte Gerda D. ihre kreativen und künstlerischen Fähigkeiten entwickeln und Mut zu einer beruflichen Umorientierung gewinnen. Nach Jahren in ihrem ersten Beruf als Krankenschwester hat sie noch eine Ausbildung zur Beschäftigungstherapeutin gemacht und arbeitet heute in eigener Praxis mit Kindern und Erwachsenengruppen, wo sie ihre Modellierarbeiten mit Stein und Ton integrieren kann.

Solch emotionales Unvermögen bei den Eltern (als tatsächlich vorhanden konstatiert, ohne Schuldzuweisung gemeint) hat das Leiden vieler Kinder an den tief beunruhigenden Kriegsgeschehnissen psychologisch verstärkt, wie wir auch an nachfolgenden Beispielen sehen werden.

Gudrun M.: »Heute würde ich mir wünschen, daß die Eltern weitaus weniger rechtfertigend gewesen wären. Es ging mir darum, von ihnen zu hören, wie war denn die Nazizeit für euch, wie und was habt ihr da erfahren, was erlebt? In der Schule habe ich Informationen über diese Zeit bekommen und habe dann angefangen, meinen Eltern Fragen zu stellen. Die Antwort waren nur Rechtfertigungen. Von meinem Vater weiß ich sehr wenig. Er arbeitete in einem wichtigen Versorgungssektor, war deshalb viel auf Reisen. Deshalb war er nicht zum Militärdienst eingezogen worden. Er hat nur einmal gesagt, er wollte gesunde, blonde, deutsche Kinder. Wir sind ja auch alle blond. Das Prädikat ›gesunde, deutsche Kinder‹ grenzt ja alle, die anders sind, aus, und das empfinde ich doch als rassistisch gedacht; eine Vorstellung, gegen die ich mich noch heute wehre und der ich unbewußt wohl bemüht war, nicht zu entsprechen. Denn ich entwickelte mich gar nicht nach den Vorstellungen der Eltern. Von den Verfolgungen und Verbrechen seitens der Nationalsozialisten hätten sie nichts gemerkt. Und sie, die Mutter, sei ja schließlich allein gewesen mit drei kleinen Kindern und habe sich nicht auch noch darum kümmern können, was anderswo Schlimmes passierte! So ist keine Situation entstanden, in der ich hätte weiterfragen können, da die Mutter das durch ihr rechtfertigendes Gehabe sofort abgeblockt hatte. Meine Mutter hat auf ihre Weise überlebt, mit ihren Verdrängungen auf der Ebene sehr rigider Vorstellungen darüber, wie es langzugehen hatte im Leben, und das mit wahnsinnig viel Angst! Der Preis dafür war ein emotional sehr eingeengtes Leben. Das hatte sich auf mich übertragen, und meine Mutter hat mich auch zum Teil darin festgehalten.«

So war zwischen Gudrun M. und ihrer Mutter eine Situation entstanden, wie sie Helm Stierlin ähnlich am Beispiel einer Patientin schildert, in dem der Dialog zwischen Mutter und Tochter zusammenbrach, beide danach aber aneinander gebunden blieben. »Hätte der Dialog weitergehen sollen, hätte die Mutter sich eingestehen müssen, daß ihr Mann für einen verbrecherischen Krieg gefallen war, daß sein – und ihr – Opfer keinen Sinn hatte. Dies war ihr unmöglich... Aber auch die Tochter vermochte nicht die... Überzeugung aufzugeben, die sie den Krieg und zugleich die Einstellung der Mutter verurteilen ließ.« (Stierlin, 1988, 207)

Hätte also auch zwischen Gudrun M. und ihrer Mutter der Dialog weitergehen sollen, hätte auch Gudruns Mutter sich eingestehen müssen, daß sie und ihr Mann als Mitläufer im Naziregime nicht einmal im nachhinein kritische Gedanken über dieses Regime bei sich und ihren Kindern tolerierten, und Gudrun hätte von ihrer kritischen, implizit schuldzuweisenden Haltung Abstand nehmen müssen.

Über ihren Vater sagte Gudrun M.: »Mit meinem Vater hatte ich später als junge Frau noch einmal ansatzweise ein Gespräch über seine Erfahrungen in der Nazizeit, aber das kam schnell zum Stocken, er wich aus, und ich habe danach nie wieder mit meinen Eltern über dieses Stück ihrer Vergangenheit gesprochen. Diese leeren Flecken in der Familiengeschichte, im finstersten Kapitel deutscher Geschichte, machen mir bis heute zu schaffen. Vor mir, vor uns, haben doch schon die Eltern gelebt, und von daher hast du ein Recht auf eine Interpretation dieser Welt! Ob du sie kriegst, ist eine andere Frage.«

Durch die mangelnde Auseinandersetzung mit den Eltern entstand hier eine Unsicherheit über die leeren, unausgefüllten Felder in der Familiengeschichte und der kollektiven deutschen Geschichte.

»Welches sind meine Ursprünge, meine Wurzeln? Was machte mich zu dem, was ich bin?« (Stierlin, 1988, 197) Bei diesen Fragen auf der Suche nach der eigenen Identität ist das Gespräch zwischen den Generationen ein Wegweiser. Aber die Geschehnisse der Nazizeit hatten die Dialogfähigkeit zwischen den Generationen und die Voraussetzungen für die Erfüllung der elterlichen Aufgaben beeinträchtigt. Das Ineinanderfließen individueller und kollektiver Geschichte zeigte sich in den Gesprächen und Erinnerungen über die Lebensläufe und schwierigen Identitätsfindungen der Frauen der Töchtergeneration.

Wir müssen aufgrund der biographischen Berichte annehmen, daß ein Teil der Eltern in der Nazizeit und den Jahren nach 1945 Schwierigkeiten hatte, mit den Fragen und Ängsten seiner Kinder umzugehen. Die Eltern waren durch die »überlebensgroßen« Ereignisse selbst überfordert. Das hatte zum Teil sehr problematische Folgen für die Kinder. »Da haben wir Eltern erwischt, die absolut unfähig waren!« meinte eine Teilnehmerin nach dem Verlauf der (auszugsweise wiedergegebenen) Gespräche in der Gruppe. Was die Frauen noch heute in den Beziehungen zu ihren Eltern als Mangel empfinden, ist weitgehend repräsentativ für die Kriegs- und Nachkriegsjahre. Sie, die Kriegskinder, die von ihren Eltern und in der Schule mehr wissen wollten darüber, was passierte, wie der Kriegsalltag aussah in den Städten, auf dem Land, an der »Front«, erhielten ausweichende oder ablehnende Antworten und fühlten sich allein gelassen mit ihren Fragen und Phantasien. Die Fragen der Kinder haben *bei den Eltern* sicher Ängste ausgelöst und darum die *Abwehr der Kinderfragen zur Abwehr eigener Ängste und Schuldgefühle* notwendig gemacht.

Inge S.: »Da wir ja alle aus einer Verdrängungsgeneration kommen, Verdrängung, von den meisten Eltern vorgelebt und von uns viel zu lange hingenommen, verfügten offensichtlich damals sehr viele Leute über diese Fähigkeit, die unangenehmen Dinge, die an die damalige Zeit erinnerten, einfach abzuspalten, unter dem Motto: Das hat nichts mit mir zu tun.«

Gerda D.: »Ich merke zum Beispiel an mir, wie ich freier werde durch Gespräche in den Frauenseminaren hier, wo wir die Kindheitserlebnisse der Kriegs- und Nachkriegsjahre besonders in den Mittelpunkt stellen. Auch durch eine längere Psychotherapie, in der die äußeren Umstände meines Lebens, in diesem Falle die Kriegszeit, berücksichtigt wurden, erhielt ich Unterstützung. Und die Kraft, die ich früher für die Verdrängung brauchte, setzt jetzt Kräfte frei für neue Interessensgebiete und für das, was ich für meine Zukunft erreichen will.

Parallel zur individuellen Ebene hat der Umgang mit der Vergangenheit auch eine Bedeutung auf gesellschaftlicher Ebene, *wenn ein so großes Volk oder große Teile der Bevölkerung nach einem so schlimmen Krieg viele Energien jahrelang dafür benötigen, um diese Erinnerungen möglichst schnell zu vergessen und wegzuschieben. Hier wurde sehr viel Energie gebunden, die sonst auch neue Kräfte für die Zukunft freigesetzt hätte.*«

Die mangelnde Orientierung über die NS-Zeit hatte bei der Gruppe von Frauen zu manchen, meistens nicht bewußten Umwegen und Abwegen in ihrer Suche nach privaten und politischen Identifizierungen und Orientierungsmöglichkeiten geführt. Ihre Haltung gegenüber ihren Eltern ist im einzelnen recht unterschiedlich, worin ein Stück des Umgangs mit der Familiengeschichte und ihrer heutigen Lebenshaltung zum Ausdruck kommt.

Sich die Geschichte der Eltern im Nationalsozialismus bewußtmachen

Inge S.: »Mir ist bei der Beantwortung der Fragebögen zu unserem Thema noch einmal klargeworden, daß meine Eltern damals bei Kriegsende gerade mal fünfundzwanzig Jahre alt, also selber noch unerfahrene Menschen waren. Aus- und umgesiedelt von Bessarabien nach Sachsen, von dort nach Polen auf polnische Bauernhöfe geschickt, zu harter landwirtschaftlicher Arbeit, danach geflohen in den Westen. Sie konnten psychisch damit gar nicht fertig werden, mit diesem Verlust aller sozialer Bindungen, sie waren total entwurzelt. Ich denke, meine Mutter und mein Vater hätten selbst jemanden gebraucht, der mit ihnen spricht, sie unterstützend begleitet hätte bei der Erinnerungsarbeit. Mit mir und auch untereinander konnten sie nicht darüber sprechen. Das kann ich heute so sehen und sie verstehen, gleichzeitig *ist es mir aber existentiell wichtig*, daß ich *mich* in diesem Gesprächskreis und in anderen Zusammenhängen *mit der Wirkung des Schweigens meiner Eltern und des kollektiven Schweigens in unserer Gesellschaft nach 1945 auseinandersetzte*.«

Hier bemühte sich eine Tochter, sich in die schwierige Lage, in der sich ihre Eltern damals befanden, hineinzudenken. Wichtigste Voraussetzung für das Verstehen ist zu allererst die psychologische Bereitschaft dazu, erst dann kann sich die dafür notwendige geistige Offenheit entwickeln.

Gudrun M.: »Ich hatte und habe nach wie vor kein gutes Verhältnis zu meinen Eltern, auch wenn ich mir als Kind lange eingeredet und ersehnt habe, wir verstünden uns gut. *Ja, Kriegskind bin ich. 1941 geboren! Später habe ich mal aus meiner Mutter herausgekriegt, daß sie mich eigentlich gar nicht mehr haben wollte, und trotzdem hatte sie mich dann aber so sehr an sich gebunden.* Meine Eltern haben die Nazizeit überlebt und sich dann ihr Leben in sehr rigiden Vorstellungen und emotionaler Kontrollierbarkeit eingerichtet. Wenn sie wenigstens etwas angstfreier in der Lage gewesen wären, ihre eigene Geschichte vor und während der NS-Zeit in ein Gespräch einzubringen und ihre eigenen Defizite zu definieren. Nein, die Hypothek, die sie mir durch ihr Schweigen aufgetragen haben, ist für mich noch nicht abgetragen!«

Die Mutter hat die Tochter für ihr psychisches Gleichgewicht gebraucht, um ihre eigenen Ängste und Verdrängungen auszuhalten, und hat ihre Angst und ihr Schweigen unbewußt an die Tochter delegiert. Dieses in der Eltern-Kind-Beziehung häufig vorkommende Phänomen, bei dem Eltern ihre Kinder mit einer Mission, mit einem Auftrag betrauen, wird in der Psychoanalyse als Delegationsdynamik beschrieben und in der Psychotherapie thematisiert und bearbeitet. »Im für die Kinder günstigen Falle entsprechen solche Aufträge deren altersangemessenen Talenten und Bedürfnissen und lassen sich – mehr oder weniger offen – aushandeln und verändern. Nicht selten werden Kinder durch Aufträge ihrer Eltern überfordert und/oder massiven Konflikten ausgesetzt.« (Stierlin, 1988, 207)

Gudrun M.: »Das für mich zu überwinden, von dieser emotionalen Kontrolliertheit *frei zu werden, mir meiner Geschichte und der meiner Elterngeneration im Nationalsozialismus bewußt zu werden,* daran arbeite ich mich noch heute hart ab. Da hätte ich mir gewünscht, daß das mit meinen Eltern anders gewesen wäre, daß ich hätte fragen können als Kind und in der Pubertät mit ihnen streiten.«

Die Frauen aus dem Gesprächs- und Seminarkreis, die in ihrer kindlichen Umgebung die Erfahrung von mehr Offenheit und Gesprächsbereitschaft gemacht haben, fühlten und sahen sich geistig und psychisch besser in der Lage, sich sowohl mit ihrer individuellen als auch mit der kollektiven Geschichte der Deutschen im Nationalsozialismus auseinanderzusetzen.

Eine 1933 geborene Teilnehmerin hatte diese Zeit schon viel bewußter erlebt als die jüngeren, zuvor zitierten Frauen, die zwischen 1938 und 1943 geboren wurden. An dem folgenden Beispiel zeigt sich die andere Erlebnis- und Verarbeitungsebene bei Kindern, die bereits im Schulalter waren, als die Kriegshandlungen auch die deutschen Gebiete erfaßten, im Unterschied zu Kleinkindern, zu denen die jüngeren Frauen der Untersuchungsgruppe damals zählten.

Eleonore S.: »Mich selbst hat diese Kriegs- und Nachkriegszeit als Kind so fürchterlich beeindruckt und mich so weit getrieben in meinen Vorstellungen, Verstrickungen und Gefühlen zwischen Erschütterungen und Hoffnung, daß mich das bis heute nicht losläßt. Die Gegebenheit ›Es ist Krieg‹ bedeutet eben, daß ich als Kind vieles machen und Pflichten übernehmen mußte, wozu ich überhaupt keine Lust hatte. Schlimm war, daß man hinnehmen mußte, wie Familien auseinandergerissen, Väter, Söhne, Brüder getötet wurden.

Schon als Schulkind konnte ich teilhaben an den Gesprächen der Mutter, der Großmutter und Nachbarn über die den Alltag immer mehr bestimmenden Kriegsereignisse, über die Durchhalteparolen der Nazis an die Bevölkerung und die in meiner Familie vorsichtig geäußerte, aber mir doch erkenntliche, ablehnende Haltung gegenüber den Nazis. Auch als unser Vater 1945 glücklicherweise heimkehrte, sprach er über seine Erlebnisse und seine Haltung zum Krieg und Nationalsozialismus. Meine Eltern waren keine bewußt politischen Leute, auch nicht besonders geschult und gebildet, aber doch fähig über das, was sie hörten, sahen, auch erlitten, zu reflektieren und zu sprechen. Dazu muß ich aber noch sagen, meine Eltern verstanden sich sehr gut, von daher herrschte eine offene, herzliche Atmosphäre in der Familie, schon vor dem Krieg. Wie ich den Krieg erlebte, das ist bis heute für mich Gesprächsthema! Meinen Kindern habe ich viel davon erzählt, und wenn meine Mutter, ihre Oma, zu Besuch war, wurde sie von den Kindern besonders ausgefragt über ihr Leben und die Kriegsjahre.

Ich habe aus meinen Kriegserlebnissen den Schluß gezogen, daß die Wirkung solch erschütternder gesellschaftlicher Ereignisse auf die einzelnen Menschen sehr groß ist und daß ich mich für Ge-

schichte und Politik interessieren muß. Deshalb bin ich auch politisch tätig, habe ein Amt auf Kreisebene, habe mich sehr in der Friedensbewegung zu ökologischen Problemen und Frauenfragen engagiert.«

Eleonores Erinnerungen sind sehr konkret und vielschichtig. Sie umspannen persönliche Beziehungen und Gefühle zu den Eltern und nahestehenden Menschen ebenso wie Propaganda- und Hetzreden der Nazis, die Begegnung mit feindlichen Soldaten und die Konsequenzen, die sie aus dieser Zeit bis in die Gegenwart gezogen hat.

Wenn die Kriegs- und Nachkriegserlebnisse in den innerfamiliären Gesprächen einen Platz hatten und die Kinder teilhaben konnten an den Erinnerungen, konnte bei ihnen auch eine Vorstellung darüber entstehen, was der Krieg für ihre Eltern und andere Menschen bedeutet hat.

Die aus der Familiengeschichte vorhandenen Kenntnisse wurden später durch den Geschichtsunterricht in der Schule (wenn sie Glück hatten und die NS-Zeit thematisiert wurde) und danach durch das Interesse am politischen Geschehen als erwachsener Mensch erweitert und differenziert.

Bei den Teilnehmerinnen, deren Eltern mit ihnen über den Nationalsozialismus, ihre erlebten und erlittenen Erfahrungen und, was meistens noch schwerer war, auch über die Massenverbrechen des NS-Regimes sprechen konnten, war bis in die Gegenwart ein stärkeres *Bewußtsein über Bedeutung von Geschichte und Politik und deren Auswirkungen auf die Möglichkeiten oder Einschränkungen einer individuellen Lebensgestaltung* auszumachen. Auch ein mehr prozeßhaftes Verständnis darüber, wie sich eine Gesellschaft entwickelt, und das Bedürfnis, eine Mitgestalterin zu sein, waren anscheinend größer bei denen, die sich als Kinder am Dialog mit den Eltern und anderen Bezugspersonen beteiligt und einbezogen erfahren haben. Bei der anderen Gruppe, die unter der Sprachlosigkeit der Eltern gelitten hatte, mußte von den Betroffenen selbst die Aufarbeitung geleistet werden. *Mythen, die in ihrer Phantasie als Ersatz für Erklärungen und Antworten der Eltern entstanden waren*, mußten durch Fakten oder zumindest Hypothesen ersetzt werden.

Gisela P. (in den Porträts in Kap. V ausführlich vorgestellt), deren Vater schon ab 1933 von der Gestapo verfolgt wurde, hat natürlich sehr konkrete Erfahrungen über die Haltung der Eltern zum Nationalsozialismus gemacht. Sie erlebte wiederholt Wohnungsdurchsuchungen durch die Gestapo, die ihren Vater observierte. Sie hat früh durch diese Schikanen gegen ihn erleben müssen, welche zermürbenden, zerstörerischen Methoden die Nationalsozialisten gegenüber Menschen anwandten, die sich ihrem totalitären Regime und ihrer Ideologie nicht anpaßten. Und der Vater weihte sie ein, überließ sie nicht als unwissendes Kind ihrem Erleben, sondern half ihr zu verstehen, auch zu wissen, was sie zu fürchten hatte. Der nationalsozialistische Terror war mitten in ihr Leben, in ihre kleine Familie eingedrungen und hatte zum frühen Tod des Vaters und der dann folgenden finanziellen Not von Mutter und Tochter geführt. In dieser Familie war es darum gegangen, die kleine Gisela selbständig und mutig zu machen, damit sie sich in den schwierigen Verhältnissen und Reglements auf Behörden und mit den Anpassungsforderungen in der Schule zurechtfinden würde. Ihre Erfahrungen während der NS-Herrschaft waren zwar ganz andere als die von Eleonore S., aber beide haben sie, 1933 geboren, mit ihren Augen und ihrer Kinderseele die »überlebensgroßen« Erschütterungen so einprägend erlebt, daß ihr Denken und Handeln noch heute davon bestimmt wird.

Auch Nora S., obwohl erst 1940 geboren, setzt sich sehr intensiv mit der individuellen Geschichte ihrer Eltern und der kollektiven Geschichte der Deutschen auseinander. Ihre bohrenden Fragen, ihr Insistieren auf Klärung der von ihren Eltern gedachten und erlebten Position zu den Nazis, entwickelten sich eher aus dem Widerstand und Streit, den ihre Eltern statt des gesuchten Dialogs anboten. Darunter hat sie gelitten, ist daran aber auch gewachsen und hatte als Achtzehnjährige schon eine klare antifaschistische Position und die weltanschauliche Trennung von ihren Eltern für sich erreicht.

Ihre Eltern waren beide überzeugte Nationalsozialisten und hatten Pläne über ihren sozialen Aufstieg als arische Familie im großdeutschen Reich. Ihren blonden, blauäugigen Kindern sollte in der NAPOLA eine ausgewählte NS-Erziehung zuteil werden. Der Vater wurde schon früh Mitglied der NSDAP und blieb sein Leben lang bestimmten Tendenzen der NS-Politik und -Ideologie verhaftet. »Schon in meiner Schulzeit habe ich immer wieder versucht, die Eltern über diese Jahre zum Sprechen zu bringen, und wurde heftig zurechtgewiesen, da das kein Thema für unsere Familie sei. Wenn mein Vater aber mit Kollegen seinen Stammtisch bei uns abhielt, konnte ich mitkriegen, wie sie schwärmten über die unglaublichen Möglichkeiten, die es für die Deutschen mit Hitler gegeben habe, wie aber durch die Verselbständigung des Parteiapparates und der Nazi-Machteliten die ›sozialistischen‹ Teile des NS-Programms verschwunden seien und ›die Nazibonzen die Ideale der Bewegung verraten hätten‹, wodurch es am Ende zu dem Desaster des Kriegsausgangs gekommen sei.«

Die Beziehung zu ihrem Vater war für Nora S. aus verschiedenen Gründen ambivalent, zum einen, weil er ihre Leistungen seit ihrer Kindheit sehr anerkannt hatte, für Ängste und Probleme in ihr aber keine Einfühlung zeigte, und zum anderen wohl auch, weil sie die berufliche Leistung des Vaters schätzte und sich in diesem beruflichen Bereich auch mit seinem Anspruch und sozialen Engagement identifizierte, die immer wieder auftauchenden Fragmente seines NS-Gedankengutes aber heftig abwehrte. »Ich sehe heute, in welchen Widersprüchen mein Vater mit seiner nationalsozialistischen Orientierung und seiner dem Allgemeinwohl verpflichteten Berufsauffassung steckte. Er war, wie er mit uns Kindern umging, nicht autoritär, eigentlich überhaupt kein autoritärer Mensch und in seiner Arbeit auch kein Angepaßter, aber in seiner Gesinnung eben überzeugter Nazi. Darüber habe ich immer wieder nachgegrübelt und ihn immer wieder zu Gesprächen herausgefordert.«

Der Wunsch des Kindes, sich mit den Eltern identifizieren zu können, verändert sich im Erwachsenenalter in den Wunsch, die Eltern und ihre Lebensführung akzeptieren zu können. Nora S. hat eigentlich in all den Fragen und dem Streit, den sie mit den Eltern provozierte, auch die Möglichkeit gesucht, sie zu akzeptieren und zu respektieren. In einigen Bereichen ist es ihr später auch gelungen, die Mutter zu verstehen und den Vater zu akzeptieren.

IV
Eine Töchtergeneration, die lebenstüchtig ist und nicht in den Verhältnissen verharrt

Warum erst nach fünfundvierzig Jahren die Auseinandersetzung mit der Kindheit in der Zeit des Nationalsozialismus und der Nachkriegszeit?

Dazu fallen die Parallelen in der deutschen Gesellschaft auf, wo die Rezeption des Nationalsozialismus und seine Aufarbeitung auch lange auf sich warten ließ und bis heute nicht abgeschlossen ist.

Das hat aber auch etwas mit dem jetzigen Lebensalter der Töchtergeneration zu tun, weil das Interesse an der eigenen Biographie eine andere Gewichtung bekommt. Einige Teilnehmerinnen erklärten, sie sehen sich erst jetzt, nach Jahrzehnten, psychisch in der Lage, sich gezielt an diese Zeit zu erinnern.

Zwar haben viele Töchter schon 1968 nach der Schuld der Eltern am Nationalsozialismus gefragt, und einige hatten davor mit Erschütterung die Auschwitzprozesse von 1963 bis 1965 verfolgt, aber erst in den achtziger Jahren begann für unsere Generation eine Individualisierung der Auseinandesetzung. In dieser Zeit hatte auch die Alltagsgeschichte eine Zunahme ihrer Bedeutung in der wissenschaftlichen Forschung, und hier besonders in der Frauenforschung, zu verzeichnen.

Damals, 1968, bei dem ersten größeren öffentlichen Disput im Generationenkonflikt zur NS-Vergangenheit, waren die jüngeren der hier vorgestellten Frauen Mitte zwanzig bis dreißig Jahre alt. Elke R.: »Mit fünfundzwanzig oder dreißig fragt man anders nach der Geschichte, man möchte wissen, wie die Menschen und die Welt sind. Mit fünfzig weiß man schon viel über Menschen, hat schon seine Erfolge und Rückschläge gehabt und macht schon eine Art Zwischenbilanz. Da stellt man die Fragen mehr im Hinblick auf die individuelle Biographie, und deshalb kommen auch wieder die Kindheit im Nationalsozialismus und die Nachkriegsjahre mehr ins Blickfeld. In unserer Familie gab es alles – alle politischen Orientierungen: ›die rote Minna‹, das war meine Tante; sie und ihr Mann waren Kommunisten, Vater war Strasser-Anhänger, folgte aber nicht mehr dem späteren Einschlag der NSDAP, die Großeltern gehörten dem bürgerlichen Lager an, hatten für die Nazis in ihrer Umgebung nur Verachtung, waren aber keine Widerständler oder wirklich politische Leute.«

Das Interesse an der Familienkonstellation und Familiengeschichte wird in unserem Alter viel konkreter als mit fünfundzwanzig, wenn es noch sehr um Abgrenzung und Aufbau einer von der Primärfamilie psychisch und physisch unabhängigen Existenz geht. Mit fünfzig ist man eher bereit, an sich selbst ursprüngliche Einflüsse und Prägungen durch die Familie anzuerkennen und, bei der Bewertung aus heutiger Sicht, die schwierigen Lebensverhältnisse für die Elterngeneration in Kriegs- und Nachkriegsjahren zu bedenken. Durch die Erweiterung der Fragestellung von der politischen zur individuellen Ebene bekommen die einzelnen Mitglieder der Familie und der Verwandtschaft für uns eine lebhaftere Gestalt, und es kann auch ihre Haltung zum NS-Staat differenzierter wahrgenommen werden. Das ist für die Aufarbeitung und Klärung unserer Geschichte noch wichtig, weil wir Identifizierungen mit den Menschen und Gefühle für sie, die für unsere Entwicklung in Kindheit und Jugend Bedeutung hatten, noch in uns tragen, auch wenn wir einige Familienmitglieder, Verwandte und Freunde gar nicht mehr persönlich fragen können.

Dabei braucht der Blick dafür, die individuelle Geschichte im Fokus der kollektiven Geschichte zu sehen und sich selbst auch als gesellschaftliche Menschen zu verstehen, nicht verloren zu gehen. Einer so gestalteten Biographieforschung kommt über das wichtige emotionale und individuelle Erleben hinaus durch die hierbei wachsenden Bewußtseinsprozesse eine sozialpolitische Bedeutung zu.

Die Doppeldeutigkeit und Ambivalenz vieler Situationen ist für Kinder rätselhaft

Was uns bewegt hat in der Kindheit, waren nicht nur die tatsächlichen und oft »überlebensgroßen« Ereignisse wie zerbombte Häuser, Militärkolonnen und dann Flüchtlingsströme, *sondern die Doppeldeutigkeit und Ambivalenz vieler Situationen.* Da war für viele die starke Mutter, die sie in den Kriegsjahren und anfangs nach dem Zusammenbruch bei der Bewältigung der Überlebensaufgaben mutig und beschützend wahrgenommen haben. Danach traten viele Mütter den inneren Rückzug an, verloren ihre Energie, und manche verfielen in Depressionen. Das hat gerade auf Töchter ambivalent gewirkt – sie mußten sich fragen: Was heißt Frausein? Stärke oder Schwäche? Worauf kann ich mich verlassen? Auf welches Mutterbild kann ich mich stützen?

Könnte sich aber nicht gerade diese Stärke der Mütter in der Erfüllung der Überlebensaufgaben, ihrer Tüchtigkeit in lebenspraktischen Dingen, für uns Töchter deshalb ambivalent dargestellt haben, weil sie nicht aus einem Emanzipationsbewußtsein heraus getragen und gewachsen waren?

War es vielleicht auch diese Zwiespältigkeit in der Wahrnehmung unserer Mütter als tüchtig und lebenspraktisch, aber im Bewußtsein nicht emanzipiert und nicht selbständig, die sich später in uns umkehrte zum Streben nach mehr Autonomie und öffentlicher Diskussion unserer Veränderungsforderungen?

Und da war der ferne Vater, der in der Erinnerung oder in der Phantasie der Kinder eine Bedeutung hatte, durch Erzählen und Fotos über die Mutter vermittelt und wachgehalten. Der heimgekehrte, leibhaftige Vater war dann fremd, die Beziehung zwischen Vater und Tochter häufig schwierig. Zumindest lag Distanz zwischen ihnen, die sich in manchen Tocher-Vater-Beziehungen nie ganz auflösen sollte.

Ein anderes Paradox, das uns damals als Kinder mit der Ambivalenz und Unwirklichkeit vieler Situationen konfrontiert hat, war der Verlust von Realitätssinn und dem Bewußtsein für das Ausmaß der Gefahren einer Auflösung schutzgewährender ziviler Ordnungsstrukturen, das vielen Menschen in diesen Zeiten abhanden kam. Darin mag man auch eine Art Überlebensstrategie sehen.

So erzählt Magda M., die 1945 auf der Flucht von Schlesien acht Jahre alt war, wie sie über das Verhalten ihrer Mutter auf einer Etappe ihres unsicheren Fluchtweges ganz fassungslos war. Die Flüchtlingsgruppe, mit der sie schon eine Strecke zurückgelegt hatten, war in einer kleinen Stadt in Privatquartieren verteilt worden. Züge fuhren nur noch unregelmäßig und kamen auch oft nicht an ihrem Zielort an. »Meine Mutter hatte mir schon vor und während der Flucht immer wieder erzählt, mit wie vielen Risiken und Gefahren wir rechnen müßten. Nun saßen wir in der kleinen Stadt in einem Privathaus schon zwei Tage fest, weil kein Zug zum Weitertransport da war. Dann hörten wir plötzlich morgens, am Nachmittag würde ein Zug eingesetzt, der uns weiter gen Westen bringen würde. Und meine Mutter sagte: ›Ich kann nicht mit, ich muß erst Windeln waschen!‹ Ich war fassungslos und total verunsichert! Sie riskierte, nicht weiterzukommen, weil sie die Windeln für das Baby, den kleinen Bruder, waschen mußte! Sie war dabei ganz gelassen, zeigte keine Angst, keine Panik. Aber vorher hatte sie doch selbst die Gefahr ausgemalt, daß wir irgendwo auf dem Fluchtweg stranden könnten.

Dieser Zug, den wir verpaßten, ist dann schrecklich bombardiert worden, und es hat viele Tote gegeben. Erst einige Tage später fuhr wieder ein Zug, mit dem wir dann mitkamen. Und wir hatten großes Glück: Wir blieben von Bombenangriffen völlig verschont. Mutter hat immer so Vorahnungen gehabt, meinte sie.«

Ursula S. erinnert sich genau, es war kurze Zeit nach ihrem achten Geburtstag, wie ihre Mutter von ihrem phantastischen Traum erzählte. Sie lebten im Mai 1945 auf dem Dorf bei der Schwester der Mutter, wo sie sich sicherer als in der Stadt geglaubt hatten. Der ganze Ort und das Haus waren schon seit einiger Zeit von russischen Soldaten besetzt. Sie träumte, an welchem Tag und zu welcher Stunde exakt die russischen Soldaten aus dem Dorf wieder abziehen würden – ein Wunschtraum wohl von ihr und den meisten Dorfbewohnern. Ungefähr zwei Wochen danach sind die russischen Soldaten mit Mann und Wagen genau zu der von ihrer Mutter im Traum vorausgesehenen Stunde aus dem Dorf abgezogen. »Das fand ich phantastisch und unheimlich zugleich, was meine Mutter da anscheinend für magische Fähigkeiten hatte. Ich hatte die Phantasie, daß ihr Wunschdenken über den Traum die Kraft hatte, die fremden Soldaten in Bewegung zu setzen. Ich erinnere mich, wie meine Mutter den Traum vorher anderen Frauen erzählt hatte, und es muß die Hoffnung sehr beflügelt haben, der Traum möge Wirklichkeit werden. Alle warteten insgeheim auf diesen Termin, das durfte nicht weitergetragen werden, damit die Russen nichts von diesen subversiven Träumen erfuhren. Es war dann schon wie ein Wunder, als an diesem vorbestimmten Tag die Russen abzogen.«

Wie Menschen in den letzten Kriegswirren die Absurdität des Geschehens wahrnahmen und fatalistisch über sich ergehen ließen, oder doch ob der Erschöpfung gar nicht anders konnten, als gelassen zu reagieren, zeigt eine Episode aus den »Gesammelten Erzählungen« von Christa Wolf. Sie war gerade sechzehn, also nur wenige Jahre älter als die älteren Teilnehmerinnen dieser Untersuchung, als auf ihrem Fluchtweg, am 5. Mai 1945, noch einmal Panik ausbrach, weil angeblich keiner so genau wußte, ob sowjetische Panzerspitzen sie umzingelt hätten, während sie doch eigentlich zu den Amerikanern wollten: »Von allem, was nun noch möglich war, schien mir nichts wünschbar oder auch nur erträglich, aber die Welt weigerte sich hartnäckig, unterzugehen, und wir waren nicht darauf vorbereitet, uns nach dem verpatzten Weltuntergang zurechtzufinden. Daher verstand ich den schauerlichen Satz, den eine Frau ausstieß, als man ihr vorhielt, des Führers lang ersehnte Wunderwaffe könne jetzt nur noch alle gemeinsam vernichten, Feinde und Deutsche. Soll sie doch, sagte das Weib.« (Wolf, 1981, 14)

Elke R. erinnert sich, gesehen zu haben, wie Nachbarn im Garten Papiere und Fotos verbrannten. Das muß 1945 kurz vor Kriegsende gewesen sein, da war sie vier Jahre alt. Sie hat auch mit am Feuer gestanden und fasziniert zugesehen, wie die Flammen die Bilder fraßen. »Es schien mir ganz unverständlich, wie mir auf meine Frage, warum das verbrannt würde, geantwortet wurde, das seien unwichtige Sachen, die nicht rumzuliegen bräuchten. Und gleichzeitig merkte ich so eine Spannung und Nervosität bei den Leuten, das war etwas unheimlich und machte mich gleichzeitig erst richtig neugierig. Daraus und aus einigen anderen Erinnerungen habe ich mir später ableiten können, daß die meisten Deutschen viel mehr gewußt und gehört hatten über Verbrechen in der Nazizeit, als sie später zugaben.«

Da war in diesen Zeiten für viele Mädchen bei ganz vielen Erlebnissen immer eine Ambivalenz in den Gefühlen und Einschätzungen: Vieles machte Angst oder war doch fremd und deshalb unkalkulierbar und auch gleichzeitig faszinierend! Eine Freundin und einige Teilnehmerinnen dieser Untersuchung bestätigten mir, sich gut daran zu erinnern, ähnliche Empfindungen gehabt zu haben.

Zwischen Kindheit, Jugend und Frausein: Angst, Abenteuer und Aufbruch

Die Teilnehmerinnen der älteren Jahrgänge, 1933 bis ungefähr 1938, haben es als Kinder schon mitkriegen können, während die Jüngeren die Atmosphäre eher nur spürten, die das faschistische, diktatorische Regime der Nationalsozialisten im zwischenmenschlichen öffentlichen Umgang geschaffen hatte. In den zwölf Jahren des Dritten Reiches gab es Bespitzelung, Denunziation und einen rigiden Verhaltenskodex – und öffentlich: Militäraufmärsche, Propagandakampagnen und einen zackigen militärischen Umgangston. Was später folgte, die Zerstörung der Städte, mit vielen Verwundeten und Toten, Menschenströme von Gefangenen und Zwangsarbeitern anderer Nationalitäten, Flüchtlingsströme der Deutschen, daran haben einige Frauen noch sehr klare Erinnerungen, während andere sich nur an ausschnitthafte Bilder entsinnen. Zurückgeblieben sind davon bei vielen bis heute unbewältigte Ängste. Meist sind es nicht einzelne belastende Erlebnisse, sondern »viele aufeinanderfolgende ›kleinere‹ Ereignisse, die eine psychische Entwicklungsstörung bedingen können«. (Richter, 1969, 28)

Kinder sind dieser Not psychisch und physisch noch mehr ausgeliefert als die Erwachsenen. Ihnen steht noch nicht die Kraft der Vorstellung zur Verfügung, die das Hoffen ermöglicht »...wenn der Wahnsinn vorbei ist, wenn wir den Krieg überleben...!« Kinder haben noch nicht dieses Zeitgefühl, können noch nicht für die Zukunft planen und sich nicht an Friedenszeiten erinnern, aus denen sich die Hoffnung nährte auf das Ende des Krieges. Kinder sind ihren Gefühlen und Eindrücken im Hier und Jetzt unmittelbarer ausgeliefert.

Wir, die Töchtergeneration, haben die rigiden und autoritären Strukturen im öffentlichen Leben Nazideutschlands gespürt und sinnlich-atmosphärisch wahrgenommen. Die Älteren mögen auch etwas von dieser unterdrückerischen Gewalt des Faschismus verstanden haben. Im Alltag zeigte sich das in kleinen Attitüden: wie man mit Hitlergruß grüßte, wen man möglichst mied und mit wem man nicht gesehen werden wollte oder sollte – das wurde den Kindern schon gesagt, das mußten sie schon wissen. Diese rigiden Strukturen hatten auch viele Erwachsene verinnerlicht und drückten sie in ihrem Verhalten aus, was wiederum Einfluß hatte auf die Kinder.

Einige Teilnehmerinnen der Untersuchung erinnern sich sehr genau, wie das ihre kindliche Spontaneität hemmte, außerhalb des Elternhauses anders funktionieren zu müssen, zu wissen, wo und wen sie fragen durften, über was zu sprechen unverfänglich und was tabuisiert war. Besonders betroffen war Gisela P. (siehe Porträt), deren Vater von der Gestapo verfolgt worden war.

Wir Kinder haben mit Angst und Verunsicherung erlebt, wie nach der Bombardierung der Städte, mehr noch zum Ende des Krieges, als die Flüchtlingsströme auf Hunderttausende anschwollen, alle zivilen und militärischen Ordnungsstrukturen des öffentlichen Lebens zusammenbrachen, und wie der Erleichterung über das Ende der Bombardierungen und Kampfhandlungen nach dem 8. Mai 1945 der Hunger und die Gefahr von Krankheiten infolge von Unterernährung und Notunterkünften folgten.

Als aber in den ersten Nachkriegssjahren das Sich-Einrichten in den Ruinen begann, das Hamstern und Organisieren – eigentlich Anarchie –, haben wir darin auch ein Stück Freiheit und Abenteuer erlebt. »Ich denke, daß die Kriegs- und Nachkriegsereignisse die am stärksten prägenden Erlebnisse waren. Im Grunde gab es kein festgefügtes Moralsystem und keine besonderen Reglementierungen. Es gab zwar für mich viele Gefahrenmomente, aber auch die konkrete Erfahrung von Selbständigkeit und Freiheit«, formuliert Britta N. genau diese Stimmung und die Bedingungen, in denen wir einen Teil unserer Kindheit selbst organisierten.

Freiheit und Abenteuer erlebten wir bei Streifzügen durch Straßen, Trümmerhäuser, Feld und Wald. Spielten mit großen Kinderscharen auf den Straßen. Die Erwachsenen waren viel zu sehr mit der Organisierung des schwierigen Alltagslebens beschäftigt, um uns davon abzuhalten. Oft spielten wir Krieg, aber auch phantastische Spiele, in denen Tunnel oder Kellergewölbe zu verwunschenen Schlössern wurden. Schulunterricht fand im allgemeinen Mangel und Chaos an vielen Orten lange Zeit überhaupt nicht statt, und dann waren viele der noch erhaltenen Schulen kilometerweit entfernt. So erinnerten sich auch viele Frauen, daß sie als Kinder jahrelang unendlich lange Schulwege zu Fuß zurücklegen mußten, oft mit hungrigem Magen, schlechtem Schuhwerk und im Sommer häufig barfuß. *Behütet waren wir auf jeden Fall nicht!* Wenn uns auch sicher etwas mehr Fürsorge für unsere Entwicklung gutgetan hätte, so war in dem kindlichen Spiel auch eine Möglichkeit, das Erlebte zu verarbeiten und in manchen Bereichen früher selbständig zu werden. So hatten wir einige Jahre lang wenig Erziehung durch die Eltern, überhaupt durch Erwachsene. Wir bekamen einen wichtigen und sehr erlebnisintensiven Teil unserer Erziehung in den ersten Nachkriegsjahren in den Kindergruppen auf der Straße.

Das Familienleben fand nicht in einem so engen, familiären Rahmen statt wie heute. Für die Essensversorgung brauchten die Frauen schon in den letzten Kriegsjahren viel Organisations- und Improvisationstalent. Man mußte viele Wege zurücklegen und an verschiedenen Geschäften mit Lebensmittelkarten Schlange stehen – da wurden die Kinder bereits tüchtig eingespannt. In der noch schlechteren Versorgungslage der ersten drei Jahre nach Kriegsende half man sich durch Tauschgeschäfte am Schwarzmarkt und durch Naturaliensammeln. Auch beim Sammeln wurde die Arbeitskraft der Kinder eingesetzt, und sie waren sehr tüchtig

Flüchtlingskind mit einer Puppe
(Foto: dpa).

Frau und Mädchen beim Kohlenklauen
(Foto: dpa).

beim Ährenlesen, Kartoffelnnachlesen, beim Holzsammeln im Wald und beim Lesen von Bucheckern zur Ölgewinnung. Daran konnten sich alle Teilnehmerinnen der Untersuchung erinnern, auch daran, daß sie dabei meistens Spaß hatten und das gern machten. Auch beim Kohlenklauen, das unter Strafe stand, auf das aber die meisten Leute in den zwei sehr kalten Nachkriegswintern, besonders 1947, angewiesen waren, setzten die Kinder sich behende und fix in Aktion. Sehr wichtig für unser Wachstum und als Ausgleich von Ernährungsmängeln in diesen Hungerjahren war auch die Essensversorgung der Kinder in der Schule durch die von den Besatzungsmächten eingerichtete Schulspeisung. Die haben die meisten von uns damals geliebt – gab es doch Sachen zu essen, die wir gar nicht oder nicht mehr kannten.

Wie stark gerade der Mangel an Essen bis heute bei den Teilnehmerinnen tiefe Spuren hinterlassen hat, und wie sich das noch in Einstellungen widerspiegelt, zeigen auszugsweise die nachfolgenden Antworten aus den Fragebögen zu dem Punkt: »Welche Prägungen aus der frühen Kindheit unter dem Eindruck der Kriegs- und Nachkriegsjahre haben noch heute Bedeutung?«

- »So schnell nichts wegwerfen, es könnte ja noch gebraucht werden; immer noch Gemüse und Obst einkochen und Vorräte schaffen.«
- »Lebensmittel kaufe ich sehr sorgfältig ein, um nichts wegwerfen zu müssen.«
- »Improvisieren können, aus dem, was da ist, etwas machen.«
- »Wichtige Prägungen: Sparsamkeit, Wertschätzung dessen, was ich habe, und höhere Bewertung des Ideellen gegenüber dem Materiellen.«

Zur früh von den Kindern erworbenen Selbständigkeit sagt Eleonore S.: »Da in dieser Zeit auch die Hilfe und Mitarbeit von uns Kindern gebraucht wurde, ist meine Eigenverantwortlichkeit sehr gefördert worden. Es gab ein ziemlich gleichberechtigtes Verhalten zwischen meiner Mutter und uns Kindern, innerhalb der Familie war Vertrauen da.«

Solche Aufträge mit mehr Eigenverantwortlichkeit, die aufgrund der größeren Anforderungen während der Kriegs- und

Nachkriegsjahre an die Kinder zustande kamen, wurden von den Töchtern, die sich mit ihren tüchtigen Müttern identifizierten, da sie meist mehr mütterliche als väterliche Vorbilder hatten in dieser Zeit, größtenteils schon mit großem Ernst erfüllt. »Das hat das Vertrauen in die eigene Leistungsfähigkeit früh in uns gestärkt«, meint Nora S.

Die Lebensläufe der 40 Frauen, die an dieser Untersuchung teilgenommen haben, geben einen Eindruck über den Beitrag der Töchtergeneration an den gesellschaftlichen Veränderungen der letzten 25 Jahre, besonders was die Rolle der Frau betrifft. Als Fazit aus diesen Erfahrungen läßt sich sagen: *Eine lebenstüchtige Generation, die nicht in den vorgefundenen Verhältnissen verharrte.*

Ich sehe aber auch die Einschränkungen, die wir ertragen mußten, die Versagungen, den Verlust eines Teils unserer Kindheit, was wiederum andere Spuren hinterließ.

»Kriegsjahre zählen doppelt«, wurde lobend über einen Zehnjährigen als Luftschutzsprecher in einer NS-Zeitung aus dem Jahre 1945 geschrieben, als auch schon an vielen Stellen Kinder eingesetzt wurden, weil fast alle einsatzfähigen Männer an die Front geholt worden waren. *So zählten die Kriegsjahre auch doppelt auf dem Weg, selbständig und erwachsen zu werden, was häufig einer frühreifen psychischen Überforderung gleichkam.* Aber zum Glück entwickelten wir eben auch Lebenstüchtigkeit!

»Es ist klar«, so formuliert René Spitz über die Bedeutung der ersten Lebensjahre, »daß Versagungen eine wichtige, eine notwendige, eine entscheidende Rolle in dem Anpassungsvorgange spielen, den das Kind vollziehen muß, um sich der menschlichen Gesellschaft einzuordnen.« (Spitz, 1958, 29, zitiert in: Richter, 1969, 32)

Die Lebensläufe der Frauen zeigen in den bedeutenden frühen Kindheits- und Jugendjahren die großen Flucht- und Wanderbewegungen gen Westen, die von den letzten Kriegsjahren bis weit in die fünfziger Jahre reichten. Dadurch gab es häufige Ortswechsel, Abschiede und Trennungen, den Verlust von nahestehenden Menschen, der Heimat, der vertrauten Landschaft, Kultur, Sprache oder zumindest des Dialekts. Wie schwierig das damals für die Kinder oft war, erfuhren wir am Beispiel von Rosemarie R., die sich nach der Flucht von Ost- nach Westdeutschland von der Mutter im Stich gelassen und in der neuen Umgebung fremd und ausgeliefert fühlte.

Wir, die zur Kriegsgeneration gehörenden Töchter, hatten dann, als wir junge Mädchen und schließlich junge Frauen wurden, nach Überwindung der Not und des Mangels der Kriegsjahre und Besatzungszonenzeit getrachtet und wollten die Erlebnisse und Stimmung dieser Jahre hinter uns lassen, um mit Hoffnung unsere neue Zukunft aufzubauen. Es kamen die fünfziger Jahre, die Zeit unserer Jugendlichkeit, in der wir uns manche Freiräume erstritten. Das gesamtgesellschaftliche Klima aber war eher getragen von einer Atmosphäre spießiger und verlogener Moral, konservativer Politik, Wiederaufbauwirtschaft und Antikommunismus. Aber was war dann aufregend in unserer Jugend? Was hat sich an Stimmungen und Impressionen erhalten? Samba tanzen auf den Straßen nach der neuesten, eingedeutschten Sambamusik aus dem Kinoauto, das Reklame für die gerade laufenden Heimatfilme machte: »Wenn abends die Heide blüht« oder »Schwarzwaldmädel«, aber auch der uns sehr beeindruckende Kriegsfilm »Die Brücke« von Bernhard Wicki. Mit Hula-Hoop-Reifen akrobatische Wettbewerbe auf Plätzen und Straßen nach dem Motto: Wer hat die beweglichsten Hüften? Und dann Jazz! Alles Amerikanische war toll für uns, so kam auch diese schräge, aufregende Musik, der Jazz, über den großen Teich und später Rock 'n' Roll.

In den ausgehenden fünfziger und frühen sechziger Jahren bekam die Vorstellung von einem vereinten Europa bei vielen jungen Deutschen eine größere Bedeutung. Wir begannen mehr in die europäischen Nachbarländer zu reisen. Der europäische Jugendaustausch mit großen internationalen Jugendfesten und Feriencamps wurde aus dem EWG-Fonds für Jugendaustausch gezielt gefördert. Nach den prüden, restaurativen und einengenden fünfziger Jahren in der Bundesrepublik Deutschland war es für viele von uns aus der Töchtergeneration eine willkommene Erweiterung der Seinslage, in einem einst vereinigten Europa vor allem Europäer zu sein, wodurch wir uns von dem Ballast der jüngsten deutschen Geschichte zu distanzieren und ein Stück zu befreien wünschten. Die Hoffnung auf eine sozial und politisch gerechtere Gesellschaft, in der die Armut überwunden und mehr Chancengleichheit für alle gegeben sein würde, war groß.

Ein weiterer Umstand beeinflußte die Entfaltungsmöglichkeiten der Frauen in dieser Generation in großem Ausmaß: nicht nur die Schulsituation nach 1945, sondern auch die Ausbildungs- und Studiensituation begrenzte bis weit in die fünfziger Jahre die Berufswahlmöglichkeiten. Die Hälfte der Teilnehmerinnen hatte sich ursprünglich nicht für den gewünschten Beruf qualifizieren können, aber viele haben das Versäumte durch eine spätere Umschulung oder ein Studium über den zweiten Bildungsweg nachgeholt. In der Einleitung sind die Berufe der Teilnehmerinnen aufgezeigt, auch daß die meisten von ihnen noch berufstätig sind. Das gehört auch zu den vielen Aufbrüchen dieser Töchtergeneration.

Später, als junge Erwachsene, als wir ungefähr so alt waren wie unsere Eltern zu Beginn der Hitler-Zeit, haben wir vehement nach der Schuld unserer Eltern gefragt. Erst später, wie zum Beispiel in dieser Untersuchung, begann für unsere Generation eine Individualisierung der Auseinandersetzung mit den Folgen der NS-Zeit.

Die jüngeren Frauen dieser Generation waren aktiv dabei, als in der Bundesrepublik Deutschland die neue Frauenbewegung entstand, eine der wichtigsten und nachhaltigsten gesellschaftlichen Bewegungen, die von den Ereignissen und der Dynamik des Jahres 1968 in Gang gebracht worden waren. Ebenso wie die achtundsechziger Bewegung war die Frauenbewegung international und bekam viele Impulse aus anderen Ländern.

Engagiert waren viele Frauen der Kriegsgeneration in Diskussionen und Initiativen zu einer Zeit, als auch die Bedeutung der Erziehung, besonders der Kleinkinderziehung, zum Gegenstand politischer Forderungen wurde und die Gründung von Kinderläden und Kitas einsetzte. Die Kritik galt den bestehenden gesellschaftlichen Verhältnissen, in denen der Erhalt von Machtstrukturen durch autoritäre Erziehung und Triebunterdrückung in jeder neuen Generation gesichert werden sollte. Die Kritik hatte ihre Grundlage in der Psychoanalyse Sigmund Freuds und anderer psychoanalytischer Richtungen wie die von Wilhelm Reich und

Herbert Marcuse. Die Bewegung für eine antiautoritäre Erziehung wurde anfangs auch von mindestens ebenso vielen jungen Männern getragen, denn es ging schließlich auch um eine Überwindung der tradierten Vater- und Mutterrolle in der Erziehung. Mit der antiautoritären Erziehung schon in den ersten Lebensjahren wollte die Generation der Töchter und Söhne, deren Eltern den NS-Staat getragen hatten, ihre Kinder zu selbstbestimmten Menschen erziehen, ohne Gehorsamspflicht und Willensbeugung, die einst so verheerende Folgen hatten.

Hand in Hand mit politischen Aktionen und Programmen und den vielen Frauenforen, die überall in den Städten entstanden, rückte die Auseinandersetzung um den §218 ins Zentrum und wirkte wie eine Welle, die viele, viele Frauen in der alten Bundesrepublik erreicht und mitgetragen hat.

Hier zeigte sich das erste Mal öffentlich, und vielleicht wurde es ihnen dabei selbst das erste Mal bewußt, daß *Frauen der Töchtergeneration auch diejenigen waren, die anders als ihre Mütter das Recht der Freiheit über ihren Körper forderten. Die Nazis hatten ihre Mütter im NS-Staat noch zu Objekten des Muttermythos und Fortpflanzungswahns gemacht.* Daß die Frauen dem nicht nur gefolgt waren, sondern sich auch entzogen und verweigerten, zeigten die Erinnerungen der Töchter sowie biographische Berichte über Frauen in der Kriegs- und Nachkriegszeit (siehe dazu: Ruhl, 1985, und Szepansky, 1986).

Zu den Vorstellungen der Töchtergeneration gehörte der Anspruch, ihre Sexualität zu leben, dabei selbstbestimmter zu werden und auch über die Austragung von Schwangerschaften selbst zu entscheiden. Indem Frauen in der Frauenbewegung diesen Bedürfnissen eine öffentliche Stimme gaben – wichtig war hier vor allem die Kampagne zum § 218 –, sprachen sie für die veränderten Vorstellungen von Hunderttausenden von Frauen in diesem Lande. Und das traf – schon von ihrem biologischen Alter her – mitten in die Töchtergeneration, die Jahrgänge 1933 bis 1943. Natürlich umfaßte diese Bewegung auch jüngere und ältere Frauenjahrgänge als die hier vorgestellten.

Auch die Frage nach der Sozialisation und den gesellschaftlichen Bedingungen weiblicher Existenz spielte in den öffentlichen

Diskussionen und in Frauenforen und -gruppen eine wichtige Rolle. Die daraus entwickelte These »Das Private ist politisch« enthielt die Forderung nach mehr Teilhabe und Einfluß der Frauen in allen Lebensbereichen.

Viele Frauen der hier im Mittelpunkt stehenden Jahrgänge haben in den siebziger und achtziger Jahren begonnen, die Bereiche des öffentlichen Lebens, Positionen in Politik und Wirtschaft stärker zu besetzen und mitzugestalten. Manche waren auch Gründerinnen von Frauengruppen, Frauenprojekten oder Fortbildungsangeboten für Frauen oder kamen auf andere Weise damit in Kontakt. In den Rahmen solcher Erfahrungsprozesse in Frauengruppen, Seminaren und in der systematischen Frauenforschung gehörte die Suche der Töchtergeneration nach der eigenen Geschichte. Dabei geriet die Beziehung zur Mutter ins Blickfeld. In dem Bild und den gesellschaftlichen Normen vom Frau-sein und in der Beziehung zur Mutter, die einem als erste Stärke und Ambivalenz weiblichen Beziehungs- und Leistungsvermögens vermittelt hatte, erkannten Frauen einen Schlüssel zur eigenen weiblichen Identität. Und die Mütter der hier im Mittelpunkt stehenden Töchtergeneration waren jene Frauen, auf die sich die NS-Frauenpolitik konzentrierte, die während der Kriegs- und Nachkriegsjahre jung waren und denen es nicht gegönnt war, ihr Leben in der Erfüllung ihres privaten Glücks und/oder einer befriedigenden Berufslaufbahn zu gestalten. Die Erforschung der Frauengeschichte hat dazu geführt, sich individuell mit der Beziehung zur Mutter und zu den kollektiven Erfahrungen der Müttergeneration im Nationalsozialismus und den Nachkriegsjahren zu befassen und später, wie unter anderem aus dieser Untersuchung zu ersehen ist, die Erfahrungen der Töchtergeneration in der Kriegs- und Nachkriegszeit zu reflektieren.

Entwurzelung und Heimatlosigkeit durch Flucht

Ich möchte in der abschließenden Betrachtung das noch etwas vertiefen, was einige Kindheitserlebnisse mit ihren Folgeerscheinungen für Frauen der Töchtergeneration bedeuteten. Unzählige Kinder waren in den Kriegs- und Nachkriegsjahren vielen Abschieden und abrupten Trennungen sowie Gewalttaten in ihrer Umgebung ausgesetzt. Abschiede und Trennungen waren die Folge von Evakuierungen, oft zweimaligen Fluchten, bei denen Familien auseinandergerissen wurden, einzelne Mitglieder verlorengingen oder auch zurückgelassen wurden. Hinzu kamen oft noch Verluste durch den Tod von Angehörigen infolge der Kriegsgeschehnisse und später auf der Flucht durch Kälte, Hunger und Angriffe. Die Beiträge von Inge S. und Irene B. (ausführlich im Porträt geschildert) sollen stellvertretend stehen für unzählige Kinder, die solche Abschiede erlitten haben und Auswirkungen bis zum heutigen Tag zeigen. Auch Irma A. spricht für viele Kinder damals, »...die sehen mußten, was kein Mensch sehen sollte«. (Wolf, 1981, 11)

Viele Abschiede gab es aber auch von den Landschaften der Kindheit: dem nahen Fluß, dem rauhen oder lieblichen Gebirge, dem grünen, weiten Land der Ebene – und jede Landschaft anders, das andere typische Licht, die Farben der Jahreszeiten, der typische Geruch – all das vom Kind mit allen Sinnen so tief empfunden und für immer eingeprägt. Ein Mensch, der als Kind in der weiten Ebene gelebt hat, wird später, auch im Häusermeer der Stadt, den Ausblick suchen und den weiten Himmel. Und jemand, der am Flußufer die Kindheitssommer verbrachte, kann vielleicht bei jeder Wiederbegegnung mit den Wassern eines Flusses oder Sees eine große Freude und innere Ruhe empfinden – wie eine Heimkehr.

So kann man ein Stück Kindheitslandschaft in sich erhalten haben, in sich tragen, auch wenn die Frauen dieser Töchtergeneration den Verlust vertrauter Umgebung ohne Zeremonie des Abschieds, ohne Vorbereitung und ohne Trost der Rückkehr verkraften mußten.

Eine Rückkehr in die Kindheitslandschaft, den Kindheitsort leisteten sich viele Frauen dieser Generation, als 1989 die Mauer zwischen beiden Deutschlands fiel und die Grenzen nach Osteuropa sich öffneten. Zu ihnen gehörte Christine L., deren große Aufregung und Freude sich auf die Gruppe übertrug, als sie erzählte, was sie empfunden hat beim Wiedersehen der kleinen sächsischen

Stadt, die eingebettet ist in eine hügelige, weitläufige Landschaft, wo sie 1939 geboren wurde und bis 1950 gelebt hatte. Eine große Lebhaftigkeit, Entdeckungslust und Mitteilungsfreude ergriff sie dort, als sie viele fast unveränderte Straßen und die weiten Felder am Stadtrand, wo sie einst mit anderen Kindern ihre Streifzüge unternommen hatte, wiedererkannte. Ihr Mann, der sie begleitete, kam aus dem Staunen nicht heraus, so verändert war Christine in den Tagen des Besuchs in der alten Heimatstadt.

Das, was unsere östlichen Nachbarn sicher als Mangel empfunden haben, war bei der Rückkehr in Kindheitsheimaten für unser Erinnerungsvermögen ein Glücksfall. Die Ortschaften in der ehemaligen DDR, dem ehemaligen Pommern, Ostpreußen, Schlesien oder Sudetenland, waren nicht wie im westlichen Fortschrittsstil durch Straßenbau und moderne Stadt- und Haussanierung bis zur Unkenntlichkeit verändert worden.

Doch jetzt noch einmal um Jahrzehnte zurück in unserer Zeitreise, zur großen Fluchtbewegung von Millionen von Deutschen 1944/1945 und bis weit in die fünfziger Jahre hinein, wo den Kindern der Abschied, oft mehrere Abschiede von der ersten und zweiten Heimat abverlangt wurden. Auf den Reisen in die Orte der Kindheit haben Christine L. und andere Teilnehmerinnen seit dem Fall der Mauer sehr bewegende Begegnungen erlebt.

Um Voraussetzungen für die keineswegs konfliktfreie Integration der Flüchtlinge nach 1945 in den Besatzungszonen zu schaffen, mußte zum Teil mit unpopulären Zwangsmaßnahmen der Rahmen für das Zusammenleben von Einheimischen und Flüchtlingen vorgegeben werden. Dazu gehörte unter anderem die Einquartierung von Flüchtlingsfamilien in Privathäuser, Wohnungen und Bauernhöfe. Daran erinnerten sich die meisten Teilnehmerinnen sehr gut, ob nun als Flüchtlingskind oder einheimisches Kind. Die Kinder, die keine Flucht erlebt hatten, erfuhren dadurch doch auch einschneidende Veränderungen in ihrem Alltagsleben, durch die Zuweisung von Flüchtlingen, mit denen das Haus oder die Wohnung geteilt werden mußte. Das wird von den Teilnehmerinnen im Rückblick unterschiedlich beurteilt – ich sehe da fast eine Trennung zwischen Flüchtlingskindern und Einheimischen.

Helga H., für die durch die Flüchtlinge mehr Leben auf den elterlichen Bauernhof und ins Dorf gekommen war, fand das schön, während das Flüchtlingskind Nora S. und andere sich über längere Zeit sehr als Außenseiter fühlten. Es dauerte zehn Jahre, bis die soziale und wirtschaftliche Integration so weit vollzogen war, daß Einheimische und Flüchtlinge sich so weit vermischten, daß Kulturen und Traditionen aus verschiedenen Landstrichen und Gegenden sich gegenseitig inspirierten und dadurch auch bereichert wurden. Und zumindest für unsere Generation bestand dann in den späten fünfziger Jahren kein so gravierender Unterschied mehr in Lebensweise und Lebensgefühl als junger Mensch, der sich primär aus unserer Herkunft hätte ableiten lassen.

Trennung, etwas Wichtiges zurücklassen müssen, diese Erfahrung aus der Nachkriegskindheit kehrt für Inge S. in verschlüsselter Form immer wieder zurück: »Ich beobachte seit Jahren, daß ich jedesmal, wenn ich verreise, beim Packen in Unruhe gerate und wahnsinnige Angst davor bekomme, ich könnte etwas Lebenswichtiges vergessen. Heute morgen hatte ich das wieder, als ich hier zum Seminar fuhr. Ich hatte ja wirklich außer Schlüssel, Portemonnaie, Papier, Bleistift nichts mitzunehmen. Und es war mir heute morgen wieder ganz schwer, aus dem Haus zu gehen. Also so was von Mühe, loszulassen, wegzufahren! Schon lange, bevor ich wußte, was es ist, kannte ich dieses Gefühl, ich möchte nicht weg, ich möchte nicht aus dem Haus, ich möchte nicht wegfahren, ich möchte in meiner Sofaecke sitzen bleiben. Und vor zwei oder drei Jahren ist es mir klargeworden. Natürlich, das hat was mit diesen zwei Fluchten in meiner Kindheit zu tun. Als mir das eingefallen ist und ich den Ursprung des Gefühls erkannte, da konnte ich auch darüber weinen.

Einfach dieses Weggerissenwerden, ohne Abschied nehmen zu können, das muß damals für mich ganz schlimm gewesen sein. Ich hatte mir erhofft, wenn ich das doch jetzt weiß, ist dieses Unsicherheitsgefühl weg. Und heute morgen habe ich festgestellt, es ist immer noch da. Das ist auch so ein Überbleibsel, das aus der Nachkriegszeit immer noch in mir steckt: Abschied nehmen birgt immer noch etwas ganz, ganz Bedrohliches für mich.

Als ich neun Jahre wurde, bin ich ja verpflanzt worden, ohne daß man mir vorher etwas davon gesagt hatte. Es hieß, wir fahren zur Tante Sowieso, und dann sind wir tagsüber von Schwerin aufgebrochen und nachts über die Grenze in den Westen. Und ich konnte nie wieder zurück! Ich hatte also weder meiner Lieblingsgroßmutter noch meiner Freundin noch sonst irgend jemandem auf Wiedersehen sagen können. Ich habe nicht gewußt, daß wir für immer weggingen. Das würde das Gefühl erklären, die Furcht, etwas Lebenswichtiges zurückzulassen.«

Aber auch die erste Flucht 1945 von Bessarabien nach Schwerin, über die zugefrorene Weichsel, ist auf die damals erst zweijährige Inge S. nicht ohne Erschütterung geblieben, wie sie viel später in einer Therapiestunde rekonstruieren konnte. Ebenso bedeutsam war aber auch die durch die Flucht ausgelöste Verunsicherung der Eltern, die sie auf das Kind übertragen hatten. »Durch den Krieg verloren meine Eltern ihre Heimat, ihren sozialen Rahmen und ihre sozialen und emotionalen Bindungen. Sie sahen sich nicht nur einer vollkommen unsicheren Zukunft gegenüber, sondern wurden dadurch auch aus einer fast noch mittelalterlichen Lebensweise gerissen, wie sie in der Dorfgemeinschaft in Bessarabien noch gelebt wurde. Es ist wahrscheinlich, daß sie durch diesen Verlust ihre strengen und engen Lebensregeln noch rigider ausgelegt haben. Ich denke, ihre tiefe Verunsicherung und Entwurzelung ist Ursache auch für meine Verunsicherung darüber, wer und was ich bin, und auch für mein Problem, mich nirgendwo richtig Zuhause und dazugehörig zu fühlen.«

Nora S. (siehe Porträt Kap. V) war mit ihrer Mutter und den zwei jüngeren Geschwistern 1947 von Sachsen nach Niedersachsen geflohen, wo sie wieder mit dem Vater zusammentrafen. Ihre Gefühle als Flüchtlingskind beschreibt sie so: »Durch das Flüchtlingsdasein war ich in der Grundschule nicht integriert. Ich sprach sächsisch, und die Kinder liefen sächselnd hinter mir her. Darum habe ich bis heute oft das Gefühl, nicht dazuzugehören.«

In der damaligen sowjetischen Besatzungszone war die Oma von Nora S. zurückgeblieben, auch Cousins und Cousinen, mit denen zusammen sie drei Jahre bei dieser Oma in einem Haus gelebt hatte. Das alles verschwand von einem Tag auf den anderen aus ihrem Gesichtskreis. Mit ihren Eltern und jüngeren Geschwistern wieder allein, begann die schwere Zeit, in der sie mit sieben Jahren den Haushalt führen mußte, weil beide Eltern arbeiten gingen. Die Oma hatte sie sehr gern gehabt, mit ihr hatte sie sich besser verstanden als mit ihrer Mutter. »*Wir haben früh viele Abschiede erleben müssen. Zurückgeblieben von all dem ist sicher auch ein gewisses Heimatlosigkeitsgefühl.* Ich habe leicht das Empfinden, wenn ich irgendwo schon etwas mehr eingesessen bin und mir die Menschen etwas zu nahe kommen, ich möchte wieder die Flucht ergreifen, damit mir nicht alles zu eng wird. Aber das habe ich ja schon mit drei Jahren und dann wieder mit sieben erfahren, daß *ein Bereich, den man kennt, der einem vertraut ist, wo man spielt, Freundinnen hat, keinen Bestand, keine Verläßlichkeit hat.*« Daß Nora S. später eine sehr lebenstüchtige und beruflich erfolgreiche Frau geworden ist, erfahren wir aus ihrer Biographie. Über den Zusammenhang der harten Anforderungen während der Kindheit mit der Fähigkeit der Aufgabenbewältigung heute sagt sie: »Das hatte aber auch zur Folge, daß wir etwas hinter uns lassen können, uns trennen können, wenn es notwendig erscheint. Wir sind sehr selbständig, und das macht uns aufgeschlossen neuen Möglichkeiten, neuen Lebensveränderungen gegenüber. Natürlich mußten wir als Kinder vieles verkraften, was schmerzlich war, aber das hat uns fähiger gemacht, uns auf neue Herausforderungen einzustellen.«

Irma A. war zehn Jahre, als der Krieg zu Ende ging, und lebte mit ihrer Mutter in Mecklenburg, der Vater war noch beim Militär. Mecklenburg wurde ebenso wie andere ostdeutsche Gebiete von der Sowjetischen Armee besetzt. Sie hat nach Kriegsende ganz schreckliche Dinge gesehen, die kein Mensch und sicher kein Kind je sehen sollte. »Es grassierten die Ruhr und andere Krankheiten, an denen viele Menschen starben. Die Leichen wurden auf Lastwagen aufgetürmt, in nur halben Särgen abtransportiert. Solche Transporte habe ich gesehen und konnte auch einiges von dieser schrecklichen Ladung herausragen sehen. Das war besonders schlimm.« Noch schlimmer war für Irma A. der bereits berichtete Vorfall mit dem Nachbarn, einem SA-Mann, der beim Eintreffen der Russen sich und seine Familie erschoß, und wie sie die Leichen in der Waschküche zum Hof sehen konnte.

»Aufgrund dieser gruseligen Erlebnisse ist es mir später im Leben oft so gegangen, daß ich in unvorhersehbaren Situationen, bei undurchschaubaren Konflikten und Streit bei Nachbarn und auch sonst in meiner Umgebung oder bei Menschenansammlungen auf der Straße immer etwas Unheimliches und Schreckliches befürchtete.«

In den bereits erwähnten Verhältnissen der Nachkriegszeit, als die Erwachsenen von den Versorgungsschwierigkeiten des täglichen Lebens beansprucht waren und die Kinder viel unbeaufsichtigte Zeit hatten, haben diese enorme Fähigkeiten entwickelt, sich ihre sozialen Kontakte außerhalb der Familie zu suchen und zu organisieren. Kinder empfinden anders, sie wählen ihre Kontakte, Sympathien, Antipathien, Lieben nach weniger engen Kriterien oder Statussymbolen aus als die Erwachsenen. Deshalb sind die Erinnerungen mancher Teilnehmerinnen an die Begegnung mit Fremden damals ganz andere als die ihrer Eltern. Fremde mußten für die Kinder keinesweg bedrohlich sein (wie wir es für die russischen Soldaten beschrieben), sie waren anders – und darum interessant, brachten Abwechslung. Auch die räumliche Enge in den Nachkriegsjahren durch die Unterbringung vieler Flüchtlingsfamilien empfanden die Kinder meistens nicht so belastend wie die Erwachsenen.

Helga H. fand es damals als kleines Mädchen sehr aufregend, daß es auf dem elterlichen Bauernhof schon in den letzten Kriegsjahren durch die Anwesenheit von Fremdarbeitern sowie die zeitweise Unterbringungen von Soldaten im Gefangenenstatus und später durch die Einquartierung gleich mehrerer Flüchtlingsfamilien viel zu erleben gab. Bei den verschiedenen Flüchtlingsfamilien hat die kleine Helga schon deutlich soziale Unterschiede mitbekommen: Da war das Bildungsbürger-Ehepaar oder eine alleinstehende Frau mit fünf Jungen – ihr Mann war vermißt –, eine andere Frau bekam drei Kinder von verschiedenen Männern und verdiente sich ihren Lebensunterhalt immer selbst. Auszüge aus einem Interview, das ich mit Helga H. führte, geben die Eindrücke und Erinnerungen daran wieder:

Helga H.: »Ja, wir hatten Fremdarbeiter, die im Haus, in der

Küche mitaßen, an dem großen Familientisch. Da aßen alle, die im Hof gearbeitet haben. Es gab auch Soldaten in der Scheune, die mit versorgt werden mußten. Der ganze Hof war eigentlich voller Männer. Das waren Deutsche, die in englische Kriegsgefangenschaft geraten waren und nach dem Krieg bei uns untergebracht wurden.«

Ulla R. (die Autorin): »Und kannst du dich noch erinnern, wie das auf dich als Kind wirkte? Diese fremden Männer, Soldaten in der Scheune?«

Helga H.: »Ach, es war ganz spannend... Es war ja immer jemand da, ich bin ständig auf irgend jemanden gestoßen. Und wenn da so ein kleines Mädchen herumlief, da kann ich mir vorstellen, daß die immer mit mir rumgescherzt haben, jedenfalls mir Aufmerksamkeit gegeben haben.

Ich habe die besten Erinnerungen an die Leute, die da am Tisch mitgegessen haben. Wir hatten einen sogenannten Fremdarbeiter, das war ein Ukrainer, der Wasil, der ist nachher auch geblieben, ist nicht zurückgegangen. Der hat sich ganz viel um mich gekümmert, hat mich ganz viel ermutigt, und den hab ich heiß und innig geliebt. Das war so eine positive männliche Person.«

Ulla R.: »Der vielleicht so manches auch ausgleichen konnte, was mit deinem Vater so schwierig war.«

Helga H.: »Jaja, der war ganz kinderlieb und hat mich immer zum Essen angeregt, wenn ich nicht essen wollte. Der hatte eine große Bedeutung, eine ganz große positive Bedeutung für mich.«

Ulla R.: »Wie lange war der bei euch? Wie alt warst du da?«

Helga H.: »Neun Jahre war er bei uns. Er ist 1943 oder '42 gekommen und hat später eine Flüchtlingsfrau geheiratet, die in unserem Haus wohnte. Unser Haus war überhaupt ganz voller Flüchtlinge. Wir hatten ja ein sehr großes Haus, und in jedem Zimmer waren Flüchtlinge untergebracht, da kann ich mich noch sehr gut daran erinnern.«

Ulla R.: »Hattest du Kontakt zu ihnen?«

Helga H.: »Ja, zu ihnen hab ich einen wesentlich engeren Kontakt gehabt als zu meinen Eltern, denke ich. Meine Mutter hat immer gearbeitet, und mein Vater war immer streng, hat mich verprügelt, und von denen hab ich was anderes gekriegt. Wir hatten ja auch nur noch ein Zimmer, das heißt, ich hab bei meinen Eltern mit im Raum geschlafen. Gegenüber dem Schlafzimmer war ein älteres Ehepaar untergebracht, und zu ihnen bin ich immer hingegangen und war auch immer willkommen. Der Mann war Lehrer gewesen oder Arzt, aus Ostpreußen, und sie gehörten zum Bildungsbürgertum. Er war aber schon alt und ist dann auch gestorben. Bei denen war es immer so ruhig und schön.«

Ulla R.: »Da hast du dir eigentlich als Kind auch einiges ganz schön organisiert, bist da hingegangen, wo du dich ganz wohl fühltest. Das ist ja auch eine Fähigkeit in einem Kind.«

Helga H.: »Ja, da waren viele unterschiedliche Leute, das war in jedem Zimmer anders.«

Ulla R.: »Da hast du schon die Unterschiede von verschiedenen Leuten sehr direkt mitgekriegt?«

Helga H.: »Ja, in einem Zimmer wohnte die Mutter mit den fünf Jungs, und da war's wohl ganz verheerend, wie's da aussah. Das Zimmer war ja auch nicht groß, und sie schliefen immer zu zweit in einem Bett. Trotzdem bin ich hingegangen. Und ganz am Ende des Flurs wohnte jene Frau, die drei Kinder von drei verschiedenen Männern hatte und selbst für ihren Lebensunterhalt aufkam, immer arbeiten ging. Es hat mich sehr verwundert, warum meine Eltern ihr nicht einfach etwas von uns abgaben.

Bis zum siebten Lebensjahr hatte ich viele Kinder der Flüchtlingsfamilien zum Spielen, dann zogen sie weg, und es wurde langweilig. In den Jahren, in denen sie bei uns lebten, war ich meinem Vater weniger ausgesetzt, verbrachte viel Zeit bei ihnen, wo ich mich wohl fühlte.«

Dieses Beispiel zeigt, wie anders und bereichernd das Kind Helga H. die Anwesenheit der vielen Flüchtlingsfamilien mit ihren Kindern im Haus empfand, während die Erinnerungen zweier Flüchtlingskinder von ihrer schwierigen Integration zeugen.

In dem Spannungsfeld zwischen Individuum und Gesellschaft müßte eine Kindheit mit so deutlich von der Welt draußen kommenden Erschütterungen zu klaren Einstellungen herausfordern, die diese Zeit überdauern und zu Anteilen einer epochalen Identität werden. Mich beschäftigt die Frage, ob die Töchtergeneration angesichts der vielen Versagungen in dem von Kindern Wohlverhalten verlangenden, rigiden öffentlichen Klima der Nazizeit später *zu einer größeren Bereitschaft geführt hat, gesellschaftliche Ordnungen zu akzeptieren, oder eher zu einer skeptischen Haltung gegenüber autoritären und konservativen Kräften in Staat und Gesellschaft*? In ihren Stellungnahmen in den vorausgegangenen Kapiteln beziehen sich die Teilnehmerinnen implizit, verschlüsselt oder auch direkt, auf diese Frage. Dabei sind eher Präferenzen für eine unautoritäre, liberale Lebensweise und Gesellschaftsform auszumachen, und bei den meisten findet sich eine prinzipielle Ablehnung von Krieg als Mittel zur Konfliktlösung. Uns interessierte auch, ob die Teilnehmerinnen unserer Untersuchung zu den vielen Frauen der Töchtergeneration gehören, die in ihrer Haltung zu Staat und Gesellschaft das Übel der männlichen Dominanz, die im Nationalsozialismus eine Extremform erreicht hatte, durch die aktivere Teilhabe der Frau im politisch-öffentlichen und privaten Leben überwinden wollen.

Für ihr heutiges politisches Bewußtsein waren für Eleonore S. die Kriegs- und Nachkriegserlebnisse in ihrer Kindheit sehr prägend: »Jeden Abend viertel vor acht gab es im Radio die NS-Propagandasendungen über die tapferen Kämpfe der deutschen Wehrmacht an der Ostfront 1942/43 und die feindlichen Truppen, als unterlegen, aber hinterlistig, grausam und barbarisch dargestellt. Das wollte ich immer gar nicht hören und hielt mir die Ohren zu.« Schon da, als Zehnjährige, kam ihr in den Sinn, daß die Grausamkeiten nicht nur von der Seite des Feindes ausgehen konnten, sondern daß von allen Kriegsbeteiligten Gewalt ausging.

Sie erinnert sich an das traurige Schicksal ihres damals gerade zwanzigjährigen Cousins, der auf einem Fronturlaub bei ihnen im Hause weilte. Er erzählte, wie schrecklich deutsche Soldaten gegen die russische Zivilbevölkerung vorgegangen waren. »Es hat mich sehr betroffen gemacht, als er mit trauriger Entschlossenheit seiner Mutter und den anderen Erwachsenen verkündigte, er möchte auf keinen Fall an die Front zurück. Als er dann doch zurück mußte, sagte er beim Abschied, er würde nicht zurückkommen. Kurze Zeit später ist er gefallen.«

Das Kind erkannte den unentrinnbaren Zwang und die unbedingte Gehorsamspflicht, der alle in Kriegszeiten ausgeliefert sind, und merkte sich den Widerspruch zwischen dem vom Cousin geschilderten Vorgehen der deutschen Wehrmacht in Rußland und der Nazipropaganda im Radio. Das Schreckensgesicht der Krieges vermittelte sich dem nachdenklichen, wachen Kind auch durch eine andere Begegnung von deutschen Soldaten mit der russischen Zivilbevölkerung: »Die Frauen in unserem Dorf saßen zum Federschleißen zusammen, wir Kinder dabei. Ein Mann auf Fronturlaub saß dazwischen und begann zu erzählen, wie nach heftigen Kämpfen seine zersplitterte Truppe in einen weit entfernten Ort beordert wurde. Es war Frühsommer 1943, sehr warm, und zwei Tage waren sie schon zu Fuß unterwegs, ohne Vorrat an Wasser. Sie litten schrecklich unter dem Durst. Als sie endlich zu einem Dorf kamen, gingen sie auf den ersten Hof zu, eine russische Bäuerin trat heraus, und sie machten ihren Durst verständlich. Die Bäuerin ging ins Haus und kam mit einer großen Tonschüssel voll Milch zurück, ging auf die Soldaten zu und ließ vor ihnen die Schüssel fallen. Lähmung, Entsetzen bei den Soldaten – auch im Kreis der Frauen und Kinder beim Federschleißen. Der Soldat auf Fronturlaub fügte noch das Ende dieser Geschichte hinzu: ›Das Dorf wurde von den deutschen Soldaten danach total abgebrannt.‹« Eleonore ließ diese schreckliche Geschichte nicht los, sie mußte an die Bäuerin denken, was ihr wohl schon vorher angetan worden war, daß sie sich so hatte rächen müssen. Hier wieder *der Zweifel im Kind, daß es wohl mit der Trennung von Gut und Böse nicht so einfach war.* Diese Angst, Abscheu und Ablehnung von Gewalt hat sie schon als Kind in den Kriegsjahren empfunden, und das hat sich erhalten bis zum heutigen Tag. Sie ist eine bewußte Pazifistin, war in den achtziger Jahren in der Friedensbewegung aktiv und tritt heute in ihrer parteipolitischen Arbeit konsequent für Abrüstung und mit Überzeugungskraft für die Teilhabe von Frauen in wichtigen politischen und anderen gesellschaftlichen Positionen ein.

Auf die im Fragebogen gestellte Frage nach der Grundhaltung zum politischen Geschehen und zur gesellschaftlichen Entwicklung heute hier einige Stellungnahmen der Teilnehmerinnen:

– »In erster Linie bin ich ein Feind aller starren Ideologien. Ich bin völlig unpatriotisch und könnte keine Feindbilder aufbauen

– nach der deutschen Geschichte mit den Nazis. Nach einer langen Phase totaler Ablehnung jeglicher Politik, die bedingt war durch die gewaltsame Beschäftigung damit in der DDR, bin ich heute merkwürdigerweise Rot-Grün-Anhängerin.«

- »Ich bin parteipolitisch tätig gewesen und habe die Einstellung, daß man sich politisch engagieren muß, um die Demokratie mitzugestalten, gerade in Erinnerung an das Hitler-Reich.«
- »Ich fürchte und meide starre Positionen, da bewegt sich nichts mehr, da gibt es keine Spielräume mehr, da kann es schnell ins Autoritäre umkippen. Ich wittere aber auch leicht überall tendenziöse Argumentationen, so daß es mir schwerfällt, eine Position einzunehmen und zu verteidigen.«
- »Meine Grundhaltung ist, daß ich meinen Beitrag zu einem demokratischen Miteinander auf allen gesellschaftlichen Ebenen einzubringen habe und auch einbringen kann.«
- »Ich bin eine linke Intellektuelle, habe nie einer Partei angehört, war aber im Neuen Forum. In DDR-Zeiten habe ich meinen Spielraum gesucht, Blessuren bekommen (von der Schule verwiesen, keinen regulären Studienplatz erhalten) und gelernt, hartnäckig zu sein und zu bleiben.«
- »Meine wichtigste Aufgabe ist frauenpolitische Arbeit in Kommissionen zur Gleichstellung der Frau. Mir ist daran gelegen, Frauen durch Sprache noch sichtbarer zu machen.«
- »Ich habe eine positive Grundhaltung zu unserer Gesellschaft und halte es mit Churchill – die Demokratie ist von den schlechten Regierungsformen immer noch die beste.«
- »Beruflich arbeite ich in den Bereichen Frauenforschung und politische Wissenschaft, nebenberuflich bin ich auf nationaler und internationaler Ebene politisch und vor allem frauenpolitisch tätig, in Gremien der Gewerkschaften GEW, DGB, Internationale Gewerkschaftsorganisation.«

Ganz an den Schluß stelle ich die Geschichte der Versöhnung der Isabell S. mit den Folgen der Entsagungen, die sie aufgrund ihrer Herkunft in ihrer Kindheit erlebt hatte, die nur in Kriegszeiten so entstehen konnten, wenn Menschen, die sich lieben, die zusammenleben wollen, auseinandergerissen werden. Ihr Vater war Italiener und war als Fremdarbeiter auf dem Bauernhof von Isabells Großeltern eingesetzt gewesen, wo ihre Mutter und er sich ineinander verliebten. Als Isabells Mutter schwanger wurde, ist ihr Vater geflohen, denn ihm drohte die Todesstrafe für seine Beziehung zu einer deutschen Frau, die er geschwängert hatte. Die Großeltern lehnten ihre Tochter mit dem unehelichen Kind ab. Isabell: »Meine Mutter lebte nach meiner Geburt allein mit mir in einer kleinen Wohnung. Ich erinnere mich an eine leidende, mich aber sehr liebende Mutter. Als ich vier Jahre alt war, heiratete sie einen Mann, mit dem sie sich später gar nicht gut verstand und den ich nicht gut leiden konnte. Meine Mutter starb, als ich acht Jahre alt war. Ich wuchs von da an bei einer Tante und einem Onkel auf, bei denen ich mich wohl gefühlt habe. Vor allem mein Onkel hat viel Güte ausgestrahlt und mir den all die Jahre zuvor ersehnten Vater ein Stück ersetzt. Der Traum vom idealen Vater blieb trotzdem in mir und verwandelte sich später in den Traum vom idealen Mann.« Isabell S. hat privat und beruflich, als sie Mitte dreißig war, noch einmal einen Aufbruch gewagt. Nachdem ihre erste Ehe scheiterte, »die ich meiner zwei Kinder wegen viel zu lange aufrechterhalten habe«, hat sie mit einem anderen Partner eine glückliche Beziehung entwickeln können. Sie studierte Pädagogik, arbeitet in Erwachsenenbildung und psychologischer Beratung, wo sie ihre engagierte sozialpolitische Einstellung einbringen kann.

Zu ihrem vierzigsten Geburtstag hat sie sich aufgemacht, ihren Vater in Italien zu suchen. Sie fand ihn in einem kleinen mittelitalienischen Dorf: ein noch stattlich aussehender alter Mann, dem man an seiner schlanken, muskulösen Figur die harte Landarbeit ansieht, und was Isabell am meisten beeindruckte: »Er hat so schöne braune, gütige und gleichzeitig sehr lebhafte Augen. Ich merkte auch, daß ich ihm ähnlich sehe. Da konnte ich mir vorstellen, daß meine Mutter ihn sehr geliebt hatte. Wir saßen dann in seinem Haus zusammen, erzählten uns in heiterer und gar nicht gezwungener Atmosphäre, trotz großer Sprachschwierigkeiten, wie wir leben, was wir tun. Ich habe mich versöhnt von ihm verabschiedet und werde ihn sicher nie wiedersehen, denn jetzt weiß ich ja, was für ein lieber Mensch er ist, den meine Mutter damals geliebt hatte.« So fand nach vierzig Jahren eine Kriegsepisode ihre Aussöhnung.

V
Drei Porträts

Nora S.
»Meine Identität geht über Leistung«

Nora S. wurde 1940 als erstes Kind in einer mittelgroßen ostdeutschen Stadt geboren. Ihr Vater war Beamter im Bau- und Verkehrswesen, ihre Mutter Büroangestellte.

Was verbirgt sich hinter der Erscheinung eines Menschen, was können wir aus Körperhaltung und Bewegung, Stimme und nicht zuletzt aus dem Umgang, dem Verhalten gegenüber anderen erahnen und uns mit unserer Einbildungskraft über seine bisherige Geschichte vorstellen?

Nora S. ist eine schlanke, attraktive Frau, sehr geschmackvoll und elegant gekleidet. Das grauschattierte Haar in kurzem modernen Haarschnitt kontrastiert mit dem lebhaften, fast noch faltenlosen Gesicht. Wenn man sie in einer Gruppe mit anderen, besonders mit Frauen diskutieren sieht, wirkt sie souverän und sehr engagiert. Die Körperhaltung spiegelt das wider, in einer Mischung von Entspanntheit und klarer Disziplin, die keine Lässigkeit zuläßt. Mit ihren 53 Jahren strahlt sie wache Erfahrung aus, scheint Räume, in denen sie ist, selbstverständlich zu okkupieren – unaufdringlich, aber mit klarer Präsenz. Das korrespondiert vielleicht mit ihrem guten Raumvorstellungsvermögen, mit ihrer sehr ausgeprägten visuellen Wahrnehmungsfähigkeit. Gerade diese visuelle Vorstellungskraft hat bei ihren Kriegserlebnissen eine Rolle gespielt, wie wir noch sehen werden.

Von Beruf ist sie Architektin, mit großer Liebe zur bildenden Kunst, die gönnt sie sich als Hobby. Im bildnerischen Gestalten kann sie sich ganz frei und ohne Druck oder Spannung fühlen, ist doch die Architektur die ernste, die eigentliche Arbeit. Und mit ihrer Arbeit verbindet sie einen Anspruch an sich selbst, der über das eigentliche Berufsfeld Architektur hinausgeht. Seit 20 Jahren als freiberufliche Architektin tätig, hat sie sich in den letzten Jahren immer häufiger mit Fachkolleginnen, Architektinnen und Stadtplanerinnen zusammengetan, bei der Planung und Durchführung von besonderen Bauvorhaben.

»Meine Arbeit in sozialen und politischen Zusammenhängen zu sehen, Stadtplanung und die Entscheidung über Wohn- und Gewerbegebiete, die politischen Entscheidungen zu verstehen, hinter denen sich manifeste Machtstrukturen verbergen, habe ich schon aus der Grundhaltung meines Vaters mitbekommen. Er war vor und nach dem Krieg bei der Stadtverwaltung in leitender Funktion im Amt für Bau- und Verkehrswesen tätig und hat sich immer sehr für die soziale Seite bei neuen Planungsvorhaben eingesetzt. Das war für ihn, mit seiner nationalsozialistischen politischen Überzeugung und später konservativ politischen Haltung, kein Widerspruch.«

Schon vor zehn Jahren eine Vorreiterin zu dem Thema »Frauen und Wohnen«, hat Nora S. auf Landesebene, kommunalpolitischen Fachgremien und in der Öffentlichkeit in zäher Arbeit den Weg zu Veränderungen bereitet. Heute treffen sich Fachfrauen zu Tagungen über »Frauen und Wohnen«, aus denen Netzwerke von Kommunalpolitikerinnen, Architektinnen und Stadtplanerinnen entstanden sind. Zielsetzung ist die gegenseitige Unterstützung und Einflußnahme bei Bau- und Verkehrsplanungsvorhaben zur Berücksichtigung frauenspezifischer Interessen.

Nora S. hat an der Entwicklung zu mehr Bewußtheit vieler Frauen über die Bereiche Wohnen, Stadt und Umland als Lebensraum jahrelang zielgerichtet mitgewirkt. Sie hat die Fähigkeit, die Analyse des Istzustandes zu verbinden mit Entwürfen für die Stadtentwicklung der Zukunft. Und in ihrer Zukunftsvision sollen die Bereiche Wohnen und Arbeiten wieder mehr zusammenwachsen und wieder überschaubare Lebensräume entstehen. Dabei ist sie parteilich, denkt besonders an die Bedürfnisse von Frauen und Kindern. Zu ihrem frauenpolitischen Engagement gehören Öffentlichkeitsarbeit, Frauennetzwerke und Vorträge für Politikerinnen und Politiker sowie Lehrveranstaltungen an einer Universität. Ganz wichtig ist ihr dabei die Arbeit mit anderen Fachfrauen, und sie werden einen langen Atem brauchen, denn »natürlich fällt es den meisten Männern schwer, Fachkompetenzen der Frauen anzuerkennen, und natürlich fürchten sie, bei einer anderen Wohnraum- und Stadtgestaltung Vorrechte und Privilegien abgeben zu müssen«. Rückblickend auf ihren beruflichen Werdegang und stellungnehmend zu ihrer heutigen Arbeit, sagt sie: »Ich bin nach wie vor der Überzeugung, daß ich die Tätigkeiten, die ich gemacht habe, so habe machen müssen. So kann ich das vor meinem Gewissen verantworten und alles, was die Folge davon ist, muß ich in Kauf nehmen. Was mein Fach betrifft, mein Wissen, meine Ziele, meine Überzeugungen, da habe ich keine Zweifel. Das Arbeiten habe ich in der Nachkriegszeit ganz früh einüben müssen. Als es nichts gab, mußten eben auch wir Kinder schon zupacken und konnten das Ergebnis unmittelbar erleben. Wir haben natürlich sehr viel mehr Vertrauen in unser eigenes Tun aufbauen können, als es Kindern heute möglich ist.«

Woher kommen die Phantasie, die Zielgerichtetheit, die Energie und der Mut, mit denen sie für eine langfristige Umsetzung ihrer disziplinierten Planungsarbeit öffentlich kämpft? Die Grundlage für ihre Haltung zu sozialpolitischen Fragen und Problemen und für eine überwiegend berufszentrierte und daher für ihre Generation noch ungewöhnliche weibliche Lebensplanung hat ihre Quelle in frühen Kindheitserlebnissen und ihrer daraus entwickelten (unbewußten) Lebensleitlinie, in ihrer Wahrnehmung und Interpretation von Erfahrungen. Was hat Nora S. erlebt, daß sie zu dieser reflektierten, engagierten Frau wurde?

Keine Frau kommt an der Entscheidung vorbei, zu wählen zwischen Familiengründung oder Berufskarriere oder die Verbindung beider Lebensaufgaben zu versuchen. Diese Entscheidungen geschehen natürlich nicht immer bewußt und werden auch durch die soziale Umwelt, die Erwartungen an die Erfüllung der traditionellen Frauenrolle beeinflußt. Nora S. hat sich früh gegen eine eigene Familie und eigene Kinder entschieden, eigentlich schon in der Kindheit. Ihre Motive waren tragend genug, überdauerten die kindliche Vorstellung und lassen sie noch heute konsequent dazu stehen, daß Kindererziehung und Familienleben nicht der richtige Weg für sie gewesen wären. Wir werden nachfolgend sehen, aus welchen Kindheitserfahrungen sie die Schlüsse gezogen hatte, für sich unbedingt ein Leben fern von familiärer Einbindung zu gestalten.

Mit einem Mann in einer Partnerschaft zu leben, wenn sie und er sich jeweils in ihren eigenen beruflichen Bereichen weiterhin selbständig entfalten konnten, das ging schon eher für sie. Nach mehreren Jahren Ehe, in der sie ein für beide akzeptables Arrangement für berufliche und ökonomische Unabhängigkeit und einige zufriedenstellende private Gemeinsamkeiten erreicht hatten, ein Arrangement, das ihr wichtige, berechenbare Freiheiten zu gewähren schien, merkte sie, daß sie doch in eine Falle geraten war und mit der Zeit selbst eine alte, von ihr vehement abgelehnte Rolle übernommen hatte. Ohne ihr berufliches Engagement und ihre Selbständigkeit in diesem Bereich zu schmälern, hatte sie es zu Hause immer mehr übernommen, ihrem Mann alle privaten Entscheidungen aus dem Weg zu räumen, die Beziehungen zu gemeinsamen Freunden und Bekannten und auch die Urlaube selbst zu organisieren. So schaffte sie die Voraussetzungen zur Gestaltung gemeinsamer Geselligkeit und Unternehmungen.

Dieses Management des Privatlebens paßte ihr anfangs durchaus, hatte sie das doch in ihrer Kindheit hinreichend praktiziert. Mit der Zeit aber liefen ihre Pläne immer häufiger ins Leere, weil ihr Mann immer weniger Zeit für sie hatte, während sein Engagement in seinem Beruf keine Grenzen kannte. An ihrem Vater hatte sie erlebt, wie er in den kritischen Nachkriegsjahren durch vorübergehende Alkoholprobleme für die familiären Aufgaben und eine emotional spürbare Beziehung zu den Kindern in solchen Phasen nicht zur Verfügung stand. Und ihr Mann stand durch ein immer totaleres Aufgehen in seiner Arbeit als Gewerkschaftsfunktionär in Leitungsfunktion, mit vielen öffentlichen Verpflichtungen, ihr auch immer weniger emotional zur Seite. Sie hatten sich auseinandergelebt. So war es Nora, die die Trennung herbeiführte.

Während dieses ganzen Prozesses hatte sie Angst vor dem Abschied, vor dem Verlust des Menschen, mit dem sie ihre »besten« Jahre geteilt hatte, da bei Trennungen und Abschieden für sie ein sehr belastendes frühes Erlebnis aus den Wirren der Nachkriegszeit mitspielt. Nachdem der Schritt vollzogen war, empfand sie es jedoch enorm erleichternd, daß die unbefriedigenden Verhältnisse des Nebeneinanderherlebens beendet waren. Sie lebt seit längerer Zeit allein und empfindet die Freiheit, über ihre Aktivitäten selbst entscheiden zu können, als ein Privileg, das sie in der Kindheit überhaupt nicht und später im Studium und in der Ehe nur eingeschränkt hatte. Nach der ersten schwierigen Trennungszeit können sie und ihr Mann jetzt eine gute freundschaftliche Verbindung miteinander aufrechterhalten.

Ihre ersten Kindheitserinnerungen haben sich Nora S. tief eingeprägt; sie waren Bilder des Schreckens. Im Jahre 1943 wurde zum erstenmal ihre Heimatstadt bombardiert. »Ich war drei Jahre alt und hatte gerade eine schwere Krankheit überstanden, Scharlach, als dieser große Bombenangriff auf unsere Stadt war. Ja, ich habe noch ganz deutliche Bilder vor Augen, am allerdeutlichsten – und das hat mich eigentlich immer begleitet – ist dieses Bild, als wir durch den Keller des Nachbarhauses rauskommen, wieder auf die Straße: Da sind die züngelnden Flammen am Haus vor uns, an unserem Haus, das weinbewachsen war. Und dann diese riesigen Trümmer auf den Straßen, die Brocken, die da herumlagen, reichten bis zu meinem Kopf. Natürlich erschienen sie mir so irrsinnig hoch, weil ich ja noch sehr klein war. Und über diese Trümmer mußten wir drüberklettern und auch noch den Kinderwagen mit meiner Schwester drin rüberheben; das machten meine Mutter und das Pflichtjahrmädchen.

Und ich konnte es irgendwie nicht verstehen, daß wir nicht mehr in unsere Wohnung hochgehen konnten, da waren doch noch all meine Spielsachen, meine Puppe, und das war plötzlich gar nicht mehr wichtig!

Unser Haus war von zwei Brandbomben getroffen worden, die Treppe war verschüttet. Um aus dem Keller rauszukommen, mußte die Wand zum Nachbarkeller durchstoßen werden; wir sind dann gebückt durch die kleine Wandöffnung aus dem Nachbarausgang auf die Straße gelangt. Das war alles sehr, sehr verunsichernd und beängstigend: Wände öffneten sich, Hausfassaden brannten, die Straßen verschwanden unter den Trümmern. Aber besonders große Ängste hatte ich, weil dieser Mann, der Nachbar, nicht zurückkam. Er war während des Fliegeralarms noch mal hoch in seine Wohnung gegangen, und dann wurde die Treppe verschüttet. Er war offensichtlich umgekommen. Das hat mich sehr verfolgt als Kind, denn immer, wenn ich durch die Stadt gegangen bin, durch die Trümmer, auch in unserem nächsten Wohnort nach der Flucht, dann habe ich da reingeguckt und mir vorgestellt, da liegen die Leichen darunter. Und die Mutter hatte dann Schwierigkeiten mit mir, weil ich immer so langgezockelt bin und so in Gedanken verloren war, weil ich mir vorstellte, was vielleicht alles unter den Trümmern liegt. Wenn ich dann noch so halb abgerissene Küchen gesehen habe, wo noch der Herd stand und andere Dinge, dachte ich immer, dahinter liegt auch 'ne Leiche. Die Wege durch die Stadt waren stets begleitet von solch fürchterlichen Bildern. Die Geschichte mit dem Mann, der in unserem Haus beim Bombenangriff verschüttet wurde, hatte sich bei mir so sehr festgesetzt, daß ich über, hinter und unter allen Trümmern Schlimmes vermutete.

1947, nach der Rückkehr aus der Gefangenschaft, ging mein Vater in die Trümmer, um bei den Aufräumarbeiten zu helfen, und auch, um Geschirr und andere nützliche Gegenstände zum Aufbau des Haushalts nach unserer Flucht nach Hause zu bringen. Es war für mich ganz unmöglich und unheimlich, daß der Vater dahin ging, und ich hatte Angst und Scheu, daß jeder Stein, den er hochnimmt, solche Schreckensbilder enthüllen würde, wie sie mich nun schon seit 1943 verfolgten.«

Ulla R.: »Hast du mit ihm darüber gesprochen?«

Nora S.: »Nein, ich hab immer gelauert, daß er es erzählt, er hat es aber nicht erzählt. Wir haben zu Hause nicht über Probleme oder Ängste gesprochen, und daraus habe ich mir wohl als Kind die Vorstellung zurechtgelegt, glaube ich, daß man zu solchen Dingen keine Fragen stellt. Das betraf aber auch die Mutter, die war durch die Kriegszeit so in Anspruch genommen, daß sie keine Zeit hatte, auf Fragen zu antworten. Da habe ich mir wohl das Fragen abgewöhnt.«

Ulla R.: »Das ist ein Beispiel dafür, wie sehr sich ein so schreckliches Erlebnis in der Phantasie des Kindes fortsetzt, und sehr problematisch war die Angst, die dich ja sehr lange begleitete.«

Nora S.: »Ich habe diese Bilder bis zu meinem elften Lebensjahr immer wieder gehabt, auch im Traum, da bin ich nachts aufgeschreckt und hatte Angst. Dann hat das plötzlich aufgehört, das habe ich auch bewußt wahrgenommen. Doch nun setzten ja merkwürdigerweise so psychosomatische Beschwerden ein, ein Abdrängen der Angstphantasien in den Körper. Ich bekam plötzlich Verkrampfungen, Darmverkrampfungen, Kreislaufstörungen. Es waren schon richtig komische Leiden. Früher hätte ich nie solche Verbindungen herstellen können über die Verschiebung des Symptoms. Und die Ärzte haben immer gesagt, bei meinen Krankheiten ist alles psychisch oder Einbildung, wie man damals sagte.«

Ulla R.: »Vom dritten bis zum elften Lebensjahr haben dich diese Schreckensbilder verfolgt, deine Phantasie und deine nächtlichen Träume stark beschäftigt, und dann hörte das auf, und körperliche Beschwerden traten ein. Sicher war das eine Erleichterung, von diesen Ängsten und Phantasien nicht mehr so sehr gequält zu werden, mit denen du so allein geblieben warst. Neue Verunsicherung entstand aber aus den dann einsetzenden körperlichen Beschwerden mit der notwendigen ärztlichen Behandlung. Mit elf Jahren beginnt natürlich auch schon langsam die Pubertät mit den körperlich sichtbaren und spürbaren Veränderungen und einem wachsenden Realitätsverständnis von der menschlichen und materiellen Umgebung.«

Nora S.: »Daß die Verschiebung des Ausdrucks meiner Probleme etwas mit der langsam einsetzenden Pubertät zu tun hatte, kann ich mir heute auch vorstellen. Aber die Ursache lag eben darin, daß es gar keine Chance gab, über das, was einen ängstigte, zu reden. Die Mutter hatte sich immer unter den Anstrengungen des Krieges zurückgezogen, mußte hamstern gehen und für vieles andere mehr sorgen. 1945 hatte sie dann noch ein kleines Kind, mein Bruder wurde geboren, und war mit nun drei Kindern schlichtweg überfordert. Es wurde da kaum etwas ausgetauscht, was über die tägliche Versorgung hinausging.

Ich denke, die Mutter hatte selbst Angst, und da haben sich viele Ängste auf mich übertragen. Und an einer Mutter, die selber Angst hat, kann man sich auch nicht so festhalten. Da fing es schon an mit der Unterdrückung der eigenen Angst bei mir, weil ich nicht zusätzlich noch zur Last fallen wollte.«

Was war außer diesem folgenreichen Erlebnis des Bombenangriffes, von dem Nora S. in unserem Interview ganz zu Anfang gesprochen hatte, mit eingestürzten Häusern, vermißten Nachbarn und den darauffolgenden kindlichen Angstphantasien, für sie noch Bedeutsames geschehen, in ihren darauffolgenden Kindheitsjahren?

Sie hatten sich nach der Zerstörung ihrer Wohnung aufgemacht und an vielen Haustüren geklopft, auf der Suche nach einer Übernachtungsmöglichkeit – sie an der Hand der Mutter und das Pflichtjahrmädchen mit der kleinen Schwester im Kinderwagen. Am nächsten Tag brachen sie dann auf zur Großmutter mütterlicherseits, die in einer Kleinstadt in der Nähe ein kleines Haus hatte. Auf dem langen Fußmarsch (die Flüchtlingsströme aus den zerbombten Städten aufs Land hatten bereits begonnen) wurden sie öfter von Flakangriffen bedroht und mußten sich zum Schutz auf den Boden werfen. Auch an diese Bilder erinnert sich Nora S. noch deutlich.

Das Haus der Großmutter war schon ziemlich dicht bewohnt, da zwei Geschwister von Noras Mutter mit ihren drei Kindern schon dort Unterschlupf gefunden hatten.

Nora S.: »Wohl gefühlt habe ich mich erst dann bei der Großmutter, als wir alle aufeinandersaßen. Die Großmutter hatte ich sehr gern, die konnte gut mit mir und den anderen Kindern umgehen, hat mich verstanden. Sie war eine freundliche und tatkräftige Frau, hatte eben schon Lebenserfahrung, und diese Sicherheit habe ich als Kind intuitiv gespürt. Sie gab mir ein Gefühl der Geborgenheit.«

Ihre Mutter und deren Schwestern gingen arbeiten, während die Großmutter ihre fünf Enkel betreute. In dieser Konstellation – Großmutter, Mutter, ihre zwei Schwestern und fünf, nach der Geburt von Noras kleinem Bruder, sechs Kinder – lebten sie von 1943 bis 1947.

Etwa ab Ende 1944 gab es für die Mutter und die anderen zwei jungen Frauen keinen geregelten Arbeitsplatz mehr, und die Zeit des Hamsterns und Improvisierens begann, um der großen Familie ein Existenzminimum mit Essen, Heizmaterial und Kleidung zu sichern. Die Mutter war viel unterwegs. Und obwohl Nora S. sich bei der Großmutter, im Klima der Großfamilie, wohler fühlte als vorher in der Großstadtwohnung nur mit der Mutter und der kleinen Schwester, wie sie sich zu erinnern glaubt, mußte sie als ältestes Kind schon Aufgaben bei der mühsamen Organisierung und Heranschaffung der für den Lebensunterhalt notwendigsten Güter mit übernehmen. Ab ihrem fünften Lebensjahr, also ab 1945, wurde sie immer mehr herangezogen, um Erledigungen in der Stadt zu machen. »Das frappiert mich heute noch, wie ich das organisiert habe, daß ich da das Stadtbild genau im Kopf hatte. Und zu Hause haben dann alle gestaunt, daß ich erstens alles so genau gefunden habe in der Stadt und daß ich dann auch wieder gut nach Hause gekommen war. Das war wohl doch ein bißchen ungewöhnlich für eine Fünf- bis Sechsjährige, zumal man da auch mit dem Bus fahren mußte. Aber ich hab mir die Wege auch sehr eingeprägt, ich habe sie heute noch im Kopf. Häufig mußte ich auch noch ein Geschwisterkind mitnehmen, denn die Großmutter hatte ja alle Kinder zu betreuen, auch meinen erst 1945 geborenen Bruder.«

Wir müssen uns vorstellen, wie in den Städten der Funktionsablauf von Handel und Verkehr spätestens ab 1944 immer schwieriger wurde und es wohl zum Straßenbild gehörte, kleine Kinder ohne die Begleitung Erwachsener umherlaufen zu sehen. Zu ihnen gehörte auch Nora S.

Es ist enorm, welch eine Leistung von Koordination und Planung die kleine Nora da schon erbrachte. »Leistung« sollte dann auch ein Schlüsselwort in ihrer Biographie werden. Wir erinnern uns auch an eine große visuelle Wahrnehmungsfähigkeit, die sich in der klaren Erinnerung an die Bilder vom Bombenangriff auf ihr Haus spiegelt und sehen bei ihren Stadtgängen als fünf- bis sechsjähriges Kind eine Umsetzung dieser besonderen visuellen Fähigkeit durch das Einprägen und Memorieren der Wege und Busstrecken.

1947 erhielt die Mutter von Nora S. Nachricht vom Vater, daß er aus englischer Gefangenschaft entlassen worden war und in einer westdeutschen Stadt auf sie wartete. So floh die Mutter mit Nora und den zwei kleinen Geschwistern in den Westen, sie ließen die Großmutter mit den übrigen Verwandten zurück. Nora S.: »Das war für mich sehr schmerzlich, ich mochte die Großmutter ja sehr gern. Sie wollte nicht mehr mitkommen. Wir haben oft überlegt, ob wir sie nachholen. Aber sie hatte keine Lust mehr, ihr Haus zu verlassen, in dem sie vierzig Jahre lang gelebt hatte.«

Jetzt, wo der Vater wieder mit der Familie vereint war, bekam er auch eine große Bedeutung für Nora S., damals sieben. Die Jahre zuvor hatte sie ihn nur während seiner kurzen Fronturlaube erlebt. Er hat sich dann sehr um die Erziehung der Kinder gekümmert. Nora S.: »Ich denk schon, daß der Vater uns sehr unterstützt hat, und wichtig war vor allen Dingen, daß er uns so sehr akzeptierte. Er war so stolz auf uns Kinder, und bei jeder Gelegenheit hat er uns gegenüber Bekannten als die bestgelungenen Kinder dargestellt, so daß es uns schon manchmal peinlich war. Jedenfalls war er davon überzeugt, daß ich sehr intelligent sei, diese Überzeugung wurde auch nicht erschüttert, wenn ich aus der Schule eine Fünf heimbrachte, denn er wußte, wie häufig ich wegen der vielen Arbeit im Haushalt, die ich schon übernehmen mußte, keine Hausaufgaben machen konnte.«

Diese Haltung des Vaters war für Noras weitere Entwicklung sicher sehr positiv und bedeutsam. Wegen der Akzeptanz durch den Vater hat Nora S. sich nach der Trennung von der Großmutter wieder von einer wichtigen Bezugsperson anerkannt gefühlt und in der Orientierung als heranwachsendes Mädchen in dem ihr oft sehr anforderungsreich und schwierig erscheinenden Leben der Nachkriegsjahre ein Stück Halt bekommen. Ihr Vater hat sie und ihre Schwester in den Schuljahren auch immer sehr motiviert, später ein Studium und eine hochqualifizierte Berufslaufbahn anzustreben, um als Frau unabhängig zu sein. Dabei waren auch die Eindrücke der Kriegs- und Nachkriegsjahre für ihren Vater ausschlaggebend, denn er hat oft darüber gesprochen, wie schwer es für Frauen, die keinen qualifizierten Beruf hatten, in diesen Jahren war, mit oft schwerer körperlicher und schlecht bezahlter Arbeit selbständig für ihren Lebensunterhalt und den ihrer Kinder zu sorgen. »Meine Schwester und ich haben uns auch nie auf die Versorgung durch einen Mann verlassen...«

Trotz dieser Bestätigung durch den Vater sagt Nora S. von sich: »Ich bin natürlich der Meinung, daß ich kein zu großes Selbstvertrauen habe. In mein Vermögen, schwierige, auch überfordernde

Aufgaben zu schaffen, habe ich schon Vertrauen, das habe ich reichlich trainieren können, und dafür habe ich natürlich auch Anerkennung bekommen. Viel unsicherer aber bin ich, wenn es um Anerkennung ohne diese Maßstäbe geht, nämlich um Zuneigung, Freundschaft, Liebe. Meine Identität geht über Leistung! Auch mit dem Vater konnte ich als Kind über meine Empfindungen und meine Probleme nicht reden. Wenn man dann möglicherweise dieses und jenes äußerte, was in diesen Gefühlsbereich fiel, dann wurde das übergangen, oder wenn es sich in Krankheiten äußerte, wurde das als Einbildung angesehen – von Vater und Mutter. In meinem subjektiven Gefühlsbereich habe ich auch vom Vater keine Bestätigung gehabt, wohl aber in meinen Leistungen. Heute bin ich überzeugt, daß sein Einfluß auf meine Berufswahl und meinen beruflichen Werdegang bis hin zum Selbstverständnis, in meiner Arbeit Entscheidungen auch an sozialpolitischen Maßstäben zu messen, sehr groß war, auch wenn ich andere Inhalte und andere politische Positionen vertrete.«

Die trotz aller Relativierungen und Einschränkungen positiv zu wertende Haltung des Vaters konnte für Nora S. einige Schwierigkeiten kompensieren, die sie in den besonders kritischen Kriegs- und Nachkriegsjahren mit ihrer Mutter hatte. Wenn Nora S. die Beziehung zu ihrer Mutter in ihrer Entwicklung chronologisch nachvollzieht, so standen wohl am Anfang perfektionistische Vorstellungen über das Benehmen und Bravsein, sie sollte gut funktionieren. Sie war ein hübsches Kind und ist von ihrer Mutter bei anderen gern als Mustertochter vorgeführt worden, herausgeputzt in wunderschönen Kleidern, die die Mutter selbst nähte. Bei Tisch hieß es geradesitzen, die rechte Hand nicht auf die Tischplatte, aber die linke neben den Teller und kein Wort reden. »Das waren so die Ideale meiner Mutter von einer feinen Erziehung und einer feinen Haushaltsführung.« Nora erinnert sich, von der Mutter auf der Straße stehengelassen worden zu sein, wenn sie nicht brav war, wenn sie an ihrer Seite neben dem Kinderwagen mit der kleinen Schwester herzockelte, weil die an vielen Ecken vorhandenen Trümmer ihre Phantasie und Ängste so sehr in Gang setzten. »Da hat meine Mutter sich hinter die Anstrengungen der Lebensführung in der Kriegszeit zurückgezogen und sich keine Zeit gelassen, mit mir über anderes als die täglich zu erledigenden Dinge zu sprechen. Ich glaub, das ist mir schlecht bekommen. Und wie weit ich da meine Mutter lieben gelernt habe, weiß ich nicht. Ich könnte mir vorstellen, daß das möglicherweise nicht so die ideale Verbindung war.«

Die Etikette mit der feinen Erziehung hob sich nach der Umsiedlung zur Großmutter zum Glück für Nora S. sowieso auf. Diese Etikette war wohl Teil des Plans vom sozialen Aufstieg ihrer Eltern. Sie waren beide überzeugte Nationalsozialisten, der Vater als höherer Beamter war Mitglied der NSDAP, und mit ihren Kindern hatten sie ehrgeizige Pläne: ihnen sollte in der NAPOLA eine ausgewählte nationalsozialistische Erziehung zuteil werden. Der Vater hatte auch Vorstellungen von der nordischen Herrenrasse im Kopf. Er mochte keine Menschen mit braunen Augen und dunklem Haar, sondern nur Blonde, Blauäugige. Seine Kinder entsprachen im Aussehen genau diesem blonden Ideal. Hier zeigt sich die nachhaltige Wirkung der nationalsozialistischen Ideologie.

Nora S. hatte dann als Jugendliche und vor allem während der Studienzeit heftige Auseinandersetzungen wegen des immer wiederkehrenden nationalsozialistischen Gedankenguts und probte den Aufstand der Tochter gegen den Vater.

Ihr schien jedoch des Vaters Einstellung an vielen Punkten sehr widersprüchlich. Denn er war überhaupt kein autoritärer Mensch, hatte seine Kinder nicht autoritär erzogen, war in seiner Arbeit kein Angepaßter, sondern fühlte sich stets dem Allgemeinwohl verpflichtet und bekam früher mit der NSDAP und nach dem Krieg mit den konservativen demokratischen Parteien wegen seiner sozialen Einstellung Schwierigkeiten. Die NSDAP hatte den Nationalsozialismus zur radikalen Umstrukturierung deutscher Politik im Inneren und im Äußeren propagiert, und Nora S. sieht heute mit einem langen zeitlichen Abstand zum Streit mit dem Vater, daß er von »sozialistisch« erscheinenden Teilen des NS-Programms überzeugt war und nach 1945 enttäuscht davon sprach, »die Nazibonzen haben die Ideale der Bewegung verraten!«.

Bei ihrer Mutter war durch die hautnah erlebte Not, durch die Zerstörung des Heims durch Bomben, durch Evakuierung, enge

Wohn- und Versorgungsverhältnisse eine Ablehnung gegenüber dem Nationalsozialismus eingetreten, an die sich Nora S. wie folgt erinnert: »Sie hat dem Vater Vorwürfe gemacht, daß diese ganze Verstiegenheit von wegen Eliteschulen und das deutsche Reich, das ewige Reich gründen, ein ziemlicher Größenwahn gewesen sei. Und die Männer hätten den Frauen so viel versprochen und prophezeit vom neuen Lebensgefühl als Deutsche und neuem Lebensraum, das sie dann nicht einhalten konnten. Vor dem Krieg hätte meine Mutter nicht politisch mitzureden gewagt, aber danach hat sie ihre Vorwürfe deutlich vorgetragen.«

Doch nun noch einmal zurück zum Verhalten von Noras Mutter, als die Familie im Westen im Jahr 1947 mit ihrem Vater wiedervereint war. Es folgte ein mühsames Jahr des Aufbaus eines Haushalts in beengtesten Wohnverhältnissen, und es folgten Hamstern, Schwarzmarkt und Notverwaltung. Nach diesem Jahr wurde Noras Mutter wieder berufstätig, der Kindererziehung und mühseligen Haushaltsführung müde, mit der Aufforderung an den Vater, jetzt mal die Kindererziehung zu übernehmen. Doch die hatte der Vater ja sowieso schon mehr als die Mutter übernommen, aber natürlich konnte er seine Arbeit nicht aufgeben, sonst hätte es für den dürftigen Unterhalt der Familie überhaupt nicht gereicht. Also wurde Nora S. mit acht Jahren Schlüsselkind und mußte tagsüber den Haushalt für die Familie führen.

»Das war natürlich eine ungeheure Überforderung für mich. Zur Schule hatte ich hin und zurück einen ziemlich langen Weg zurückzulegen, auf dem ich dann immer die Einkäufe für unseren Haushalt machen mußte. Die Geschwister waren meistens einige Stunden bei einer Nachbarin, bevor sie nach Hause kamen und ich auf sie aufpassen mußte. Es gab sehr viel Streit und Prügeleien zwischen uns, und ich wundere mich noch heute, daß dabei nie etwas Ernsthaftes passiert ist. Ich kam mit der Situation nicht zurecht und habe den Geschwistern Anweisungen gegeben, wie sie sich verhalten sollten, oder nahm und knuddelte und küßte sie, um sie zu beruhigen – gegen beides wehrten sie sich vehement, je größer sie wurden, desto mehr mit Schlägen. Mit der Zeit wurde ich schon sicherer mit der Aufteilung der Arbeiten zwischen Schule, Hausaufgaben und Haushalt und hab auch viele Fähigkeiten entwickelt, die mir ein Leben lang zugute kamen. Aber häufig hat sich doch das Gefühl eingestellt, ich würd's nicht schaffen. Weil man als junger Mensch enorme Lebenskräfte hat, habe ich es doch bewältigt, manches kompensiert. Es war aber eine Überforderung.

Für mich zu kochen, hatte ich mittags meistens keine Lust, die Geschwister bekamen öfter bei der Nachbarin etwas zu essen, so daß ich mit der Zeit extrem unterernährt war und sehr krank wurde und eine schlimme Magen- und Darmschleimhautentzündung bekam.«

Vom achten bis zum zehnten Lebensjahr hatte sie die Doppelbelastung Hausarbeit für die Familie und Schulanforderungen durchzustehen, bis ihr junger Körper diese Strapaze nicht mehr mitmachte. Ihre Mutter mußte danach die Arbeit wieder aufgeben, was sie nicht gern tat, meint Nora S., denn »sie war nicht mit dem Herzen bei der Kindererziehung« und drückte ohne Rücksicht auf die Empfindung der Kinder häufig ihr Bedauern aus, daß sie, statt Mode-Designerin geworden zu sein, jetzt an Kinder und Küche gefesselt war. Für das Design hätte sie tatsächlich viel Talent gehabt, glaubt Nora S. aus der Sicht eigener Berufsqualifikation im Entwerfen, Malen und Zeichnen. »Durch diese Äußerungen der Mutter war ich sehr hellhörig geworden hinsichtlich des Themas ›Bedeutung des Berufes‹. Denn diese Äußerungen hatte sie offensichtlich aus ihrem Innersten mit voller Überzeugung getan. Und Kinder spüren das, denke ich, wie weit so eine Aussage echt ist, so daß mich diese Haltung der Mutter geprägt hat und Einfluß hatte auf meine spätere Entscheidung für den Beruf und gegen eine Familie.«

Bis sie krank wurde, hatte Nora immer versucht, die Hausarbeit möglichst gut zu machen, weil sie »eine Chance darin sah, Mutter durch Pflichterfüllung zu gefallen. Denn von der Mutter kam die Zuwendung nicht in dem Maß, wie ich sie gebraucht hätte. Ich habe die Mutter so erlebt, und ich denke mit dem heutigen zeitlichen Abstand, daß ich mit meiner Wahrnehmung schon richtig lag, daß sie mich als Älteste immer verantwortlich machte, wenn ihr auch noch zu Hause etwas mißglückte im Zusammenhang mit den Geschwistern. Wenn es einen Streit gab, wenn ein Gegenstand umfiel und kaputtging, dann hätte das ja die Älteste vermeiden und schon vernünftig sein können. Das hatte dann zur Folge, daß ich mich prompt schuldig fühlte. Von dieser Sache ist auch etwas zurückgeblieben, denn bis heute fühle ich mich ewig schuldig. Da kann passieren, was will, ich denk immer erst, na ja, das hättest du doch vermeiden können.«

Noras Geschwister haben ein anderes Bild von der Mutter in ihrer Kindheit; der Bruder, der Jüngste, erinnert sich an sie als liebevoll und zärtlich, während die Schwester, die Mittlere, insgesamt wenig, aber keine negativen Erinnerungen an die Mutter hat. »Als Älteste habe ich die Mutter als zu wenig Zuwendung gebend erlebt. Selbst durch die Kriegsereignisse überfordert, hat sie mich schon zu vielen Aufgaben herangezogen, die mich dann häufig überforderten. So gab es eine ewige Wiederholung von Pflichten, die ich ab meinem fünften Lebensjahr übernehmen mußte.

Wenn ich mir heute die Mutter in ihren jungen Jahren vorstelle und so phantasiere, wie ihr Leben ohne den Krieg verlaufen wäre, so hätte sie wahrscheinlich andere Konsequenzen gezogen und es sich so eingerichtet wie meine Schwester heute, mit einer sie ausfüllenden Berufstätigkeit und für die Kinder eine Kinderfrau sowie eine Haushaltshilfe. So wäre sie eine glücklichere Frau gewesen und hätte sicher auch anders auf uns Kinder gewirkt.«

Wie in vielen deutschen Familien begann sich Anfang der fünfziger Jahre auch die Lage der Familie von Nora S. zu konsolidieren. Ihr Vater war in der westdeutschen Stadt, die er als neue Heimat akzeptieren gelernt hatte, wieder in einer verantwortungsvollen Stellung in der Stadtverwaltung tätig. Auch eine größere Wohnung hatten sie zugeteilt bekommen, und es hätten jetzt bessere Zeiten beginnen können! Doch gab es zwischen den Eltern immer häufiger Streit. Jetzt, wo nicht mehr die Not sie zusammenhielt und ihr gemeinsames Handeln forderte, wurde die Entfremdung der beiden Ehepartner, entstanden in den schwierigen Jahren, auch durch die Trennung im Krieg, spürbar. Nora S. erinnert sich, bei diesen elterlichen Streitereien hin- und hergerissen gewesen zu sein und empfand auch, wie unglücklich beide Eltern in dieser Beziehung waren. »Blödsinnigerweise haben mich die Eltern da schon als Erwachsene behandelt, haben mich einbezogen in ihre

Argumente und dann jeweils einzeln nochmals alles vor mir ausgebreitet. Hier wurde ich wieder als Älteste gefragt und sollte Verantwortung mit übernehmen. Da bekam ich dann wieder, wie schon mal mit zehn Jahren, psychosomatische Beschwerden und begann mich gegen diese Vereinnahmung immer mehr zu wehren!«

Im Alter zwischen vierzehn und achtzehn Jahren verstand sie sich viel besser mit ihren Geschwistern als in der frühen Kindheit, das half ihr sehr als Ausgleich zu der zwiespältigen, Schuldgefühle erzeugenden Haltung gegenüber ihren Eltern. Auch zu ihrem Vater bestand in diesen Jahren, wie direkt nach seiner Rückkehr aus dem Krieg, eine bessere Beziehung als zu ihrer Mutter, da er mehr Anteil an ihren Schulerlebnissen nahm. Durch seine Erzählungen über seine Arbeit und die Leute, mit denen er zu tun hatte, vermittelte er ihr ein Bild davon, wie das Stadtleben hinter den Kulissen durch Verwaltung organisiert wurde. Mit ihrem Bruder konkurrierte sie um die Anerkennung des Vaters, sie waren beide sehr leistungsorientiert.

Nora S.: »Mit achtzehn Jahren ging ich aus dem Haus und begann mit meinem Architekturstudium in Berlin. Bevor ich ging, habe ich in einem langen Brief mit meinen Eltern abgerechnet und ihnen gesagt, wie ich die Kindheits- und frühen Jugendjahre mit ihnen empfunden hatte. Während meiner Studienzeit hielt ich großen Abstand von zu Hause. Und mit Freundinnen, Kommilitonen und vor allem auch in einer Wohngemeinschaft, in der ich zwei Jahre lebte, lernte ich, über Probleme zu sprechen.«

In Berlin war 1968 der Ausgangspunkt der Studentenbewegung, und als Studentin dort war man eben links, politisierte und diskutierte in Seminaren und der Wohngemeinschaft. Auch die Befassung mit der Psychologie war da ganz wichtig, mit der Psychoanalyse Sigmund Freuds (auch wenn sie nur sehr fragmentarisch rezipiert wurde), sie war ein Schlüssel zur eigenen Kindheit, und die Eltern wurden als bürgerlich oder gar nationalsozialistisch kritisiert. Und viele Töchter und Söhne haben sich nach Auseinandersetzungen oder nicht gelungenen Gesprächen von ihren Eltern distanziert. Die politischen und psychologischen Orientierungen der Zeit um und direkt nach 1968 waren auch prägend für Nora S.

»Ja, die Studienzeit war meine schönste Zeit! Ich hatte das Gefühl, eine ganze Last hinter mir gelassen zu haben. Ich mußte zwar arbeiten, um Geld zu verdienen während des Studiums, aber das habe ich alles leicht gemacht. Es war mir alles in Anbetracht dessen, was hinter mir lag, eine Leichtigkeit und ein Vergnügen. Und ich tat das für mich! Im Studium lernte ich auch, daß nicht alles, was man tut, zweckbestimmt sein muß. In der Architektur kann man mit Formen spielen, die nicht unbedingt immer zweckgebunden sind. Aber dann geht's noch darüber hinaus, in der Malerei, im bildnerischen Gestalten. Zeichnen und Malen waren Pflichtfach. Das waren für mich herausgehobene Stunden, in denen ich mich vollkommen vergaß, und in der Sache, die ich aufs Papier gebracht hatte, vollkommen aufging. Wie oft hatte ich mich als Kind danach gesehnt, Zeit zu haben zum selbstvergessenen Spielen! Hier beim Malen erlebte ich die Befriedigung und Ruhe beim spielerischen Umgang mit kreativen Möglichkeiten. Manchmal habe ich gedacht, ob das nicht die Richtung gewesen wäre, die ich hätte einschlagen sollen. Und doch, mit einem zweiten, reflektierteren Gedanken kenne ich mich gut genug, um überzeugt sagen zu können: Ich habe mich nur begreifen gelernt über Aufgaben! Und erfahren hab ich mich selbst nur über das Leisten von Aufgaben. Mir fällt es leicht, Urlaub zu machen, aus dem Arbeitsprozeß herauszukommen, da kann ich gut abschalten. Aber ich brauche dann auch wieder diese Herausforderung, ich brauche Aufgaben!

Diese Leistungsfähigkeit, die ich aufgrund der frühen Anforderungen als Kind an mich entwickelt hatte, ging einher mit einer ausgeprägten Entschlossenheit, mit der ich Berufsaufgaben nach dem Studium anging. Das ist aber schwierig, wenn man mit anderen arbeitet und so entschieden auftritt. Da fühlen sich die anderen leicht dirigiert. So habe ich mit der Zeit gelernt, diplomatischer vorzugehen, am Anfang erst ein wenig ins Gespräch zu kommen, hinzuhören, was der oder die andere will. Allzuviel Entscheidungsfreudigkeit und Zielgerichtetheit bei der Lösung von Berufsaufgaben, in meinem Fall in der noch sehr von Männern bestimmten Architektur, wird bei einer Frau auch heute nicht immer geschätzt. Das habe ich oft im Berufsleben erfahren müssen. Wenn ich diese Eigenschaften mit ihrer frühen Prägung vergleiche, so sehe ich das gleiche Engagement, dieselbe Verantwortung im Beruf bei mir wie bei meinem Vater – da ist wirklich vieles identisch, auch wenn wir nicht denselben Beruf haben.«

Nora S. empfindet sich sehr bewußt als zur Kriegskindergeneration gehörende Frau, mit den Prägungen, die diese frühen Jahre mit all ihren Anforderungen an die Kinder hinterlassen haben und die sich in verschiedenen, für diese Frauengeneration verallgemeinerbaren Eigenschaften niederschlagen: »Wir haben früh viele Abschiede erleben müssen, das hatte aber auch zur Folge, daß wir etwas hinter uns lassen können, uns trennen können, wenn es notwendig erscheint. Wir sind sehr selbständig, und das macht uns aufgeschlossen neuen Möglichkeiten und Lebensveränderungen gegenüber. Natürlich mußten wir als Kind vieles verkraften, was schmerzlich war, aber das hat uns fähiger gemacht, uns auf neue Herausforderungen einzustellen.

Zurückgeblieben von all dem«, sagt Nora S., »ist sicher auch eine gewisse Heimatlosigkeit. Ich bekomme leicht das Gefühl, wenn ich irgendwo schon etwas mehr eingesessen bin und mir die Menschen etwas zu nahe kommen, daß ich eigentlich wieder die Flucht ergreifen möchte, damit mir das nicht alles zu eng wird. Aber das habe ich ja schon mit drei Jahren und dann wieder mit sieben erfahren, daß ein Bereich, den man kennt, der einem vertraut ist, wo man spielt, Freundinnen und Freunde hat, keinen Bestand, keine Verläßlichkeit hat.

Zurückgeblieben ist auch für mich ganz persönlich die jährliche Wiederkehr der Bilder von dem Bombenangriff auf unser Haus, der uns im November 1943 getroffen hatte, als ich erst drei Jahre alt war. Im November werde ich immer krank.

Später, während meiner Studienzeit, habe ich mehrmals im Winterurlaub an einem kleinen Schweizer Ort bei derselben einheimischen Familie gewohnt, und es hat mich Tag und Nacht beschäftigt, wie die Menschen an einem Ort geboren werden können, ihr ganzes Leben da verbringen, dort sterben und sich glücklich fühlen, sich gegenseitig nicht auf die Nerven gehen, sondern miteinander auskommen. Ich würde mich da bedrängt und beengt fühlen, aber wohl auch, weil ich eine solche Seßhaftigkeit, auch Dazugehörigkeit und Verbundenheit mit einem Ort oder mit bestimmten Menschen, nie kennengelernt habe.«

Die nachfolgenden Aussagen fassen die Einschätzungen von Nora S. und einigen anderen Frauen über die Auswirkungen der belasteten Kindheits- und Jugendjahre der im Nationalsozialismus geborenen Töchter zusammen:

»Wir haben mit dieser Fähigkeit zu Veränderungen, der Suche nach Neuem, die uns durch die erlebten Verluste und Trennungen fast antrainiert wurde, auch Veränderungen in der Gesellschaft und in der Position der Frauen gefordert und seit Anfang der siebziger Jahre mit der neu entstandenen Frauenbewegung in kleinen Schritten Veränderungen in der Politik, im öffentlichen Leben, in den privaten Beziehungen in Gang gebracht. Es ist vielleicht die positive Seite der insgesamt schwierigen und überfordernden Leistungen, die wir als Kinder in den Kriegs- und Nachkriegsjahren zu erbringen hatten, daß als Folge davon Frauen unserer Generation nicht in den vorgefundenen Verhältnissen verharren!«

Auf der politischen Ebene wurde der Nationalsozialismus mit seiner Faszination auf die Generation der Eltern analysiert, und es wurden Erkenntnisse gewonnen. Verstanden, wie die Folgen davon in Leib und Seele und in den Gedanken der Eltern verankert waren und auch tiefe Spuren in der Generation der Kriegskinder hinterlassen haben, wurde das erst viel später, zum Teil erst in der Gegenwart!

Gisela P.
»Hausdurchsuchungen und wiederholte Verhöre meines Vaters durch die Gestapo waren die Schrecken meiner Kindheit«

Gisela P., 1933 in Rotenburg/Fulda geboren. Einzelkind, der Vater war Schriftsetzer, die Mutter Hausfrau.

Keine andere Frau, die an den themenzentrierten Seminaren oder Beratungsgesprächen für diese Untersuchung teilgenommen hatte, verfügte über so konkrete und bildliche Erinnerungen an die Jahre der Naziherrschaft schon vor dem Kriegsausbruch wie Gisela P. Denn sie hat schon früh in ihrer Familie erlebt, welch brutales Gesicht der Nationalsozialismus für Menschen hatte, die sich seinem totalitären Regime und seiner Ideologie nicht anpaßten.

Sie wohnten in einem Haus, in dem außer ihnen nur jüdische Familien lebten, das in jüdischem Besitz war und im Ort das Judenhaus hieß. Ab 1933 wurde das »Judenhaus« in Rotenburg zunehmend zum Gegenstand der Observation durch den ausgebauten Kontroll- und Repressionsapparat der Nazis.

Giselas Vater war ein aufrechter Mann, ein Demokrat, parteilos. Die kleine Druckerei, bei der er Mitarbeiter war, arbeitete für einen Verlag, der sozialkritische Zeitschriften und Bücher herausbrachte, die das Leben kleiner Leute in ihrem schweren Lebenskampf, umgeben von sozialer Ungerechtigkeit und Not, porträtierten. Das war das Milieu, aus dem er selbst kam. Die Lebensverhältnisse im Elternhaus von Gisela P. waren einfach. Der Vater hatte als Facharbeiter ein bescheidenes Einkommen. Nach 1933 hatte die Buchdruckerei viel weniger Aufträge, und der Vater war zeitweise arbeitslos. Die NSDAP verdächtigte ihn, der SPD oder dem Widerstand anzugehören, wohl aufgrund seiner Arbeit bei dieser Druckerei, wo die Herstellung von Druckerzeugnissen für den Widerstand vermutet wurde. Die Arbeit in dieser Druckerei und seine Weigerung, der NSDAP beizutreten, reichten aus, um ihn den Nazis verdächtig zu machen. Fortan wurde er observiert. Da der Verdacht, daß Widerstandsliteratur gedruckt wurde, der Grundlage entbehrte, wie Gisela P. aus den damaligen Äußerungen des Vaters schlußfolgerte, konnte der Druckerei und auch ihrem Vater kein Vergehen gegen NS-Erlasse nachgewiesen werden.

Gisela beschreibt ihren Vater als nachdenklichen, sozialkritischen Menschen, der Ideologien und Militarismus mißtraute und ahnte, daß mit der Machtausübung der Nationalsozialisten schwere Zeiten für alle Andersdenkenden kommen würden. Diese Sorge mag eine zusätzliche Motivation gewesen sein, seiner kleinen Tochter Gisela möglichst früh ein Stück von der Welt draußen zu zeigen. Er hat ihr viel über die Arbeitswelt und bald auch an verständlichen, überschaubaren Beispielen über das Funktionieren von Administration und politischer Kontrolle vermitteln wollen. »Als ich schon ein bißchen lesen und schreiben konnte, hat er mich viel mitgenommen. Er zeigte mir eine Schreinerei, ich konnte zuschauen, wie dort kleine Möbel angefertigt wurden. Dann sah ich die Druckerei mit den großen Maschinen, wo er arbeitete. Auch an eine Gerberei erinnere ich mich, wo überall die Felle zum Gerben auslagen, und an eine große Mühle mit riesigem Getreidesilo. Kenntnisse über all die Dinge wurden mir von ihm vermittelt, denn Sachbücher für Kinder gab es damals noch nicht so wie heute. Auch durfte ich dann einen Tag mit ihm an seinem Arbeitsplatz verbringen. Die Zeit mit meinem Vater war ganz toll! So hieß es für mich immer ›Papa, Papa, komm, mach das mit mir, geh mit mir dahin‹ usw. Er hat mich auch schon frühzeitig an die Hand genommen, damit ich ihn begleite, wenn er zur Behörde ging oder zur Sparkasse. Er erklärte mir dann genau, was man auf einer Behörde erledigen muß, zeigte mir Formulare: Auf der Sparkasse erklärte er mir, wie man einen Kontoauszug ausfüllt. Da war ich schon etwas größer, in der zweiten und dritten Klasse. Auch das Telefonieren in einer öffentlichen Telefonzelle oder vom Postamt aus hat er mir beigebracht. Das war ja damals noch etwas komplizierter.«

Das war wohl eine sehr enge, Gisela in ihrer Entwicklung sehr prägende Beziehung zwischen Vater und Tochter.

Die Schikanen der Gestapo gegen den Vater nahmen mit der Etablierung des Regimes zu, es wurde ihm mehr Druck gemacht, in die NSDAP einzutreten. Dann wurde er wiederholt zu Verhören mitgenommen, und zu Wohnungsdurchsuchungen kamen sie manchmal mitten in der Nacht. Die Gestapo-Leute verdächtigten den Vater, in einem Widerstandszirkel aktiv zu sein, und verfolgten ihn mit ihren zermürbenden Aktionen über Jahre.

»Da war immer dieses Angstgefühl, wenn es an der Tür klingelte, daß sie wieder eine Hausdurchsuchung machen würden. Machmal wurde ich nachts wach, und dann standen eben fremde Männer in Uniform vor meinem Bett: Ich war dann immer ganz verängstigt und verstört, wußte aber schon, daß ich das nicht zeigen durfte. Besonders kraß war es, wenn meine Cousine aus Fulda mich besuchen kam, mit der ich mich sehr gut verstand und gern spielte. Da gab es regelmäßig eine Hausdurchsuchung, weil die zuständigen Gestapo-Leute dachten, das Kind würde Propagandamaterial bringen.«

Diese schrecklichen Erfahrungen blieben natürlich für die ganze Familie und besonders für den Vater nicht ohne Folgen. Er wurde krank, bekam ein Herzleiden und verlor aufgrund der ununterbrochenen Schikanen und einer Verschlimmerung der Krankheit mit der Zeit wohl immer mehr den Lebensmut. Er war weitsichtig genug, um einschätzen zu können, daß die Lebensverhältnisse für Menschen, die sich dem Naziregime verweigerten, noch lange unerträglich sein würden.

Es war sein väterliches Anliegen, der Tochter schon in früher Kindheit einen Teil der Vielschichtigkeit der Lebenszusammenhänge zu vermitteln am Beispiel der Arbeitswelt, durch Geschichtenerzählen, aber auch durch Gespräche über die politischen Geschehnisse, die sie durch das Eindringen der Nazi-Polizei in die Familie hautnah ertragen mußten. Er war auch ein guter Lehrer und versuchte, sein Kind zu fördern und auf eine frühe Selbständigkeit vorzubereiten, denn er ahnte, daß er nicht alt werden würde.

Gisela erinnert sich, mit sechs oder sieben Jahren das Fortschreiten seiner Krankheit wahrgenommen zu haben. »›Ich leb nicht lang, und darum sollst du lernen, dich im Leben zurechtzufinden, ohne daß du Angst haben mußt vor neuen Aufgaben‹, sprach der Vater zu mir. Da war ich ganz entsetzt und wollte das nicht wahrhaben: ›Nein, Papa, das wird schon wieder gut werden.‹ Aber ich spürte schon, daß es ernst war, und wollte ihm helfen. So hab ich ihm die Tasche getragen, wenn wir zusammen unterwegs waren, oder brachte ihm Hausschuhe und Jacke, wenn er heimkam, damit er sich gleich ausruhen konnte.« Später, als er sehr schwer krank wurde, kam ihr die vorsorglich früh vorgenommene Einweisung durch ihren Vater in all die behördlichen Erledigungen zugute. Sie konnte, mit einer Vollmacht ausgestattet, zur Sparkasse gehen und Geld abholen, bei der Behörde Antragsformulare abgeben und Anspruchsbescheide auf Unterstützung der Familie abholen.

Die Mutter war im Kontakt mit staatlichen Ämtern und Geldinstituten sehr unsicher und unerfahren. Sie hatte sehr jung geheiratet, war aus einer ländlichen Gegend in die Kleinstadt Rotenburg gezogen, und in der Ehe hatte ihr Mann alle offiziellen Angelegenheiten erledigt, ohne daß sie sich darum zu sorgen brauchte. Sie war aber auch froh, wie Gisela heute bei der Beschreibung ihrer Mutter bemerkte, sich um außerhäusliche Verpflichtungen nicht kümmern zu müssen. Der Vater erkannte wohl, daß Gisela ein aufgewecktes und interessiertes Kind war und auch schon in den ersten Schuljahren an Erledigungen mit Ämtern herangeführt werden konnte. Da sie bei ihren gemeinsamen Ausflügen und Besichtigungen in Werkstätten und Betrieben im Umgang mit fremden Leuten und in neuer Umgebung sicherer wurde und nicht ängstlich war, traute der Vater ihr eher die Entwicklung von mehr Selbständigkeit zu als ihrer Mutter. Es paßte wohl auch zu diesem ernsten, bedrängten Mann, daß er seiner Tochter, als sie ihm stolz vorführte, wie sie in der Schule gelernt hatte, ihren Namen zu schreiben, mahnend erwiderte: »Du kannst zwar jetzt Formulare unterschreiben, aber bitte schreib nicht deinen Namen irgendwo hin. Du könntest eines Tages deinen Namen auf ein leeres Blatt Papier schreiben, und nachher schreibt jemand dein Todesurteil darauf.« Als ich sie fragte, ob sie das als sechsjähriges Kind nicht sehr erschreckt habe und unheimlich fand, meinte sie, sich diese Warnung sehr genau eingeprägt zu haben. Sie muß durch die ernste Warnung des Vaters gespürt haben, in welche Fallen sie mit der gerade erst so stolz erworbenen Fähigkeit des Namenschreibens einmal geraten könnte. Ihren Vater verteidigend, wies sie darauf hin: »Er hat es ja gut gemeint, um mich zu warnen und zu schützen.« Er wird nach den Verhören durch die Gestapo gewußt haben, daß sie Leute zwangen, Erklärungen und Formulare zu unterschreiben, die eine Falle waren und später zu Verurteilungen mißbraucht werden konnten. Wie sehr sie sich schon mit dem Leidensdruck ihres Vaters als Kind identifizierte und auch schon Verantwortung innerlich mitgetragen hat, zeigen ihre Erinnerungen an die Jahre mit dem Vater und ihre Haltung zu ihm.

»Ich erinnere mich noch – ich ging gerade in die erste Klasse –, wie ich eines Tages aus der Schule nach Hause kam und von meinen Eltern gesagt bekam, der Krieg sei ausgebrochen: Beide sprachen mit mir darüber. Da habe ich gedacht, jetzt stürzt eine Welt ein, jetzt ist es aus! Krieg, das war für mich etwas Furchtbares, schon der Ausdruck ängstigte mich. Ich konnte mir natürlich nicht vorstellen, was da im einzelnen passieren würde, aber ich fand das ganz furchtbar. Wir gingen natürlich weiter zur Schule, das lief weiter, und doch war es nicht wie vorher. Wir mußten von da an jeden Tag im Unterricht die Sondermeldungen im Radio anhören – die wurden immer durch die bekannte Erkennungsmelodie eingeleitet. Ab der zweiten oder dritten Klasse mußten wir dann immer Aufsätze darüber schreiben. Ich fand das ganz schrecklich und wollte am liebsten nichts mehr davon hören.«

Giselas Familie gehörte zu den schon früh vom NS-Regime Verfolgten und damit nicht zu dem großen Teil der deutschen Bevölkerung, die der NS-Propaganda gern die Geschichten von Ordnung auf den Straßen, dem Verschwinden der Arbeitslosigkeit und anderes glaubten. Das wirkte sich bei der kleinen Gisela auch auf das Bewußtsein und das Bild von ihrer Zeit aus: Da waren ganz früh der Schrecken und die Bedrohung, die von draußen kamen und in den Kreis der Familie eindrangen. Der Vater weihte sie ein und überließ sie nicht als unwissendes Kind ihrem Erleben, sondern half ihr zu verstehen. Damit wurde ihr aber auch schon viel Verantwortung zugemutet, die sie auch übernahm und trug. Anders als die meisten in dieser Arbeit vorgestellten Frauen erinnert Gisela P. sich sehr genau an einzelne Fakten und Tatsachen über die Nazidiktatur vor und während des Krieges – aus der Sicht der Verfolgten. Die sogenannte Reichskristallnacht hatten sie in dem »Judenhaus« hautnah mitgekriegt: Fensterscheiben gingen in Scherben, der Laden im Erdgeschoß wurde in Brand gesetzt. So waren Verhöre des Vaters und Hausdurchsuchungen in ihrer Wohnung eine böse Begleitung ihrer Kindheitsjahre. Und es verwundert nicht, daß dieses Kind den Nazi-Propagandasendungen mißtraute und skeptisch registrierte, wie die Menschen sehr laut und mit viel Getöse mitgerissen und begeistert werden sollten, während ihre Erfahrungen ihr schon so früh Schrecken und Angst vor den Nazis eingejagt hatten.

Zum BDM hatte Gisela eine ambivalente Haltung: »Eigentlich

war ich nicht dafür, und von der Haltung in meinem Elternhaus aus wäre ich nicht zum BDM gegangen. Aber mit neun oder zehn Jahren mußte man ja doch beitreten, und so erklärte ich meinem Vater, daß ich sehr gern mit meinen Freundinnen zusammen sein möchte, und er stimmte zu, daß ich mit ihnen dann zum BDM kam. Wir wurden in Kindergärten eingesetzt, dort half ich am liebsten, oder wir rührten fürs Winterhilfswerk die Trommel für Spenden, das fand ich zumindest nützlich. Wenn wir zum Drill in Reih und Glied antreten mußten oder unser Einsatz und die ganzen Arbeitsgänge in fürsorgerischen Bereichen eingepaukt wurden, habe ich mich öfter gedrückt und irgendwelche Entschuldigungen erfunden.«

Zum Haus gehörte ein großer Hof, in dem Gisela sich nachmittags mit den andern Kindern gern zum Spielen traf. An zwei Mädchen erinnert sie sich besonders gut, mit ihnen verstand sie sich sehr gut und konnte stundenlang mit ihnen spielen. Eines Tages waren alle jüdischen Kinder und ihre Eltern fort, evakuiert, wie ihre Mutter ihr erzählte. Die Mutter sagte ihr auch, wie schlimm sie diese Vertreibung finde, daß Gisela aber mit niemandem mehr über diese jüdischen Kinder sprechen dürfe. Von einem Foto, das die zwei Mädchen zusammen mit Gisela im Hof zeigte, mußte ihre Mutter die Bilder dieser Kinder verschwinden lassen, indem sie das Foto zerschnitt und nur Gisela übrig ließ. »Diese Trennung von den jüdischen Kindern machte mich ganz traurig, und ich hab dann oft allein im Hof gesessen, hatte gar keine Lust mehr zum Spielen.«

Mit ihren Eltern mußte Gisela bald danach ebenfalls das Haus verlassen und in eine andere Wohnung umziehen. Im ehemaligen sogenannten Judenhaus wurden Büros für Behörden wie zum Beispiel das Sozialamt untergebracht. So hatte Gisela auf einem ihrer späteren Behördengänge, als sie formale Dinge für den schwerkranken Vater erledigen mußte, ein sehr makaberes Erlebnis: »Mir war es ganz komisch, als ich unser ehemaliges Haus betrat und dann im ersten Stock in die Räume unserer ehemaligen Wohnung kam. Als man mich in einen Raum wies, wo an einem großen Schreibtisch ein Beamter saß, schlotterten mir wirklich die Knie, denn ich stand in unserem Schlafzimmer! Die Tapete war noch da, die Gardinen, nur die Möbel waren raus.«

Das war schon eine sehr schwierige Zeit für das inzwischen zehnjährige Mädchen. Das Leben wurde zusätzlich überschattet durch den infolge des schweren Herzleidens immer mehr geschwächten Vater. »Mein Vater besaß eine Anzahl sehr interessanter Bücher über Politik, Geschichte und Literatur. Eines Tages sagte er zu mir: ›Gisela, die Bücher gehören jetzt dir!‹ Da war ich ganz entsetzt und lehnte das ab. ›Ich brauche sie nicht mehr, ich weiß, was drin steht, die Bücher sollen jetzt dir gehören.‹« Das war die Vorbereitung auf den Abschied, die Übergabe wichtiger Dinge an die Tochter. Als Gisela gerade elf Jahre war, starb ihr Vater. »Er hat mir sehr gefehlt, und ich hatte fast einen Nervenzusammenbruch, weil ich das Gefühl hatte, jetzt ist der Versorger, der Ernährer der Familie gestorben. Da war große Unsicherheit bei meiner Mutter und mir, wie es weitergehen sollte. Und ich fragte mich in dieser schwierigen Situation, warum bin ich noch in der Schule, warum kann ich nicht schon Geld verdienen?

Dann fingen die Wege zu den Ämtern an. Meine Mutter kam zwar zu all diesen Besorgungen und Antragstellungen mit, aber ich mußte die Sachen bei den Behörden erledigen, kannte mich auch besser aus als sie, weil mein Vater mich eingewiesen hatte. Meine Mutter bekam eine kleine Rente, und ich bekam eine Waisenrente, damit kamen wir bei großer Sparsamkeit gerade über die Runden. Ich hatte nach dem Tod meines Vaters das Gefühl, ich muß für meine Mutter sorgen, ich muß für die ganze Existenz sorgen.«

Hier zeigt sich die ganze Ernsthaftigkeit, mit der Gisela P. die Pflichten, die der Vater trotz seiner schweren Krankheit bis zuletzt getragen hatte, übernahm beziehungsweise fortführte und sich dann in der Rolle der Ernährerin fühlte. Aufgrund der Konstellation in der Familie war sie vom Vater für diese Rolle prädestiniert, so daß sie auch dieser Überantwortung von Pflichten zu entsprechen gelernt hatte.

Als Gisela von der achtklassigen Volksschule abging, war der Krieg schon zwei Jahre vorbei, und in Deutschland herrschten noch viel Not und Hunger. Auch Lehrstellen waren knapp, denn es herrschte noch hohe Arbeitslosigkeit. Sie hätte sehr gern eine Ausbildung als Säuglingsschwester gemacht und hospitierte auch eine Woche in einem Kinderkrankenhaus in einer anderen Stadt.

In dem Krankenhaus hätte sie auch einen Ausbildungsplatz bekommen, aber sie hätte die Berufskleidung selber bezahlen müssen, was sie sich nicht leisten konnte. Außerdem hätte sie nur mit einem zusätzlichen Ausbildungsbeitrag finanziell unabhängig von ihrer Mutter zurechtkommen können. Und da in den Zonen des Nachkriegsdeutschlands noch zu wenig Gelder für Ausbildungsförderung zur Verfügung standen, blieb sie ohne Förderung. »Ich weiß noch, wie ich nach der einen Woche Krankenhauspraxis zur Mutter nach Hause fuhr und ihr meinen sehnlichen Berufswunsch vortrug, worauf sie antwortete: ›Du weißt, was wir an Geld haben, diese Ausbildung ist nicht möglich.‹ Und so konnte ich keine Ausbildung machen, später bin ich auch nicht mehr dazu gekommen. Ich habe dann alle Arbeiten angenommen, die es gab, zuerst Waldarbeit, dann in einer Forst-Baumschule, längere Zeit in einer Druckerei, wo mir vieles von meinem Vater her vertraut war. In einem Hotel wurde ich dann in Büroarbeit angelernt und war dort einige Jahre in der Verwaltung tätig, bis ich eine Bürostelle in der Stadtbücherei in unserer Stadt bekam, wo ich nun schon fast zwanzig Jahre arbeite.«

In den Berufsjahren in der Stadtbücherei hat sie Betriebsratsarbeit gemacht und sich engagiert für die Frauenförderung eingesetzt.

Die Kindheitserfahrungen hatten bei Gisela P. eine tiefe Ablehnung von Kriegen und totalitären Regimen bewirkt. In diesem Geiste hat sie auch ihre drei Kinder erzogen. Über ihre und ihrer Eltern Erfahrungen mit dem Nationalsozialismus hat sie später mit ihren Kindern und ihrem Mann viel gesprochen, und bei politisch kontroversen Entwicklungen der jüngsten Vergangenheit hat sie immer ihre antimilitaristische Position zum Ausdruck gebracht. Das ist bei ihren Söhnen auf fruchtbaren Boden gefallen, beide haben Zivildienst geleistet. »Ich wollte meine Kinder zu friedliebenden, politisch kritischen Menschen erziehen. Ich denke, das ist mir einigermaßen gelungen. Und von meinem Mann hatte ich immer viel Unterstützung. In familiärer Hinsicht bin ich ganz zufrieden.«

Lange Zeit hatte sie akzeptiert, daß sie nicht den gewünschten

Beruf hatte erlernen können und sich auch später keine Möglichkeit der Weiterqualifizierung fand. »In der Nachkriegssituation waren Lehrstellen eben Mangelware, und viele Menschen mußten froh sein, wenn sie überhaupt Arbeit fanden. So dachte ich auch, damals, und es waren auch nützliche Erfahrungen für mich, die ich an all den verschiedenen Arbeitsplätzen machte, wo ich tüchtig zugepackt habe.«

Wie sehr im Zusammenhang mit ihrem Berufsweg eine tiefe Enttäuschung über ihre Mutter in ihr steckt, gestand sie sich erst bei den Gesprächen mit den anderen Frauen im Seminarkreis ein, als sie von einigen hörte, wie sehr die Mütter oder bei manchen auch die Väter aufgrund ihrer Kriegs- und Nachkriegserfahrungen auf eine gute Berufsausbildung ihrer Töchter geachtet hatten. »Ich war immer berufstätig, obwohl ich drei Kinder habe. Ich wollte meinen Kindern eine gute Schul- und Berufsausbildung ermöglichen können. Das Einkommen meines Mannes hätte dafür nicht gereicht. Er hat aber alle Hausarbeit mit mir geteilt und mich sehr unterstützt. Heute denke ich, wenn meine Mutter damals, als ich Säuglingsschwester werden wollte, eine Arbeit angenommen hätte, wäre mein Plan umzusetzen gewesen. So hat sie mich bei meinen beruflichen Wünschen überhaupt nicht gefördert, im Gegensatz zu den Müttern mehrerer Frauen in dem Gesprächskreis. Obwohl ich unausgebildet wenig verdiente, habe ich meine Mutter zusätzlich zu ihrer kleinen Rente immer finanziell unterstützt. Heute sehe ich, wie sehr sie sich auf mich verlassen hat und ich sie schützen und unterstützen mußte, statt umgekehrt.«

Weiter reflektiert Gisela, durch die Gespräche mit den Frauen der Kriegsgeneration von den sehr unterschiedlichen Lebensläufen angeregt: »Ich habe immer am selben Ort gewohnt und habe in unserer kleinen Stadt Rotenburg nicht die Schrecken der Bombenangriffe und Flucht erlebt wie die anderen Frauen. Aber dafür seit den frühesten Kindheitsjahren die Schikanen durch die Gestapo in unserer Familie, in unserer Nachbarschaft – wie die Verschleppung der Juden aus unserem Haus, oder die Verhaftung eines Onkels, der in ein KZ gebracht wurde. So war ich schon als Schulkind gegen die Nazis eingestellt, gegen all diese öffentlichen Appelle und Aufmärsche.« Sie erlebte nicht nur Angst vor den Hausdurchsuchungen und vor dem Kriegsgeschehen, das sie aus den Berichterstattungen im Rundfunk erfuhr, sondern lebte in einer für sie und ihre Eltern feindlichen Gesellschaft. Sie wurden von den Repräsentanten der nationalsozialistischen Herrschaft tatsächlich bedroht und verfolgt. Damit hatten sie es schon ab 1933 schwerer als ein großer Teil der Bewohner in ihrer Stadt und viele Deutsche im NS-Staat.

Von ihren Eltern hatte Gisela P. sehr unterschiedliche Eindrücke, Haltungen und versteckte, aber vom Kind wahrgenommene Botschaften zur Lebenslage mitbekommen: »Mutter hat alles so genommen, wie es war, man konnte nichts daran ändern, war ihre Einstellung. Mein Vater hat sich nicht angepaßt, dem Druck der NSDAP nicht nachgegeben und hat über den Tag hinaus weiter in die Zukunft gesehen. Als Kind dachte ich immer, Vater kann alles, die anderen Männer konnten da nicht mithalten. Anders als meine Mutter wollte ich mich nicht ganz mit den Verhältnissen zufriedengeben und einiges in meinem Leben verbessern.« Auf die Frage, welche Erinnerungen, welche Bilder und Gefühle sich aus dieser Zeit für den Rest ihres Lebens eingeprägt haben, antwortete sie: »Ich wollte in Frieden leben, nie wieder Diktatur und politische Verfolgung ertragen müssen, eine intakte Familie haben und nicht noch einmal mit einem so kargen Einkommen leben müssen wie in den Jahren allein mit meiner Mutter.«

Irene B.
»Ich will den für Frauen scheinbaren Gegensatz von Familien- und Berufsleben für mich lösen«

Irene B. wurde 1943 als drittes von vier Kindern in Bonn geboren, die Mutter war Pressereferentin, der Vater Arzt.

Wenn Großmutter und Mutter in ihrem Beruf aufgingen, erfolgreich waren und darin mehr Erfüllung fanden als in Familienaufgaben, dann war das noch sehr ungewöhnlich für Frauen in den zwanziger und dreißiger Jahren. Wurden sie zum Vorbild und zur Schrittmacherin für die Enkelin oder die Tochter?

Irene B. kam aus einer Familie, in der die Frauen in den zwei Generationen vor ihr ehrgeizig waren, studiert hatten und auch nach der Eheschließung und Geburt mehrerer Kinder weiter ihren Beruf sehr erfolgreich ausübten. Die Großmutter war Bildhauerin, hatte drei Kinder und lehnte es ab, Hausfrauenarbeiten und die praktischen Anteile der Mutterpflichten zu übernehmen. Die Mutter hatte Medizin studiert, brach aber das Studium nach der Eheschließung und der Geburt des ersten Kindes ab. Nach Kriegsende qualifizierte sie sich mit viel Erfolg als Pressereferentin in Bonn. »Sie war eine äußerst selbständige, durchsetzungsfähige und attraktive Frau«, beschreibt Irene ihre Mutter. Die Erfahrung mit der Mutter und die Beziehung zu ihr war für Irene B. von zentraler Bedeutung für ihr kindliches Erleben und ihre spätere Lebensgestaltung als Frau.

Als Kind oft gefragt, »Wie wächst man auf, ohne Vater?«, wurde sie immer ganz wütend und dachte sich dabei: »Ich wachse nicht ohne Vater, sondern ohne Mutter auf!« Sie spürte schon als Kind den Rollentausch, den die Mutter aufgrund der familiären Erfordernisse vollzogen hatte. Die Mutter lebte die Vaterrolle. Daraus entwickelte Irene eine starke Gegenreaktion auf diese berufstätige, erfolgreiche Mutter, wie sie sagt, und ist noch heute dabei, für ihren eigenen Weg zwischen Familie und Beruf eine befriedigende Lösung zu finden.

»Ich glaube gar nicht, daß ich ein besonders geliebtes Kind gewesen bin. Eher sogar nicht. 1942, im Krieg, hat meine Mutter meinen Bruder geboren, der war schon ein Urlaubskind, und ich war dann die nächste Urlaubsschwangerschaft von meinem Vater, nur 14 Monate später. Ich glaube, daß ich einfach restlos unerwünscht war zu diesem Zeitpunkt. Schon als Kind habe ich das gespürt. Das war sehr, sehr schwer für mich, als Kind mit diesem Gefühl zu leben. Ich konnte es nicht gut verkraften und habe es bis heute nicht richtig verkraftet. Da war lange sehr, sehr viel irrationale Wut auf meine Mutter, und die ist auch heute noch ab und zu da.

Heute, nachdem ich mich so viele Jahre mit meiner Vergangenheit und meinem Leben als Frau auseinandergesetzt habe, möchte ich mit meiner Mutter über den ungünstigen Zeitpunkt meiner Geburt, nämlich im vierten Kriegsjahr, sprechen und ihr nahebringen, daß ich ihre Lage jetzt eher verstehen kann. Aber es fällt mir noch sehr, sehr schwer, ruhig darüber zu sprechen, denn erst seit zwei, drei Jahren habe ich mehr Verständnis für meine Mutter.«

Bis 1944 lebte die Mutter mit Irene, den zwei älteren Kindern und der Großmutter in Bonn. Der Vater war schon früh als Militärarzt eingezogen worden. Nach Bombenangriffen auf die Stadt wurden sie im Rahmen der großangelegten Landverschickung von Müttern mit Kindern nach Halle evakuiert. Irene B. reflektiert darüber, wie die Mutter, 1914 geboren, den Ersten Weltkrieg als kleines Kind mitbekommen hatte: Ihr Vater war 1918 krank aus dem Krieg heimgekehrt und starb einige Jahre später an den Folgen einer Kriegsverwundung. Als nur achtjähriges Kind mußte Irenes Mutter die Betreuung ihrer jüngeren Geschwister und einige Aufgaben im Haushalt mit übernehmen, da die finanzielle Lage nach dem Tod des Vaters die Entlassung des Kindermädchens notwendig machte. Die Großmutter, die Bildhauerin, war nicht kompetent genug für die Haushaltsführung und Kindererziehung und wollte ihre künstlerische Arbeit nicht ganz aufgeben. So lernte Irenes Mutter schon früh, Verantwortung zu übernehmen. Das, was dann auf sie als junge Frau nach der Evakuierung im Zweiten Weltkrieg zukam, hieß, so wie nach dem Ersten Weltkrieg die Versorgung der Geschwister, jetzt die ihrer drei kleinen Kinder und ihrer Mutter verantwortlich in die Hand zu nehmen. Das war wohl das einschneidendste Erlebnis ihrer Mutter, denn, so meint Irene B., sie habe später immer wieder über die zweimalige Flucht erzählt, »...daß sie bei Halle auf dem Land wohnten und sie sich überall medizinisch eingesetzt habe, in Sanitätsstationen, in der Nachbarschaft (sie hatte ja Medizin studiert), und dafür sei sie mit Lebensmitteln versorgt worden. Da hatten wir noch genug zu essen. Doch dann erzählte man sich im Ort, daß die Russen kommen würden, das machte meiner Mutter eine Riesenangst, und so machte sie sich auf, zurück in den Westen. Sie packte uns drei Kinder, verband mir ein Bein, damit es aussah, als könne ich nicht laufen, und unter mir, im Kinderwagen, auf dem ich saß, hatte sie Lebensmittel, Schmuck und ein paar Wertsachen verstaut. Die Großmutter war noch dabei, und ein kriegsversehrter Onkel, der zu uns gestoßen war.« So machte die Mutter sich als Anführerin des kleinen Grüppchens auf den ungewissen Weg der zweiten Flucht. Sie war sich sicher, daß sie vor den Russen fliehen wollte, aber unsicher, ob und wie sie nach Bonn zurückgelangen würde. Das war Anfang 1945.

»Ich kann mich nicht an diese Zeit erinnern, ich war ja noch nicht ganz zwei Jahre alt, aber gerade die von Mutter immer wieder erzählten Fluchtereignisse machten mir klar, daß meine Mutter ein sehr durchsetzungsfähiger und aktiver Mensch ist und daß die Notsituation der Kriegs- und Nachkriegsjahre diese Fähigkeiten erst richtig hervorgebracht hatte. Wenn meine Mutter ganz normal verheiratet gewesen und in geschützten Verhältnissen geblieben wäre, hätte sie sich, glaube ich, nicht so entwickeln können. Für diese Fähigkeiten bewundere ich sie sehr.«

Anfang 1945 fanden sie eine kleine Wohnung in Bad Godesberg. Da es aber nicht genug zu essen gab und die Mutter keinen anderen Weg sah, gab sie Irene und die anderen beiden Kinder in ein Kinderheim. Denn Kinderheime wurden bei der Lebensmittelzuteilung in den letzten Kriegsmonaten noch am ehesten bedacht. Der Heimaufenthalt sollte eineinhalb Jahre dauern, bis Mitte 1946. Eine lange Zeit für ein bei der Heimaufnahme nicht ganz zweijähriges und der Heimentlassung dreijähriges Kind.

Hier liegt die zweite Quelle für die Wut und den Schmerz, die Irene B. gegenüber ihrer Mutter empfand. Davor lag schon der ungünstige Zeitpunkt der Geburt und das Gefühl, ein ungewünschtes Kind zu sein. Das wirkt bis heute belastend auf die Beziehung zur Mutter, beeinträchtigt ihre Selbstsicherheit im Umgang mit Nähe und Abgrenzung zu nahestehenden Menschen, weil immer wieder ein Funke Unsicherheit über die Verläßlichkeit und Dauer der Beziehung mitschwingt.

Aus der Zeit im Kinderheim, ihrem zweiten und dritten Lebensjahr, hat Irene B. die frühesten konkreten Erinnerungen. »Ich sehe auch heute in der Erinnerung solche Kinderfräulein und Kinderschwestern, die aber keine Schwesterntracht trugen. Ich weiß auch, daß wir geschlagen wurden. Ich erinnere mich daran, daß meine Schwester sogar sehr geschlagen wurde, wegen irgendeines Stücks Schokolade. Und ich erinnere mich: Wir hatten so Läusekappen; wir wurden kahlrasiert und kriegten erst mal alle am Anfang diese Läusekappen. Ich sehe das, obwohl ich erst eineinhalb bis zwei Jahre alt war, und oft überlegt habe, warum kann ich das sehen? Aber ich nehme an, daß Neuankömmlinge immer auch so behandelt wurden. Dann mußten wir Brennesseln pflücken für eine Suppe. Mit bloßen Fingern! Daran kann ich mich noch erinnern, wie schrecklich das war, weil es ja nichts zu essen gab. Ja, ich erinnere mich an meine schmerzenden Finger. Das sind die schlimmen Erinnerungen, die ich daran habe. Ich erinnere mich aber auch daran, daß mir immer eine Kinderschwester Marmeladenbrot geschmiert hat, das ganz lecker schmeckte, dabei blieb sie bei mir sitzen, und nachher habe ich mich dort immer sehr, sehr geborgen gefühlt.

Als wir wieder zu Hause waren – wir wohnten dann in Godesberg –, da wollte ich die im Kinderheim mal besuchen gehen. Aber ich hab niemanden mehr dort gekannt, das fand ich ganz traurig. Irgendwie war da so ein Bruch! Ich hatte mich doch als Kind schon eingelebt, mochte einige Kinderschwestern und Kinder sehr gern und fühlte mich in manchen Situationen geborgen. In der Erinnerung an den Besuch ist nur Traurigkeit, daß da nur andere, neue Kinderschwestern waren und ich dort gar nicht mehr hingehörte. Der Besuch war ungefähr ein Jahr später.

Meine Mutter hab ich vor kurzem noch mal gefragt: ›Das muß doch einfach schrecklich für dich und für uns gewesen sein. Hast du das nicht nachempfinden können, was das für uns bedeutete?‹ Und da sagte sie dann: ›Ich hab gar keine andere Wahl gehabt – ich konnte euch nicht ernähren!‹ Das sei der einzige Grund gewesen, warum wir nicht verhungerten, meint sie. Sie sagte, sie hätte uns nicht ernähren können. Kann ich ja heute nicht nachprüfen, aber ich konnte es schon damals nicht verstehen, ganz sicher nicht. Ich denke, es muß schrecklich für mich gewesen sein, auch als Trennungserfahrung, und ich weiß, daß ich aus dieser Zeit noch heute große Trennungsängste habe.«

Mit der Rückkehr zur Mutter, zusammen mit den Geschwistern, wurde zwar das Leben im kleinen Familienkreis wieder aufgenommen, aber die Geborgenheit, nach der die kleine Irene sich nach dem zweimaligen Trennungsschmerz zuerst von der Mutter und dann von den Kinderschwestern sehnte, konnte ihre Mutter ihr nicht geben. Denn die mußte in der immer noch sehr schwierigen Versorgungslage im Jahre 1946 ganztags arbeiten. So wurden die Kinder von der Großmutter und später von einem Kindermädchen versorgt.

Über den Suchdienst hatten sie 1946 erfahren, der Vater sei in russische Gefangenschaft geraten, und die Mutter mußte ihre und ihrer Kinder Existenz weiterhin allein sichern. Bald war sie schon sehr erfolgreich bei ihrer Existenzsicherung durch Arbeit in einem für sie fremden Berufsbereich.

Der Aufbau des zerstörten Deutschland, die schrittweise Konstituierung demokratischer Strukturen, wie zum Beispiel der Aufbau des Parlamentarischen Rates in Bonn vor der Gründung der Bundesrepublik Deutschland, schaffte im Bereich des Pressewesens (natürlich auch in der Wirtschaft, im Bildungssektor u. a.) eine Nachfrage nach Arbeitskräften, die durch den Nationalsozialismus unbelastet waren. Damals, in den ersten zwei, drei Jahren nach Kriegsende, gab es auch Chancen für Frauen, auf unkonventionellem, direktem Weg neue Berufslaufbahnen zu beschreiten. Später haben wieder etablierte Institutionen, Ausbildungsordnungen und geregelte Bildungswege den Zugang für Frauen schwieriger gemacht, neben der sich wieder durchsetzenden traditionellen Rollenteilung zwischen Männer- und Frauenarbeit. Die Mutter von Irene B. hatte den Mut gehabt, quer einzusteigen, und schrieb zuerst für eine Zeitung über den Parlamentarischen Rat in Bonn. Sie war ehrgeizig, wußte, sie mußte ihre Kinder ernähren, und schaffte es, sich einzuarbeiten. Nach zwei Jahren übernahm sie die Stelle einer Pressereferentin in Bonn. Sie hat so die ganzen ersten Jahre der Bundesdeutschen Geschichte sehr nah mitbekommen. Der Erfolg verlangte den Verzicht auf ein enges, kontinuierliches Zusammenleben mit ihren Kindern, auch den Verzicht auf ein Privatleben.

So vergingen vier Jahre, die Mutter war während der Woche beruflich ganz in Anspruch genommen, die Kinder hatten sie nur am Wochenende für sich, bis 1950 der Vater aus der Gefangenschaft zurückkehrte. Irene kannte ihn nicht, bei seinem letzten Fronturlaub war sie erst ein Jahr alt. Aber sie hatte ihn bald gern, gewöhnte sich daran, daß er in der ersten Zeit viel zu Hause war und langsam der Kontakt von beiden Seiten vertrauter wurde. Und die Mutter ernährte die Familie, verdiente recht gut und fand auch noch genug Energie, dem Vater, der Arzt war, eine Praxis einzurichten, um ihm beim Neustart zu helfen. Doch der Vater hielt diese starke, selbständige Frau nicht lange aus. In den Trennungsjahren während des Krieges hatte sie sich völlig verändert. »Mein Vater erzählte mir später, es wäre einfach erschlagend für ihn gewesen, nach der langen Gefangenschaft zu Hause seine Frau vorzufinden, die so selbständig war, so viel Geld verdiente, und er kam eigentlich zurück als ein Nichts. So empfand er sich als jemand, der alles erst aufbauen mußte, nichts hatte. Von Bekannten, Leuten in der Nachbarschaft, hörte er, wie sie sagten: ›Ach, das ist der Mann von der Frau R.‹, und nicht umgekehrt, wie früher, wenn die Frau dem Manne zugeordnet wurde. Das hat er nicht aushalten können.« Die Ehe scheiterte zwei Jahre, nachdem der Vater zur Familie zurückgekehrt war und 1951 das vierte Kind, die jüngste Schwester der Irene B., geboren wurde.

Und die Kinder, wie erging es ihnen? Sie waren die besonders hart Betroffenen dieser aus den Bedingungen des Krieges entstandenen Familiensituation. Der verlorene Vater kam heim, wurde den Kindern vertraut und nach zwei Jahren wieder von ihnen getrennt. Irene B. litt unter der Trennung, zumal die Mutter den Kindern nicht erlaubte, den Vater zu treffen. Die Mutter fühlte sich vom Vater im Stich gelassen, blieb weiterhin die Haupternährerin ihrer Kinder und entzog sie weitgehend dem Einfluß des Vaters.

Irene B. war ein sehr einfühlsames Kind, das sich die Angelegenheiten der Eltern sehr zu Herzen nahm. »Ein Problem vor und nach der Scheidung meiner Eltern war für mich dieses Schweigen über Konflikte, wo doch so vieles in der Luft hing: Das spürte ich als Kind. Es war tragisch und traurig für mich, daß es schon wieder eine Änderung, schon wieder eine Trennung gab in meinem Leben, in der Familie, die nach Vaters Rückkehr gerade eine Zeitlang zusammengekommen war.«

»Kindererziehung erfordert Kontinuität, Verläßlichkeit der Beziehungen, wenn die Kinder keinen Schaden nehmen sollen.« (Roberts, 1988, 110) An beidem mangelte es in Irenes Kindheit.

Die Mutter zog rasch die Konsequenzen aus der gescheiterten Ehe und setzte jetzt erst richtig zielstrebig auf die Berufskarriere. In ihrem Arbeitsbereich wurde sie geschätzt und fand Anerkennung, die ihr schneller über die Enttäuschung in der Beziehung zu ihrem Mann hinweghalf.

Der Alltag für die Kinder sah dann wie vor der Rückkehr des Vaters aus der Gefangenschaft aus. Die Mutter war tagsüber nicht zu Hause und war auch oft abends wegen beruflicher Verpflichtungen unterwegs. Eine Kinderfrau versorgte die Kinder. »Ich erinnere mich noch genau an dieses Gefühl, wenn Mutter abends wieder nicht gute Nacht sagen kam, weil sie beruflich unterwegs war, und ein Bonbon als Betthupferl unter meinem Kopfkissen lag und ich wütend war und mir dachte, ich brauche kein Bonbon, ich brauche meine Mutter! Und ich hatte immer das Gefühl, wenn ich später Kinder hab, mach ich das anders.«

Die Gefühle zur Mutter waren sehr ambivalent, schwankten zwischen Wut, Sehnsucht, Verlassenheit und Stolz. Oft hat sie die Mutter auch sehr bewundert, die im Vergleich zu den Müttern ihrer Klassenkameradinnen ein so selbstbewußtes Auftreten hatte, weil sie in ihrem Beruf häufig in der Öffentlichkeit war. Im Rahmen ihrer Pressearbeit hatte sie Kontakte zu Wirtschaftsverbänden und war bei großen Presseempfängen für Repräsentanten aus Wirtschaft und Kultur eine der Gastgeberinnen für das Zeremoniell und die Begrüßung der hohen Gäste. »Es ist für mich ein wichtiges Bild dieser Zeit«, erinnert sich Irene B., »wie wir Kinder mit unserer Kinderfrau vor der großen Glasflügeltür zuschauen durften, wie da drinnen die Mutter in Abendrobe stand und die ganzen hohen Herrschaften empfing. Das war schon toll für mich als Kind zu sehen, wie schön die Mutter da aussah und unter all den wichtigen Leuten ihren Platz hatte. Ich versuchte das auch mit den Möglichkeiten des Kindes zu verstehen, aber in meinem Gefühl war meine Mutter ganz von mir getrennt, für mich weit weg und nicht erreichbar.«

Die schöne, aber ferne Mutter – welche Einsamkeit und Sehnsucht, aber auch welcher Widerstand können da in einem Kind entstehen. Irene B. hat seit ihrer frühen Kindheit immer wieder kurze Phasen des kontinuierlichen Zusammenseins und der zeitlich nicht eingegrenzten Zuwendung von Bezugspersonen erfahren, so als Kleinkind auf der Flucht von Halle und dem längeren Verbleib dort, als sie Mutter und Großmutter um sich hatte. Dann Geborgenheit und Zugehörigkeit im Kinderheim, trotz gelegentlicher strenger Zucht durch die Kinderschwestern, und später einige Zeit mit dem durch die Gefangenschaft noch erschöpften Vater zu Hause. Es ist vorstellbar, daß durch diese Beziehungserfahrungen eine psychische Quelle entstand, die in Irene die Ahnung und die Suche wachhielt nach intensiverem Kontakt zu anderen Menschen und Austausch über die heftigen Empfindungen und Gedanken, die dieses emotionale und intelligente Mädchen bewegten.

Irene B. würde sich vehement dagegen wehren, wenn ihr jemand sagen würde, die Mutter hätte nicht alles im Rahmen ihrer Einschätzungen und Möglichkeiten für die Kinder getan. Aber dem Kind fehlte ihre Nähe, ihre Ansprechbarkeit und Präsens, wenn ihr etwas auf dem Herzen lag, wenn sie Fragen hatte. So behielt sie das, was sie auf dem Herzen und an Fragen hatte, für sich und erschloß sich, im inneren Dialog und in Bücher vertieft, phantastische Welten. »Ein Weg, mit der Situation zu Hause zurechtzukommen, war das Lesen. Ich bin in eine Traumwelt abgehauen. Als Kind habe ich irrsinnig viel gelesen, egal was mir in die Hände kam. Ich war süchtig, sage ich heute. Mit einem Buch bin ich in eine Traumwelt eingetaucht und war so von meiner Umgebung getrennt.«

Oft sich selbst überlassen, trieb ihre lebhafte Phantasie sie zu geheimgehaltenen Gefühlsschwankungen und widersprüchlichen Bildern von den Menschen und Geschehnissen in ihrer Umgebung. Die Mutter konnte sie dann nicht konsultieren, von ihr kamen die nonverbalen Signale: ›Mein Leben ist so schwer, bitte macht es mir nicht noch schwerer. Bitte fragt mich nichts und funktioniert gut und seid in allem so, daß ich mich nicht zu sorgen brauche.‹ »Ich bin anders als andere, ich muß verrückt sein«, dachte Irene, wenn sie ihre eigenen heftigen Gefühle, »ungewöhnliche Empfindungen« wahrnahm. Vom Verhalten der Mutter und der Geschwister konnte sie nicht auf ähnliche Empfindungen schließen und fühlte sich in ihrer Überzeugung bestärkt, ihr »Innenleben« zum eigenen Schutz am besten für sich zu behalten.

»Es war eine Glückserfahrung für mich, dann mit zehn Jahren eine ganz enge Freundin zu finden, mit der ich mich ganz vertraulich über alles austauschen konnte. Die hatte auch solche ungewöhnlichen Gefühle und Gedanken. Von da an wußte ich genau, wenn zwei das fühlen, dann gibt es das, dann ist das etwas, was in mir ist! Welche Erleichterung, daß ich mit der Freundin Dinge einfach spüren und aussprechen konnte, die man aufgrund irgendwelcher Gesetze der Erwachsenen für sich behalten sollte. Und die Eltern meiner Freundin, die liebten mich einfach, freuten sich, wenn ich ins Haus kam – die freuten sich einfach an mir, das konnte ich spüren. Bei meiner Freundin und ihren Eltern war ich dann häufiger als zu Hause. Das ist ein Beispiel dafür, daß ich mir in all den wechselhaften Situationen meiner Kindheit das, was ich brauchte und bei meiner Mutter nicht fand, woanders holte. Es ist meine Fähigkeit gewesen, mir Menschen zu suchen, die mich mögen und die für mich bei meinem heutigen Rückblick viel, viel stärker meine Kindheit und Jugend prägten als meine Mutter. Zu diesen Menschen gehörten, Jahre vor der erwähnten Mädchenfreundschaft, ein lieber Onkel, der schon in Halle bei uns war und auch später ganz in unserer Nähe wohnte, und meine Großmutter, die ich sehr gern hatte.«

In den Beziehungen zu den Eltern und Geschwistern bestand aufgrund der Konstellation und Hierarchie in der Familie nicht die Transzendenz, die das Heraustreten aus den verschiedenen Rollen ermöglichte wie in selbstgewählten, außerfamiliären Beziehungen. Irene B. erlebte das Glück in der Begegnung mit ihrer Freundin und deren Eltern, bei denen sie eine liebevolle Patenschaft, eine Annahme an Kindes Statt erfuhr und auch von sich aus eine emotionale Beziehung zu ihnen einging.

Da waren zwar diese Ausflüge nach draußen, aber an der Mutter, der ersehnten und unerbittlich fernen, die sie ja auch in den Eltern der Freundin suchte, mußte sie sich noch heftig abarbeiten. »Für mich als Tochter war schon früh diese Gegensätzlichkeit in meiner Mutter spürbar. Da war dieses Auftreten, durch das jeder sie für sehr selbstsicher hielt, und nur wir Kinder spürten auch etwas von dieser Ängstlichkeit, die auch in ihr steckte. Das hat sie nie gezeigt und darüber haben wir nie gesprochen, aber ich spürte oft diese Doppelbotschaften in ihrem Auftreten und ihren Aussagen. Sie war ja beruflich und mit der Erziehung von uns Kindern dauernd unter Handlungszwang und dabei so manches Mal unsicher.

Es gab ein ungeschriebenes Gesetz zwischen uns Kindern, die Mutter nicht alleine zu lassen, wenn sie nach ihrer arbeitsreichen Woche am Wochenende zu Hause war. Auch als wir älter wurden, verabredeten wir, wer am Wochenende bei Mutter blieb. Es wäre eine Unmöglichkeit gewesen, Mutter dann alleine zu lassen. Ich hatte in mir das Gefühl, ich müßte meine Mutter beschützen und wäre für sie verantwortlich. Solche Gefühle habe ich als Kind gehabt, die in keinem Verhältnis zu dieser berufstätigen, tüchtigen Frau standen. Heute weiß ich, daß all die Anforderungen, die seit den zwei letzten Kriegsjahren mit Flucht, Kinder ins Heim abgeben müssen, Berufsaufstieg und Ernährerin der Familie sein ihr ständig neue Fähigkeiten und nie erprobte Verhaltensweisen abverlangten. Die Meisterung all dieser Anforderungen und die ausgestrahlte Sicherheit ließen den anderen Teil ihrer Persönlichkeit, ihre auch vorhandene Unsicherheit, für andere nicht erkennbar werden. Sie selbst aber wollte damit auch auf keinen Fall erkannt werden. Sie war die erfolgreiche Frau, die den Beruf und das Großziehen der Kinder gut miteinander verbinden konnte und eben auch als diese tüchtige Frau erscheinen wollte. Wenn Verwandte und Freunde zu Besuch kamen, strahlte alles, und sie riefen ganz entzückt aus: ›Wie du das geschafft hast, mit deinem Beruf und deinen Kindern, alle so toll geraten!‹ da spürte ich immer einen Kloß im Hals und hätte am liebsten gesagt: ›Aber mit den Kindern, das ist gar nicht so toll!‹ Ich habe aber mitgespielt und hatte immer das Gefühl: ›Es stimmt nicht, es ist gelogen. In ihrem Beruf ist sie toll, aber bei uns Kindern fehlt ganz viel!‹«

Diese Erfahrungen gingen tief und führten für Irene B. schon als Kind zu dem Zukunftswunsch »Wenn ich später einmal Kinder habe, dann mache ich das anders. Ich möchte für meine Kinder

Zeit haben und da sein, mit ihnen sprechen und sie verstehen!« In ihrer Haltung zur Mutter drückte sich ihre Opposition gegen deren berufsbezogenes Karriereverhalten aus, worauf sie sich schon früh in ihren Vorstellungen und später auch als erwachsene Frau im Widerstreit zwischen Berufs- und Familienorientierung sehr parteiisch für das Familienleben entschied. Ob sie in ihrem Lebensentwurf ihre unerfüllten Sehnsüchte und Bedürfnisse aus ihrer Kindheit später umsetzen und leben konnte, ob sie, wie sie meint, Irrtümern aufsaß, und wo sie heute steht, soll anhand einiger wichtiger Begebenheiten aus ihrem Lebenslauf erzählt werden.

Daß das Abitur am Ende der Schulzeit stehen sollte, war für Irene B. klar. Danach wollte sie unbedingt Psychologie studieren, da sie sich immer sehr intensiv mit den eigenen psychischen Beweggründen ihrer Handlungsmotive, Gefühle und Verhaltensweisen und denen anderer Menschen befaßt hatte. Durch das Psychologiestudium hoffte sie, die Zusammenhänge besser verstehen zu lernen und die größere Menschenkenntnis, die sie danach haben würde, beruflich einsetzen zu können. Aber die Mutter war strikt dagegen, lehnte Psychologie kategorisch ab. »›Das ist so etwas Unmögliches, undenkbar, damit beschäftigt man sich doch nicht.‹ Psychologie nahm und nimmt sie so wenig ernst, daß mir klar ist, warum sie nie all meine Gedanken, die ich als Kind hatte, hätte ernst nehmen können.« Sie gab der Tochter statt dessen folgenden Rat: »›Mach erst einmal etwas Vernünftiges, denn wenn dir später dein Mann wegläuft und du hast Kinder, dann solltest du einen handfesten Beruf haben, mit dem du deine Kinder ernähren kannst.‹« Das war ihre eigene Erfahrung, die sie ihrer Tochter mit auf den Weg gab. Irene fühlte sich in ihren Vorstellungen von einem Psychologiestudium nicht sicher genug, um ihren Wunsch gegenüber ihrer Mutter stärker durchzusetzen. »Ich war sehr unsicher mit diesem Widerspruch ›Was ist in mir, ist es etwas, was auch eine Berechtigung hat zu leben? Oder ist das Leben eben etwas ganz anderes, das ich nicht kenne und das wesentlich etwas mit Wirtschaft zu tun hat, das draußen ist?‹ Deshalb habe ich dann Volkswirtschaft studiert. Da ich neugierig war auf neues Wissen und Freude am Lernen hatte, machte mir das Studium dann sogar

Spaß.« Sie war ihrer Mutter mit der Wahl dieses Fachs sehr entgegengekommen.

Daß für die Mutter Wirtschaft, Politik und Presse die wichtigen Bereiche waren, in denen die Tochter, so wie sie, Berufskarriere machen sollte, wurde ihr erst viel später im Zusammenhang mit einer bewußteren Reflexion der Frauenrolle klar. Die Inhalte des Studiums und der Umgang der Studenten und Professoren mit den wenigen Studentinnen entsprach der Norm, daß Wirtschaft selbstverständlich Männerdomäne war, denkt Irene B. heute. Damals fand sie das ganz »normal«, denn von ihrer Mutter hatte sie erlebt, wie sie nur Männer als Gesprächspartner in den wichtigen Fragen der Wirtschaft und Politik akzeptierte und für sich in Anspruch nahm, wie ein Mann informiert zu sein und wie ein Mann diskutieren zu können. So empfand sich Irene B. durch das Vorbild der Mutter auf vertrautem Boden, als sie nach dem Studium in einem internationalen Handelsunternehmen »ihren Mann stand«.

Ihren ersten bewußten Eindruck einer Diskriminierung als Frau bekam sie, als sie kurz nach der Heirat mit ihrem Mann in eine andere Stadt zog und bei Vorstellungsgesprächen für einen neuen Arbeitsplatz mehrere Absagen bekam, mit der unverhüllten Begründung, sie würde als junge Frau sicher bald schwanger und dann als Arbeitskraft ausfallen. »Das fand ich diskriminierend, zumal ich am Beispiel meiner Mutter erlebt hatte, daß eine Frau nicht wegen ihrer Kinder den Beruf aufgeben muß. Für mich selbst plante ich aber, eine Berufsunterbrechung vorzuziehen.«

Irene B. sieht heute deutlich, wie ihre Mutter, gedrängt durch die Not der Kriegs- und Nachkriegsjahre, für die damalige Zeit eine beruflich ungewöhnlich erfolgreiche Frau war, aber nicht das Bewußtsein einer weiblichen Identität haben konnte, wie viele Frauen heute. Wenn Frauen sich heute in Wirtschaft und Politik qualifizieren und auch Führungspositionen anstreben, dann sind die Motive dieser bewußteren Frauen (auch durch die neue Frauenbewegung beeinflußt), mehr Einfluß zu nehmen und Frauenfragen in die Politik und das Wirtschaftsleben einzubringen.

Als Irene B. nach einem Jahr Ehe schwanger wurde, gab sie

bald ihre Arbeit auf. »In meinen Beruf kann ich nach einer längeren Familienphase wieder zurückkehren«, dachte sie. Jetzt wurde ein Gefühl, das sie aufgrund des Mangels an Mutterpräsens als Kind hatte, reaktiviert (»Wenn ich Kinder habe, das mache ich anders, ich möchte viel Zeit für sie haben«). Mit dieser Erfahrung als Hintergrund kommt sie zu einer Gegenposition zur Lebensführung ihrer Mutter. »Meine Haltung seit Beginn meiner Mutterschaft war getragen von der Überzeugung, nur nicht berufstätig zu bleiben, um Gottes willen dem Kind und später den Kindern nichts wegzunehmen, was ihnen zusteht an Liebe, Zeit und Zuwendung.« Nach der Geburt ihres Sohnes bekam sie noch eine Tochter und noch einen Sohn und erfüllte sich einen Kindheitswunsch: »Wenn ich Kinder habe, bleibe ich zu Hause«, und widmete sich fast zwanzig Jahre ihren Kindern und ihrem Mann. In der Erziehung und den Beziehungen zu ihren Kindern erlebte sie Herausforderungen, die Nähe, die Entwicklung vertrauensvoller Gespräche und viele, viele eigene Kindheitserinnerungen. Gegen manche eigenen inneren und auch von außen kommenden Anfechtungen blieb sie bei dem Entschluß, die »Frauenaufgabe Familie« mit Hingabe auszufüllen. Komplementär dazu erfüllte ihr Mann die Rolle des Familienernährers, der sich auf sein Fortkommen in der Berufskarriere konzentrierte und in der bemessenen Freizeit ein guter Vater und Ehemann war. Zu seinem beruflichen Fortkommen gehörte auch die Versetzung in eine höhere Position im Ausland, in England. Irene B. weigerte sich heftig, mit den Kindern nach England umzuziehen, da sie es sehr wichtig fand, die Kinder nicht aus ihren stabilen Wohn- und Schulverhältnissen herauszureißen. Die Heftigkeit der Weigerung wundert sie, doch dann kann sie ihre Gefühle auf die tiefen Verunsicherungen durch die Flucht im Krieg, die Trennung von der Mutter, das Kinderheim, dann wieder die Trennung von dort und später noch mal vom Vater zurückführen. Ihren Kindern sollten Verunsicherungen, wie sie sie erlebt hatte, möglichst erspart bleiben.

Ihr Mann ging zwei Jahre nach England, und sie führten eine Wochenendehe. Neben den damit verbundenen unausbleiblichen Spannungen erlebte sie in dieser Zeit Erschütterungen und Gefühlsschwankungen, die sie anfangs nicht einordnen konnte. »Jedesmal, wenn mein Mann nach dem Wochenende daheim am Montagmorgen mit dem ersten Flugzeug wegflog, war ich verzweifelt und fühlte mich schrecklich allein gelassen. Die Woche über hatte ich mich dann darauf gefreut, daß er Freitag zurückkommt, hatte zärtliche Gefühle für ihn in mir – er war noch nicht in der Tür, und ich spürte nur noch Wut in mir, nur Wut. Wir stritten dann das ganze Wochenende und schafften es grad wieder, miteinander ins Lot zu kommen, bevor er wieder abreiste. Diese Gefühlskurve lief bei mir lange Zeit gleich ab: Zärtlichkeit, Wut, Streit, halbwegs Versöhnung. Erst nach einiger Zeit kam ich darauf, daß diese wirklich irrationalen, übertriebenen Verlassenheitsängste und die darauffolgende Wut aus dieser tiefen Kindheitserfahrung von verzweifeltem Trennungsschmerz herrühren mußten. Darüber habe ich dann mit meinem Mann reden können, er konnte mich danach besser verstehen, und in der übrigen Zeit seines Auslandsaufenthalts begann ich, wieder selbständiger zu werden und mir Gedanken über die Rückkehr in meinen Beruf zu machen.«

Heute sagt sie, daß ihre starke Konzentration auf die Kinder eine Oppositionshaltung zur »mutterlosen« eigenen Kindheit war. Auch mußte sie die Erfahrung machen, »daß es eine Illusion und ein Irrtum waren, wenn ich glaubte, ich kann jederzeit nach der Familienphase zurück in meinen Beruf. Nach meinem Studium war meine Qualifikation gefragt, jetzt galt sie als veraltet, mit meinem Volkswirtschaftsstudium konnte ich nichts mehr anfangen. Das war für die Generation meiner Mutter anders, da kam es vor allem darauf an, zupacken und aufbauen zu können.« Seit ihrer Kindheit hatte sie die Vorstellung, einmal eine Familie und Kinder zu haben, und hat sich durch das herausfordernde Frauenbild von der öffentlich erfolgreichen Mutter sehr mit der Frauenrolle auseinandergesetzt, um einen Weg zu finden, der zwischen der Berufskarriere ihrer Mutter und ihrer eigenen Familienorientierung lag: »Ich will den scheinbaren Gegensatz von Familien- und Berufsleben für mich lösen« war ihr Leitmotiv.

Irene B. empfand es zwar als kränkend, daß ihre Qualifikation als Volkswirtin als veraltet und nicht mehr tauglich abgewertet wurde, realisierte aber gleichzeitig, daß sie sich diesem Fach in den Jahren der Kindererziehung und Familienaufgaben entfremdet hatte. Sie hatte sich mit viel näherliegenden Fragen über Erziehungskonzepte und psychologische Theorien befaßt: Aus ihrer einstigen Lesesucht war das gezielte Lesen geworden. Da ihr großes Interesse an zwischenmenschlichen Beziehungen und psychologischen Fragen schon in ihrer Jugend den Wunsch geweckt hatte, im Psychologiestudium darüber mehr zu erfahren, entschloß sie sich nach einer längeren Informations- und Beratungsphase, beim zweiten Start ins Berufsleben ihrem ursprünglichen Wunsch näherzukommen. So wählte sie ein Sozialpädagogik-Studium, in dem sozialpsychologische Themenschwerpunkte und der Umgang mit sozialen Problemen in der Gesellschaft einen bedeutenden Teil des Studiums ausmachten. Mit ihrerLebenserfahrung und einem von der Mutter mitbekommenen Ehrgeiz betrieb sie das Studium sehr gezielt. Mit den meist viel jüngeren Studentinnen und Studenten hat sie sich gern auseinandergesetzt und oft mit Respekt bei den jungen Frauen anerkannt, wie sie schon selbstverständlicher mit der Verbindung von privaten und beruflichen Wünschen und Verpflichtungen umgingen.

Irene B. hat das Studium inzwischen abgeschlossen, arbeitet halbtags in einer Beratungsstelle für Kinder und Jugendliche und macht parallel dazu eine Weiterbildung als psychologische Beraterin.

»Den Mut, daß ich doch noch beides schaffen kann, für die Familie erreichbar zu sein und mich beruflich zu engagieren, habe ich in sehr hilfreichen Beratungsstunden und in einem berufsorientierten Lehrgang für Frauen bekommen. Trotzdem bin ich noch nicht ganz von der starken Bezogenheit auf meine Kinder frei und richtete meine Zeit im Studium und jetzt an meiner Arbeitsstelle so ein, daß die Kinder möglichst wenig von meiner Abwesenheit merken, obwohl sie ja inzwischen Jugendliche sind. Mein Mann trägt und teilt die anstehenden Familienaufgaben mit mir und hätte auch eine frühere Rückkehr ins Berufsleben unterstützt, die Unsicherheit lag bei mir. Er war mir viel mehr ein verläßlicher Partner als mein Vater nach dem Krieg für meine Mutter. Die Zeit der Trennung während der existentiellen Not in den

Kriegs- und Nachkriegsjahren hatte sie einander entfremdet, und die Chance eines gemeinsamen neuen Lebens waren sie nicht in der Lage umzusetzen. Das hat mein und meiner Geschwister Kinderschicksal sehr belastet und zu meiner betonten Familienorientiertheit beigetragen.«

VI
Anhang

Anmerkungen

1 Rede Hitlers in Reichenberg am 2.12.1938, Reichenberg. Tondokument im Lautarchiv Frankfurt/Main, Archiv Nr. C 1326. (Zitiert in: Fest, 1980, 311)

2 Wehrmachtsbericht vom 9. Mai 1945 (Zitiert in: Krockow, 1990, 220): »Vor allem aber hat der deutsche Soldat wie stets in der Geschichte seinem Vaterland gedient, seine Pflicht getan und ritterlich gekämpft – so wie es in seinem letzten Teil der letzte Wehrmachtsbericht vom 9. Mai 1945 beschwor:«
Teil des letzten Wehrmachtsberichts vom 9. Mai 1945:
»Seit Mitternacht schweigen nun an allen Fronten die Waffen. Auf Befehl des Großadmirals hat die Wehrmacht den aussichtslos gewordenen Kampf eingestellt. Damit ist das fast sechsjährige heldenhafte Ringen zu Ende. Es hat uns große Siege, aber auch schwere Niederlagen gebracht. Die deutsche Wehrmacht ist am Ende einer gewaltigen Übermacht ehrenvoll unterlegen. – Der deutsche Soldat hat, getreu seinem Eid, im höchsten Einsatz für sein Volk für immer Unvergeßliches geleistet. Die Heimat hat ihn bis zuletzt mit allen Kräften unter schwersten Opfern unterstützt. – Die einmalige Leistung von Front und Heimat wird in einem späteren, gerechten Urteil der Geschichte endgültige Würdigung finden. – Den Leistungen und Opfern der deutschen Soldaten zu Lande, zu Wasser und in der Luft wird auch der Gegner die Achtung nicht versagen. Jeder Soldat kann deshalb die Waffe aufrecht und stolz aus der Hand legen und in den schwersten Stunden unserer Geschichte tapfer und zuversichtlich an die Arbeit gehen für das ewige Leben unseres Volkes.«

3 Statistisches Jahrbuch der Bundesrepublik Deutschland 1960, 60. Die Scheidungsquote stieg im Bundesgebiet von 7,5 % in 1939 auf 18,9 % in 1948. (Zitiert in: Meyer/Schulze, 1986, 192)

4 Ausschnitt aus der Stellungnahme zum Internationalen Hearing des Frankfurter Lern- und Dokumentationszentrums des Holocaust, vom 23. bis 25. Oktober 1991 in Frankfurt/Main.

5 Quelle für diesen kurzen historischen Diskurs sind vor allem zwei wissenschaftliche Tagungen: a) Internationales Hearing des Frankfurter Lern- und Dokumentationszentrums des Holocaust, 23.–25.10.1991 in Frankfurt/Main. Veranstalter: Kulturdezernat Frankfurt. b) Erinnerung: Zur Gegenwart des Holocaust in Deutschland-West und Deutschland-Ost,

15.–19.1.1992. Veranstalter: Evangelische Akademie Arnoldshain. Schmitten-Arnoldshain/Ts.

Dabei waren folgende Vorträge für diese Untersuchung besonders relevant:

1) Alltagsgeschichte: »Alltag: Erfahrung und Erinnerung. Die Nachkriegszeit als Schnittstelle von Verdrängung und historischem Gedächtnis«: Prof. Lutz Niethammer, 23.–25.10.1991 Tagung Frankfurt.
2) »Der Holocaust in der Geschichtsschreibung der BRD«, Dr. Ulrich Herbert, 15.1.–19.1.1992 Tagung Arnoldshain
3) »Die Unfähigkeit zu trauern: hält die These einer Überprüfung stand?« von Tilman Moser, 15.1.–19.1.1992 Tagung Arnoldshain

6 Eine damals Aufsehen erregende Untersuchung von Dieter Boßmann über die Einstellung, Unkenntnis und das geringe Sachwissen bei Schülern über den Nationalsozialismus anhand von 3042 Schüler-Aufsätzen (1977).

7 In der Geschichtsrezeption über die Rolle der Frauen im NS-Staat lassen sich seit den achtziger Jahren neue Ansätze erkennen. Wichtige Literatur dazu sind besonders:

- Jutta Dalhoff/Uschi Frey/Ingrid Schöll (Hg.), Frauenmacht in der Geschichte
- Angelika Ebbinghaus (Hg.), Opfer und Täterinnen. Frauenbiographien des Nationalsozialismus
- Lerke Gravenhorst, Carmen Tatschmurat (Hg.), TöchterFragen. NS Frauengeschichte
- Claudia Koonz, Mütter im Vaterland. Frauen im Dritten Reich
- Rita Thalmann, Frausein im Dritten Reich

Fragebogen über Erlebnisse und Erinnerungen aus der Kriegs- und Nachkriegszeit

Name____

Familienstand_________________ Kinder_________________

Anschrift____

Beruf______________________ im Beruf tätig?______________

1) Wann und wo sind Sie geboren?
2) Wo haben Sie in den Kriegsjahren gelebt und wohin sind Sie dann gekommen?
3) Haben Sie die Bombardierung, Evakuierung, Flucht und andere in das Leben eingreifende Maßnahmen erlebt? Woran erinnern Sie sich?
4) Von welchen Menschen waren Sie in diesen Jahren umgeben und welche Bedeutung hatten diese Menschen für Sie als Bezugspersonen?

5a) Wurden Ihre Mutter und andere Frauen in Ihrer Umgebung zum Arbeitsdienst herangezogen? Oder waren sie in Frauenorganisationen oder ähnlich tätig?

5 b) Waren Ihr Vater und andere männliche Familienangehörige zur Wehrmacht eingezogen? Und was war ihr späteres Schicksal?

5 c) Wie sah die Struktur der Familie in der Kriegs- und Nachkriegszeit aus? Und wer übernahm welche Funktion in der Familie, wer die Versorgung?

6 a) Wie war die ökonomische Lebenssituation Ihrer Familie in der Kriegs- und anschließenden Nachkriegszeit – die Essensversorgung und Wohnen betreffend, finanzielle Lage?

6 b) Wie hat sich das auf die »Familienatmosphäre«, die Stimmung, die Lebenseinstellung ausgewirkt?

7) Welche Erinnerungen, welche Bilder, welche Gefühle haben sich aus dieser Zeit für den Rest Ihres Lebens eingeprägt?

8) Was erinnern Sie über die Beziehung zu Ihrer Mutter und anderen Frauen in Ihrer damaligen Umgebung?

9 a) Welchen Eindruck hatten Sie davon, wie Ihre Mutter diese schweren Anforderungen damals verkraftete, und erlebten Sie einen Unterschied in der Haltung Ihrer Mutter während der Kriegsjahre zu der nachfolgenden Zeit?

9 b) Was hat Ihnen Ihre Mutter, evtl. auch andere Frauen, aufgrund ihrer Haltung, ihres Verhaltens, Handelns von »Frau-sein« vermittelt – was evtl. auch mit für Ihre eigene weibliche Identität prägend war? (das ist oft nicht leicht zu ergründen, da es evtl. nicht klar erinnert wird, aber Stimmungen, Haltungen, Gefühle, einige Situationen, können doch etwas über das damalige Befinden, die Bilder, die man sich von Mensch und Welt machte, aussagen)

10 a) War Ihr Vater in den Kriegs- und/oder Nachkriegsjahren zu Hause in der Familie? Was hat er Ihnen vermittelt und welche Bedeutung hatte er in Ihrer Sozialisation?

10 b) Welche Werte, welche Vorstellungen, welche Eindrücke hatten Sie in diesen frühen Jahren von Männern bekommen?

11) Haben Prägungen aus Ihrer frühen Kindheit unter dem Eindruck der Kriegs- und Nachkriegsjahre noch heute Bedeutung für Sie?

12) Hat die Haltung, das Verhalten Ihrer Bezugspersonen die für ein Kind doch sehr schwer zu verkraftenden Kriegserlebnisse ausgleichen können? Wie und durch wen?

13) Wie sahen Ihre Träume, Ziele, Zukunftserwartungen, besonders in der Zeit zwischen dem 10. und 15. Lebensjahr aus? Welche Wertmaßstäbe haben Ihr Leben als Mädchen und Frau geprägt?

14) Erinnern Sie sich, ob in Familie und Bekanntenkreis politisch über das NS-Regime gesprochen wurde – während und nach dem Krieg? Gab es in späteren Jahren Aufarbeitung?

15 a) Welche Grundhaltung haben Sie zum politischen Geschehen und zu gesellschaftlichen Entwicklungen heute?

15 b) Sind Sie politisch oder sozial in Organisationen oder Gruppen tätig (wie und wo) und ist Ihnen dabei die Rolle als Frau bewußt?

16) Wo sehen Sie sich heute stehen? Wohin haben Sie die besonders prägenden frühen Kindheitsjahre, die in die Kriegszeit fielen, und Ihre Erfahrungen, Erlebnisse, erfüllten und unerfüllten Wünsche und Ziele gebracht? Wie haben Sie Ihr Leben gestaltet und was möchten Sie in Zukunft noch realisieren?

Abkürzungen

BDM	Bund Deutscher Mädel
DFAD	Deutscher Frauenarbeitsdienst
Gestapo	Geheime Staatspolizei
HJ	Hitlerjugend
NAPOLA	Nationalsozialistische Erziehungsanstalten
NS	Nationalsozialismus
NSDAP	Nationalsozialistische Deutsche Arbeiterpartei
KZ	Konzentrationslager
SA	Sturmabteilung
Sipo	Sicherheitspolizei
SS	Schutzstaffel

Biographische Daten über einige der am häufigsten zu Wort gekommenen Teilnehmerinnen

Porträts über Nora S., Gisela P., Irene B. siehe Teil V.

Eleonore S., geb. 1933 in Bautzen, Sachsen, gehört zur Gruppe der Teilnehmerinnen, die die Kriegs- und Nachkriegszeit schon bewußter erlebt haben. Ihre Erinnerungen sind sehr konkret und vielschichtig. Sie umspannen sehr persönliche Beziehungen und Gefühle zu den Eltern und nahestehenden Menschen ebenso wie die Propaganda und Hetze der Nazis, die Begegnung mit feindlichen Soldaten und die Konsequenzen, die sie aus dieser Zeit bis in die Gegenwart gezogen hat. Eleonore S. lebte bis 1957 in der damaligen DDR, wo sie ein Studium in einem technischen Beruf absolvierte und dann als Ingenieurin arbeitete. Sie hat zwei schon erwachsene Kinder, ist verheiratet, lebt aber seit einiger Zeit, in gutem gegenseitigen Einvernehmen, von ihrem Mann getrennt. Sie ist politisch als Kreisverordnete tätig, ihre Schwerpunkte sind Stadtplanung/Wohnungsbau und Frauenpolitik.

Inge S., geb. 1943 in Bessarabien (Gebiet nordwestlich vom Schwarzen Meer). Die Erfahrungen von Inge S. sind Eindrücke aus ganz früher Kindheit, geprägt von Flucht und Trennung. Die Erinnerungen zeigen sich in kurzen, sie aber damals erschütternden Sequenzen. Sie ist ihrer frühen Geschichte nachgegangen, und ihre Beiträge lassen etwas davon spüren, mit welcher Intensität und

Reflektiertheit sie das tut. Sie hat die Flucht 1945 von Bessarabien über die gefrorene Weichsel nach Ostdeutschland als Kleinkind mitgemacht und Anfang 1950 die Flucht von der DDR in die BRD. Damit verbindet sie nicht überwundene Trennungsschwierigkeiten. Nachdem ihre zwei Kinder schon erwachsen und selbständig sind, hat sie ein Studium im Fach Pädagogik begonnen und während der laufenden Gesprächsgruppen für diese Untersuchung gerade abgeschlossen. Sie arbeitete zuvor und während des Studiums in Teilzeit in einer sozialpädagogischen Einrichtung mit Gruppen in Gesprächskreisen.

Helga H., geb. 1943 in Norddeutschland, ist eine erfahrene, reflektierte und für ihre Schülerinnen und Schüler sich sehr engagierende Lehrerin. Zu ihrer zweiundzwanzigjährigen Tochter hat sie eine sehr gute Beziehung, die sie als Kleinkind, beeinflußt vom linken Geist der siebziger Jahre, antiautoritär und später unautoritär erzogen hat. Das war ihr wichtig vor dem Hintergrund ihres eigenen autoritären Elternhauses, wo nationalsozialistische Orientierungen in den Nachkriegsjahren nachwirkten und über die sie mächtige Auseinandersetzungen hatte. Da sie sich nie einfach in den Verhältnissen, wie sie sie vorfindet, bequem einrichten konnte, sondern die politischen Strömungen und ihre Auswirkungen auf die zwischenmenschlichen Verhältnisse sehr sensibel wahrnimmt, hat sie diesen Anspruch auch an Menschen, mit denen sie befreundet ist. Sie engagiert sich in Frauengruppen und in einer Bürgerinitiative.

Elke R., geb. 1941 in Hamburg, hat nur zwei oder drei deutliche Erinnerungen an die Zeit um 1945, die aber ein wichtiger Schlüssel für spätere Erkenntnisse über die NS-Zeit waren. Sehr lebhaft sind dann schon die Erinnerungen an die ersten Jahre nach dem Krieg. In ihrer Familie beziehungsweise Verwandtschaft gab es alle politischen Orientierungen und Schattierungen, sagt sie: »Die Roten, als Sozialisten und Kommunisten, dann Nazis in Anlehnung an die Richtung Strasser, das Bürgerliche Spektrum, Unpolitische.« Sie ist eine sehr politische Frau, heute engagiert in der Kommunalpolitik, früher auch in vielen politischen Initiativen um 1968 und in den siebziger Jahren. Sie ist Wissenschaftlerin und Hochschullehrerin, und von ihren zahlreichen Veröffentlichungen ist ein Teil auf Frauenforschung konzentriert. Sie hat eine Tochter und ist verheiratet. Ihre Tochter scheint eine ebenso politische und wissenschaftliche Laufbahn einzuschlagen. Mutter und Tochter schätzen sich gegenseitig sehr.

Gerda D., geb. 1936, hat im Ruhrgebiet schon ab 1943 die schlimmen Bombenangriffe mitbekommen, und nach einer zeitweisen Evakuierung aufs Land wurde sie dann sehr krank. Später, als erwachsene Frau, hat sie sich viele Jahre in psychotherapeutische Behandlung begeben müssen, wo die Auseinandersetzung mit der von ihr so emotionsarm und einfühlungslos empfundenen Beziehung ihrer Eltern zu ihr, seinerzeit durch die erschwerenden Bedingungen der Kriegs- und Nachkriegsjahre besonders bedrückend, einen wesentlichen Teil ihrer Entwicklung zu einem neuen Selbstwertgefühl ausmachte. Gerda D. ist eine kreative, künstlerisch begabte Frau und nimmt sich heute Zeit für Modellierarbeiten in Stein und Ton und für ihren großen Blumengarten. Nach Jahren in ihrem ersten Beruf als Krankenschwester hat sie noch eine Ausbildung als Beschäftigungstherapeutin gemacht und arbeitet heute in einer eigenen Praxis mit Kindern und Erwachsenengruppen. Sie ist alleinstehend und hat keine Kinder, ist aber sehr gesellig und hat oft Gruppen für Töpferarbeit oder einfach Besuch bei sich im Haus.

Monika G., geb. 1943 im Ruhrgebiet, war in den Kriegsjahren von Mutter, Großmüttern, Groß- und Urgroßvater sehr behütet und hat die Frauen in dieser Zeit als sehr stark empfunden. Ihren Vater hat sie bei seiner Heimkehr nicht akzeptiert, nie ist eine Beziehung zwischen ihnen entstanden. Durch den Luftdruck bei Bombenangriffen wurde bei ihr ein Trommelfell beschädigt, wodurch ihr Hörvermögen bis heute beeinträchtigt ist. Sie ist heute in mehreren Frauenarbeitskreisen und im Kreisfrauenausschuß des DGB tätig, und ihr liegt »sehr daran, Frauen durch Sprache noch sichtbarer zu machen«. Sie hat zwei Töchter, die schon aus dem Haus sind, und lebt mit ihrem Lebensgefährten in einer sehr positiven Beziehung. Mit ihm hat sie »frühe Erlebnisse aufgearbeitet«. Die Ehe mit ihrem Mann scheiterte: »Wohl gerade, weil ich meinen Vater abgelehnt habe, heiratete ich einen Mann, der ihm äußerlich und im Wesen ähnelte. Das konnte nicht gutgehen«, meint sie rückblickend.

Ingrid S., geb. 1936 in Ostpreußen. Sie kann sich an die Flucht 1945 von Königsberg auf einem Schiff nach Dänemark erinnern, wo sie für zwei Jahre in ein dänisches Internierungslager kamen. Sie hat gerade wieder den Einstieg ins Erwerbsleben gefunden, in ihrem alten Beruf als Industriekauffrau. Sie hat eine behinderte Tochter, die bisher nur halbtags in eine heilpädagogische Einrichtung gebracht werden konnte, jetzt als junge Erwachsene aber ganztags in eine Behindertenwerkstatt gehen kann. Ingrid S. hat sich sehr bei der Förderung und Erziehung ihrer Tochter engagiert und sich selbst viele Kenntnisse über Förderung Behinderter angeeignet. Die Tochter ist deshalb trotz ihrer Beeinträchtigung relativ selbständig geworden. Jetzt hat Ingrid S. nach Jahren endlich etwas Zeit für sich, und außer ihrer Halbtagsarbeit geht sie zu vielen Fortbildungsveranstaltungen, besonders über Frauenthemen. Nach vielen Jahren eines ziemlich isolierten Lebens möchte sie wie damals, als sie sich als junges Mädchen von der Mutter verabschiedete, um in den Westen zu gehen, wieder aktiv im Berufsleben sein und mit mehr Menschen zusammentreffen.

Gertrud A., geb. 1933 im Münsterland, lebt heute in Bremen und führt seit über zehn Jahren eine psychologische Beratungspraxis. Vor ihrer Beraterausbildung war sie viele Jahre auf die Erziehung ihrer vier Kinder (jetzt zwischen fünfundzwanzig und dreißig Jahre alt), Ehe und Führung des großen Haushalts konzentriert. Kurz vor Kriegsende wurde ihr Elternhaus von einem Bombeneinschlag getroffen. Ihre Eltern gehörten zur »Bekennenden Kirche«, sie erinnert sich an Gesprächskreise mit Hitler-Gegnern zu Hause. Anfang der achtziger

Jahre war sie in der Friedensbewegung sehr aktiv, ihre eigenen Kriegserfahrungen als Kind waren der Motor für ihr Eintreten für Abrüstung und Frieden.

Gudrun G., geb. 1941 in Hamburg, verbindet mit der Kriegszeit die Hektik des ständigen Aufbruchs in den Luftschutzkeller, die Unruhe, die sie dadurch vor allem bei ihrer Mutter, aber auch überhaupt in ihrer Umgebung wahrnahm. Später in der Schule über die Geschehnisse in Nazideutschland informiert, hat sie versucht, darüber mit den Eltern ins Gespräch zu kommen, das ihr aber von den Eltern verweigert wurde. Die ungeklärten Abschnitte in der Familiengeschichte, in der Geschichte der Deutschen, die durch das Schweigen über die NS-Zeit entstanden sind, haben einen Einfluß auf ihr eigenes Identitätsempfinden, meint sie. Sie ist Sozialarbeiterin und tätig in Beratung und Stadtteilarbeit und außerhalb der Berufsarbeit, zur eigenen Freude, Leiterin von Tanzgruppen.

Rosemarie H., geb. 1941 in Schlesien, wollte nach den Enttäuschungen in ihrer Kindheit, als sie sich nach der Flucht in den Westen von der Mutter so allein gelassen fühlte, selbst ein gutes Familienleben führen. Nach einiger Zeit der Berufstätigkeit als Bürokauffrau war sie Hausfrau und hat sich ihren zwei Söhnen und ihrem Mann gewidmet. Mit ihrem Mann verbindet sie eine gute Partnerschaft. Er war es, der sie vor Jahren ermutigte, aktiv in die politische Arbeit einzusteigen. Jetzt ist sie viel aktiver als er und oft unterwegs zu politischen Versammlungen. Ihr Mann fühlt sich wohl, wenn er neben seiner Berufsarbeit Hausmann sein kann, und übernimmt mit den zwei Söhnen das Kochen und Backen und die Hausarbeit. Es ist fast so, als wären die Männer mehr ins Private gegangen und Rosemarie nach draußen in die Öffentlichkeit, die Politik.

Literatur

Adler, Alfred Die andere Seite: eine massenpsychologische Studie über die Schuld des Volkes, Wien 1919a
Menschenkenntnis, Fischer, Frankfurt/M. 1966d (1927a)

Benjamin, Jessica Die Fesseln der Liebe. Psychoanalyse, Feminismus und das Problem der Macht, Stroemfeld/Roter Stern, Frankfurt/M. 1990

Boßmann, Dieter (Hg.) »Was ich über Hitler gehört habe...«. Folgen eines Tabus: Auszüge aus Schüler-Aufsätzen von heute, Fischer, Frankfurt/M. 1977

Bruder-Bezzel, Almuth Die Geschichte der Individualpsychologie, Fischer, Frankfurt/M. 1991

Brunner, Reinhard/Krausen, Rudolf/Titze, Michael Wörterbuch der Individualpsychologie, Ernst Reinhardt, München, Basel 1985

Chodorow, Nancy Das Erbe der Mütter. Psychoanalyse und Soziologie der Mütterlichkeit, Frauenoffensive, München 1985

Dalhoff, Jutta/Frei, Uschi/Schöll, Ingrid (Hg.) Frauenmacht in der Geschichte. Beiträge des Historikerinnentreffens 1985 zur Frauengeschichtsforschung, Schwann, Düsseldorf 1986

Dammer, Susanne Kinder, Küche, Kriegsarbeit. Die Schulung der Frauen durch die NS-Frauenschaft. In: Frauengruppe Faschismusforschung: Mutterkreuz und Arbeitsbuch. Zur Geschichte der Frauen in der Weimarer Republik und im Nationalsozialismus, Fischer, Frankfurt/M. 1981

Dischner, Gisela Eine stumme Generation berichtet. Frauen der dreißiger und vierziger Jahre, Fischer, Frankfurt/M. 1982

Ebbinghaus, Angelika (Hg.) Opfer und Täterinnen. Frauenbiographien im Nationalsozialismus, Greno, Nördlingen 1987

Eckstaedt, Anita Nationalsozialismus in der ›zweiten Generation‹. Psychoanalyse von Hörigkeitsverhältnissen, Suhrkamp, Frankfurt/M. 1992

Eiken, Maria Das Brot der frühen Jahre. In: Trümmer, Träume, Truman. Die Welt 1945–1949, ElefantenPress, Berlin/West 1985

Fest, Joachim C. Das Gesicht des Dritten Reiches. Profile einer totalitären Herrschaft, Piper, München 1980

Fish, Rady/Schneider, Michael Iwan der Deutsche. Eine deutsch-sowjetische Reise aus der Vergangenheit in die Gegenwart, Luchterhand, Frankfurt/M. 1989

Freud, Sigmund Einleitung zur Psychoanalyse der Kriegsneurosen. Ges. Werke XII, Fischer, Frankfurt/M. 1919

Gilligan, Carol Die andere Stimme. Lebenskonflikte und Moral der Frau, Piper, München 1984

Gravenhorst, Lerke/Tatschmurat, Carmen (Hg.) TöchterFragen. NS-FrauenGeschichte, Kore, Freiburg 1990

Heimannsberg, Barbara/Schmidt, Christoph J. (Hg.) Das kollektive Schweigen. Nazivergangenheit und gebrochene Identität in der Psychotherapie, Asanger, Heidelberg 1988

Heisterkamp, Günther Frühe Störungen. In: Praxis der Psychotherapie und Psychosomatik, 36. Jg., Heidelberg 1991

Herbert, Ulrich Der Holocaust in der Geschichtsschreibung der BRD. Vortrag: Evangelische Akademie Arnoldshain 1992

Koonz, Claudia Mütter im Vaterland, Kore, Freiburg 1991

Kopelew, Lew Aufbewahren für alle Zeit, Deutscher Taschenbuch Verlag, München 1979

Krockow, Christian, Graf von Die Stunde der Frauen. Bericht aus Pommern 1944–1947, Deutsche Verlags-Anstalt, Stuttgart 1988

Die Deutschen in ihrem Jahrhundert. 1890–1990, Rowohlt, Reinbek bei Hamburg 1990

Kruttke-Rüping, Monika Methoden und Verläufe im analytischen Prozeß bei frühen defizitären Störungen. In: Beiträge zur Individualpsychologie Nr. 15, Ernst Reinhardt, München 1992

Kuhn, Annette Nationalsozialismus. In: Lissner, Anneliese / Süssmuth, Rita / Walter, Karin (Hg.): Frauenlexikon, Freiburg 1988

Lever, Janet Sex Differences in the Games Children Play. Social Problems, Vol. 23 / 1976. Zitiert in: Gilligan, Carol: Die andere Stimme, München 1984

Lissner, Anneliese / Süssmuth, Rita / Walter, Karin (Hg.) Frauenlexikon, Herder, Freiburg 1988

Meyer, Sibylle / Schulze, Eva Krieg im Frieden. Familienkonflikte nach 1945. In: Dalhoff, Jutta / Frei, Uschi / Schöll, Ingrid (Hg.): Frauenmacht in der Geschichte, Schwann, Düsseldorf 1986

Michelet, Jules Die Frauen der Französischen Revolution (1854), Insel, Frankfurt / M. 1984

Mieth, Dietmar Mütterliches und väterliches Verhalten. In: Lissner, Anneliese / Süssmuth, Rita / Walter, Karin (Hg.): Frauenlexikon, Herder, Freiburg 1988

Mitscherlich, Alexander Auf dem Weg zur vaterlosen Gesellschaft. Ideen zur Sozialpsychologie, Piper, 19. Auflage München 1992

Mitscherlich, Alexander / Mitscherlich, Margarete Die Unfähigkeit zu trauern. Grundlagen kollektiven Verhaltens, Piper, 13. Auflage München 1991

Mommsen, Hans Erfahrung, Aufarbeitung und Erinnerung des Holocaust in Deutschland. In: Loewy, Hanno (Hg.): Holocaust: Die Grenzen des Verstehens. Eine Debatte über die Besetzung der Geschichte, Rowohlt, Reinbek bei Hamburg 1992

Moser, Tilman Die Unfähigkeit zu trauern: Hält die Diagnose einer Überprüfung stand? Zur psychischen Verarbeitung des Holocaust in der Bundesrepublik. In: PSYCHE 5 / 1992, Zeitschrift für Psychoanalyse, Klett-Cotta, Stuttgart 1992

Niethammer, Lutz Alltag: Erfahrung und Erinnerung. Die Nachkriegszeit als Schnittstelle von Verdrängung und historischem Gedächtnis. Internationales Hearing zum Holocaust, Vortrag Frankfurt / M. 11 / 1991

Piaget, Jean Das moralische Urteil beim Kinde, Ullstein, Frankfurt / M. 1973

Platt, Wolfgang Skora damoi – Es geht bald nach Hause. In: Trümmer, Träume, Truman. Die Welt 1945–1949. ElefantenPress, Berlin/West 1985

Richter, Horst E. Eltern, Kind und Neurose. Die Rolle des Kindes in der Familie, Rowohlt, Reinbek bei Hamburg 1969

Riemann, Ilka Soziale Arbeit als Hausarbeit. Von der Suppendame zur Sozialpädagogin, Fachhochschule Frankfurt/M. 1985

Roberts, Ulla Psychosoziale Faktoren bei der Entwicklung weiblicher Identität. In: Themenheft »Frau in der Gegenwart«, Zeitschrift für Individualpsychologie, 2/1988, Ernst Reinhardt, München 1988

Ruhl, Klaus-Jörg Unsere verlorenen Jahre: Frauenalltag in Kriegs- und Nachkriegszeit 1939–1949 in Berichten, Dokumenten, Bildern, Luchterhand, Darmstadt und Neuwied 1985

Sander, Helke/Johr, Barbara (Hg.) Befreier – Befreite. Krieg, Vergewaltiger und Kinder, Kunstmann, München 1992

Sanders-Brahms, Helma Deutschland, bleiche Mutter. Film-Erzählung, Rowohlt, Reinbek bei Hamburg 1980

Schmidt-Harzbach, Ingrid Eine Woche im April. Berlin 1945. Vergewaltigung als Massenschicksal. In: Feministische Studien, 3. Jg., Nr. 2, Beltz, Weinheim 1984

Siegele-Wenschkewitz, Leonore/Stuchlik, Gerda (Hg.) Frauen und Faschismus in Europa. Der faschistische Körper, Centaurus, Pfaffenweiler 1988

Spitz, René Das Kind in unserer Zeit. Die Bedeutung der ersten Lebensjahre, Kröner, Stuttgart 1958

Stierlin, Helm Der Dialog zwischen den Generationen über die Nazizeit. In: Heimannsberg, Barbara/Schmidt, Christoph J. (Hg.): Das kollektive Schweigen, Heidelberg 1988

Szepansky, Gerda ›Blitzmädel‹, ›Heldenmutter‹, ›Kriegerwitwe‹: Frauenleben im Zweiten Weltkrieg, Fischer, Frankfurt/M. 1986

Thalmann, Rita Frausein im Dritten Reich, Ullstein, Frankfurt/M. und Berlin 1987

Theweleit, Klaus Männerphantasien, Band 1 und 2, Stroemfeld/Roter Stern, Frankfurt/M. 1977

Westernhagen, Dörthe von Die Kinder der Täter. Das Dritte Reich und die Generation danach, Deutscher Taschenbuch Verlag, München 1991

Windaus-Walser, Karin Frauen im Nationalsozialismus. Eine Herausforderung für die feministische Theoriebildung. In: Gravenhorst, Lerke/Tatschmurat, Carmen (Hg.): TöchterFragen, Kore, Freiburg 1990

Winnicott, D. W. Kind, Familie und Umwelt, München, Basel 1969

Wolf, Christa Gesammelte Erzählungen, Luchterhand, Darmstadt und Neuwied 1981